KB097287

다시, 진보정당

다시, 진보정당

정경윤 지음

'거대한 소수'
민주노동당 사례로 본 진보의 길

오월의봄

진보정당 운동의 성공을 위한 출발점

김동춘 _ 성공회대 교수

정경윤 박사의 《다시, 진보정당》은 지금 시점에서 한국 정치의 질적 변화를 원하는 사람들이 꼭 읽어야 할 책이다. 그동안 민주노동당 등 진보정치 운동의 역사를 다룬 책이나 논문은 여러 편 출간되었으나, 진보정당의 입법 운동, 즉 정책이 제안되고, 법안이 마련되는 과정에서 그 기반이 되는 노동조합이나 사회운동 단체 그리고 기존의 거대 여야 정당과의 타협과 연대, 그리고 갈등 과정에 대한 연구나 분석은 거의 없었다. 이 책은 비록 비정규직법, 대형 마트·SSM 규제법이라는 두 개의 입법 사례만을 다루고 있으나 민주노동당의 역사적 역할과 그 한계를 가늠해볼 수 있는 중요한 내용을 담고 있다.

사실 이 작업은 그동안 진보정치 운동을 해온 진영에서 했어야 할 일이고 진보정당의 싱크탱크가 있다면 그곳에서 진작 했어야 할 일이다. 사실 나는 2004년 민주노동당이 원내 10석을 얻은 이후 소수 정당으로서 어떤 역할을 했고, 어떤 한계가 있었는지 진보정치 운동을 하는 진영에서는 나름대로 분석을 했을 것이라고 짐작했는데, 정경윤 박사를 통해서 실제로 그런 작업이 거의 하나도 이루어지지 않은 것은 물론 관련 자료도 제대로 수집·정리되지 않았다는 사실을 알고 놀랐다. 거대 여야 정당은 워낙 정책 수립에 별로 관심이 없고, 집권을 위한 정치공학에만 관심을 두어왔다는 사실은 어느 정도 알고 있었으나, 사실 정책을 존립의 근거나 생명으로 여기는 진보정치 운동 진영에서도 이런 작업을 하지 않았다는 것은 한국의 정치가 얼마나 하루살이 행태에 머물러 있는가를 잘 드러낸 일이 아닌가 생각된다.

민주노동당이 분당된 것은 참으로 아쉬운 대목이다. 1987년 이후 한국의 진보정치 운동은 대체로 실패로 끝난 것으로 봐야 하지 않을까 생각한다. 노회찬의 죽음은 그 비극적인 대단락을 상징해준 충격적인 사건이었다. 지금 정의당이 제도 정치권에서 나름대로 역할을 하면서 진보정치 운동의 명맥을 이어오고는 있으나 민주노동당의 분당 이후 동력은 크게 떨어졌고, 일반 대중들의 관심도 크게 저하되었다. 물론 내부 정파 간의 갈등이 주요 원인이었고, 진보정당 역사에 대한 논의에서도 주로 이 점이 거론되는 것도 사실이다. 그러나 짧은 기간이지만 민주노동당이 우리 사회의 주요 개혁 의제를 제기했고, 그것이 민주당으로 수용되거나 사회적 담론으로 형성된 점 등은 정당하게 평가되어야 한다.

진보정당 운동이 실패로 끝난 후과는 참으로 쓰라리고 안타깝다. 여전히 계속되고 있는 노동자들의 죽음, 노동자의 심각한 고통과 스트레스, 대량의 실업 사태, 심각한 주거 불평등, 영세 자영업자의 붕괴 문제 등 민생 문제의 상당 부분은 한국에서 진보정당이 제대로 생존하여 영향력을 발휘하지 못한 데서 기인한 것이다. 정의당, 민중당, 녹색당 등 진보적 소수 정당이 나름대로 고군분투하고 있으나 선거법이 바뀌지 않는 한 거대 여야의 정치 독점은 계속될 것이고, 대표되지 않는 비정규직 노동자, 영세 자영업자, 청년들의 절망감은 더 커질 것이다. 정당명부식 비례대표제 도입 등을 내용으로 하는 정치 개혁의 요청도 새로운 진보정당이 제도 정치에 진입하여 역할을 하지 않고서는 우리 정치의 미래가 없고, 사회적 약자의 권리 보장이 어려울 수밖에 없는 현실을 말해준다.

즉 1단계 진보정당 운동이 실패로 돌아갔다고 해서 한국에서 진보정당의 필요성이 사라진 것은 아니며, 오히려 그 필요성은 더욱 커지고 있다. 역사적인 촛불시위로 문재인 정부가 들어섰고, 남북 화해 등 국제정치적인 사안에서는 획기적인 발걸음을 내디디고 있으나 사회경제적 사안에서는 개혁이 매우 지지부진한 것도, 사회경제적인 개혁 의제를 제기할 수 있는 정치 세력이 없기 때문이다.

이 작업은 2단계 진보정당 운동의 성공을 위한 하나의 출발점이 될 것이다. 민주노동당의 의정 활동, 정책, 입법 활동 등은 하나의 중요한 실험이었고, 차후의 진보정치 운동에 큰 교훈을 줄 수 있는 중요한 경험이었다. 그동안 진보정당에 헌신했던 당사자들은 자신의 활동에 대한 정리, 보고의 글을 더 많이 써야 하고, 연구자들은 인터뷰나 자료를 기초로 해서 더 정밀하게 분석해야 한다. 특히 이 책이 초점을 두고 있는 사회운동, 특히 노동 단체와 정당의 관계와 역학에 대한 분석이 더 정치하게 이루어져야 할 것이다. 진보정당은 대중 조직의 튼튼한 지지에 기초할 때만 제대로 역할을 할 수 있을 것이고, 각각의 차별적인 역할에 대한 상호 인지가 필요하기 때문이다.

1959년 조봉암이 사형된 이후 한국에서 진보정당의 길은 형극의 과정이었다. 1980년대 후반 이후 사회운동을 정당 운동으로 연결하려 했던 수많은 사람들의 피와 땀에도 불구하고, 아직 그 결실이 제대로 맺어지지 않은 것은 한국의 분단 반공 체제 때문이었다. 그러나 남북이 화해하고 냉전 보수의 영향이 급격히 축소된 지금은 진보정당이 새롭게 기지개를 펼 수 있는 매우 유리한 국면이다. 물론 지구적 신자유주의하에서 한 나라 내의 노동계급의 응집성이 거의 와해된 지금의 시점에서 과거와 같은 계급이론에 기초한 진보정당은 대안이 되기 어려울 것이다. 이제 진보의 개념도 완전히 재구축되어야 한다. 정책과 비전에 대한 관심은 더 커져야 하고, 민주노총과 같은 대중 조직도 이런 연구 사업에 더 많은 관심을 기울이고 지원을 해야 한다.

한국의 사회운동 진영과 정당은 정치 변혁에는 열정적이나, 정책 연구에 대해서는 거의 관심이 없다. 그러나 우리는 정책 사안을 중심으로 개혁 비전은 다시 구축해야 한다. 이 점에서 정경윤 박사의 이 작업은 매우 참신한 시도이고, 장차 진보정치 운동, 의정 활동 등에 중요한 시사점을 던져줄 것이다.

차례

민주노동당을 통해 무엇을 배울 것인가?

20대가 되고 처음 맞이한 선거에서 투표권을 가지게 되었을 때 느꼈던 설렘은 잠시뿐이었다. 어떤 후보를 찍어야 할지 혼란스러웠다. 주변에서 추천하는 후보는 있었지만 마음이 허락하지 않았다. 당선 후 달라질 것이 뻔했기 때문이다. 그 이후 2002년 대통령 선거 때였다. 민주노동당 권영길 대선 후보 선거운동을 하던 그때, 학생운동을 하며 친하게 지냈던 한 선배가 연락을 해 당선이 가능한 사람을 찍어야 한다고 큰소리를 냈다. 필자의 정치적 소견을 자신 있게 말한 것이 그때가 처음이었다. 한국 정치에서 대중과 함께하는 대중정당, 사회 변혁을 위하는 진보정당을 키워야 한다고 말이다. 그때 보였던 기성 정치는 선거 때만 되면 좋은 말만 늘어놓다가 당선 이후에는 언제 그랬냐는 듯이 다른 말을 하는 배신의 정치였다. 그들에게 대중은 당선을 위한 도구에 불과했다.

2004년 국회의원 선거에서 민주노동당은 10명의 국회의원을 배출해 많은 사람들의 기대를 받았다. 사회운동 기반의 대중정당으로 진보 진영의 대표성을 가지며 국회 진출에 성공한 민주노동당은 새로운 정치사를 만들어야 할 큰 과업을 가지고 있었다. 그때 석사 학위를 취득하고 대학교 강사와 민주노동당 국회의원 보좌진 제안을 동시에 받았을 때 과감하게 보좌진의 길을 선택했던 건 필자의 의지도 있었지만 대학원 조주현 지도 교수님의 응원도 있었기에 가능했다. 새로운 미래를 만들어갈 도전에 대한 응원이었다.

열린우리당과 민주노동당을 합쳐 과반수 이상의 의석수를 차지했던 그때, 많은 사람들은 자신이 진보적인 사람이라고 답할 만큼 '진보'의 바람이 불었다. 그리고 정치의 변화를 기대했다. 대중이 어떤 변화를 원했는지 확실히 알 수는 없지만 기성 정치와 다른 정치를 원한 것은 확실해 보였다. 민주노동당은 그런 바람에 대해 당원의 힘을 기반으로 한 대중정당으로 거듭날 것을, '거대한 소수' 전략이라는 기치를 걸고 사회적 힘을 기반으로 한 진보정치를 할 것을 약속했다. 이것은 다른 정당에서는 볼 수 없던 것이었다.

새로운 진보정치의 길을 만드는 것은 쉽지 않았다. 진성 당원이 되려면 당원은 어떻게 해야 하는지, 당과 의원, 당 간부, 활동가들은 어떻게 해야 하는지, 당원들과 어떤 관계를 맺어야 하는지, 거대한 소수 전략에서 '거대함'은 무엇인지, 거대함을 만들기 위해 당과 의원은 어떻게 해야 하는지, 그리고 그 거대함이 어떻게 작용하게 될지, 그 종착지가 어디일지 그 누구도 아는 사람은 없었다. 시간과 노력, 인내심이 필요했고 매 시기마다 당과 의원들의 활동에 대해 분석하고 진단하여 이후 어떻게 나아가야 하는지 방향을 제시해야 했다. 하지만 민주노동당은 그렇게 하지 못했다. 설령 그런 작업을 위한 주장과 시도가 있었다고 해도 주목받지 못했다. 당의 정치 세력들은 당의 강화와 발전을 위한 자신의 전략도 명확히 가지지 못한 채 정치 세력들의 대립과 갈등에 집중했기 때문이다.

그렇다고 정파 갈등만 있었던 것은 아니다. 민주노동당은 사회운동과의 연계로 다른 정당들이 무시해왔던 사회 갈등과 문제들을 알려내며 국가 정책과 사회 변화를 위한 활동들을 펼쳤다. 민주노동당은 2000년에 창당해 2004년 국회에 진출한 후 2008년 1차 분당, 2011년 통합진보당 출범으로 해산하기 전까지 다양한 정책 생산과 입법 활동을 전개했다. 그런데 이에 대한 기록은 찾아보기 힘들다. 거대 보수정당 중심의 구조적 조건에서 진보정당의 생존과 진보정당이 추구하는 진보정치가 가능하려면 어떤 요소들이 결합되었을 때 가능한지에 대한 연구 또한 찾기 힘들다.

필자가 민주노동당 보좌진을 하면서 거대한 소수 전략에 대해 구체적으로 고민하게 된 계기는 2006년 12월 '부도 공공건설임대주택 임차인 보호를 위한 특별법'을 제정하게 만든 때다. 국회 건설교통위원회에 민주노동당 국회의원이 들어가면서 상임위 의제를 지역개발 사업 중심에서 서민들의 주거복지로 바꾸게 만들었다. 그중 부도가 난 공공임대주택 임차인들의 주거권 문제는 민주노동당 국회의원이 건설교통위에 들어가기 전까지는 무시되던 사안이었다. 민간 건설사들이 국민주택기금과 임차인들의 임대료를 돌려주지 않은 채 부도 처리된 공공임대주택이 2006년 당시 300군데가 훌쩍 넘는데도 건설교통부와 건설교통위원회 소속 국회의원들은 오랜 기간 무시했다. 정부는 민간 건설사에 책임을 떠넘기기 바빴고, 다른 정당 국회의원들은 관심조차 가지지 않았다. 이런 조건에서 민주노동당 국회의원이 건설교통위원회에 배정된 이후 그해 겨울에 부도 공공임대주택 임차인의 주거권을 보호하기 위한 특별법을 만들게 된다. 과연 이것이 어떻게 가능했을까? 민주노동당 경제민주화본부와 지역위원회 연대로 임차인들은 대책위를 구성하고 활동을 전개했고, 그 과정에서 임차인들은 조직적인 힘을 마련하고 주체화되어갔다. 이 힘이 민주노동당 국회의원을 중심으로 드러났을 때 다른 정당 국회의원들은 민주노동당을 경쟁자로 인식하게 되었고, 정부의 책임을 구체적으로 밝혀내는 의정 활동으로 정책 변화도 만들어냈다.

필자는 다른 의원실의 경우도 주의 깊게 관찰했다. 결정적으로 민주노동당이 주력했던 '비정규직 보호법'이 날치기 처리되는 사건을 통해 큰 질문을 가지게 되었다. 민주노동당과 민주노총 관계가 균열이 나고 있는데도 왜 이런 결과가 나오게 되었는지, 왜 평가도 진행되지 않는지, 서로에 대한 원망의 목소리들만 가득한 채 이성의 목소리는 들리지 않았다. 민주노동당 국회의원 보좌진 3년차가 될 때쯤 이런 말을 들은 적이 있다. 17대 총선 이후 민주노동당 국회의원들이 국회에 들어올 것에 대비해 국회사무처에서 비상회의가 열렸다고 한다. 그리고 누군가가 "민주노동당 국회의원 10명만 국회에 들어오는 것이 아니라 그들 뒤에 있는 세력이 함께 들어오는 것"이라는 말을 했다고 한다. 어쩌면 그 사람이 대중정당으로서 민주노동당의 힘과 그 가능성에 대해 민주노동당 구성원들보다 더 먼저 알고 있었던 것은 아닐까.

거대한 소수 전략의 핵심은 정당정치와 운동정치의 관계에 있다. 정치는 의회나 정당, 대표자들의 몫이라는 주장이나 정당과 사회운동 중에 무엇이 우선이냐는 주장은 현실을 모르고 하는 소리다. 대의민주주의는 민주주의의 일부분에 속한다. 대중들의 투쟁과 사회운동에 따라 대의민주주의 구성 요소와 그 관계들은 변형된다. 특히 한국의 민주주의는 민주화 투쟁을 통해 변화해왔지만 대의민주주의는 여전히 다양한 사회 균열을 반영하지 못하고 기득권 세력을 위해 작동하고 있다. 따라서 대의민주주의 변화를 위해서는 대항 세력의 전략에 따라 제도 정치 진입 전략이 중요시된다. 바로 정당정치를 통한 정치적 도전을 들 수 있다. 정당을 만든다고 해서 기존의 정당 체제에서 경쟁자로 인정받는 것은 아니다. 진보정당은 거대 정당들과 보수우익 정치 세력들에 의해 언제든지 무시당하거나 고립될 수 있는 장치들이 존재하고 있기 때문이다. 이런 구조적 조건에서 국회에 진입한 진보정당은 기존 거대 정당들에 대항할 수 있는 자신만의 전략과 동원 가능한 사회적 힘이 있을 때 도전자로서 경쟁할 수 있다. 이것은 정당정치와 운동정치의 강화와 상호작용을 통해 가능하다. 그렇기 때문에 지배 세력에 도전하는 대항 세력의 정치적 도전은 진보정당의 제도권 진입만을 목적으로 삼으면 안 된다. 정당정치와 운동정치의 관계와 상호 발전을 통한 대의민주주의 강화와 민주주의 발전에 대한 자기 전략과 실천이 있어야 한다.

하지만 민주노동당은 이런 논의를 제대로 진행하지 못했다. 민주노총(전국민주노동조합총연맹), 전농(전국농민회총연맹), 전빈련(전국빈민연합)과 같은 사회운동 단체도 마찬가지였다. 정당도, 운동 단체도 준비되지 못한 '거대한 소수'였다. 민주노동당 이후에도 이 논의는 진행되지 않고 있다. 그 이유에 대해 필자는 과거 민주노동당에 대한 평가와 분석이 제대로 진행되지 못했기 때문이라고 생각한다. 민주노동당 입법 활동은 이런 것을 살펴보기에 좋은 연구 대상이다. 민주노동당과 사회운동이 함께 추진했던 입법 운동과 그 결과를 분석함으로써 정당과 사회운동의 관계, 그리고 진보정당의 가능성을 살펴볼 수 있을 것이다.

이 책은 우선 거대 정당 중심의 정당 체제에서 소수 정당인 진보정당이 어떻게 개입력을 가지고 정책을 변화시켰는가의 의문에 대한 해답을 찾아가는 작업임과 동시에, 진보정당과 사회운동의 관계가 어떻게 이루어져야 할 것인가에 대한 검토와 고민을 담은 것이라고 할 수 있다. 입법 활동 사례 분석에서 두 가지 사례밖에 다루지 못한 아쉬움이 남는다. 대신에 두 가지 사례에서 주요한 이해관계자들의 심층 면접과 문헌 자료들을 통해 사실 관계를 확인하고 엄밀한 분석 방법에 입각하여 충실히 연구해서 제기한 의문들을 풀어보고자 했다는 점에서 독자의 양해를 구하고자 한다.

우리는 민주노동당 외에도 여러 진보정당들의 원내 진출 경험을 가지고 있고 현재에도 여러 진보정당이 존재한다. 많은 이들이 대의민주주의 강화를 위해 진보정당의 필요성을 강조하지만 '어떤' 진보정당이 필요한지에 대해서는 잘 논의하지 않는다. 거대한 촛불 운동을 거치며 한국 정치 체제의 한계를 절실히 느끼는 지금, 한국 사회 변화를 요구하는 급진적인 '목소리'들이 등장하고 있다. 어떤 진보정당이 필요한지 과거와 현재의 실험을 통해 미래를 준비하는 작업을 해야 할 때다. 그 작업을 할 때 이 책이 도움이 되길 바란다.

이 책은 필자의 박사 학위 논문 〈진보적 소수 정당의 가능성과 한계: 민주노동당의 입법 활동을 중심으로〉를 수정·보완한 것이다. 연구를 시작하면서 제일 힘들었던 건 민주노동당의 기록물을 찾는 것이었다. 그나마 민주노동당 기관지인 《진보정치》가 있어 큰 도움이 되었으나 그 자료 또한 없어질 뻔했다. 헌법재판소의 통합진보당 해산 결정 이후 당 관련 자료들이 폐기될 때 기관지 또한 버려질 뻔했던 것이다. 하지만 《진보정치》가 중요한 기록물이라는 필자의 설득과 그것을 받아들인 당 기관지 담당자 덕분에 창간호부터 최종 호까지 보호할 수 있었다. 이 민주노동당 기관지는 현재 성공회대학교 민주자료관에 보관되어 있다. 기록물과 함께 중요한 것은 심층 면접 자료였다. 민주노동당 최고위원, 국회의원, 보좌진, 사회운동 단체 활동가, 공무원 등 심층 면접 대상자들은 바쁜 시간에도 긴 인터뷰에 응하며 솔직하고 진지한 대답을 해주었다. 고마운 분들이다. 특히 단병호 전 국회의원님에게 깊은 감사를 드린다. '비정규직법'을 담당했던 당사자로 쉽지 않은 주제임에도 불구하고 필자의 문제 제기에 동의하고 적극적으로 응해주셨기 때문이다. 더불어 민주노동당 법률안에 대한 조사에 응해준 분들에게도 감사의 인사를 드린다. 이분들의 생생한 심층 면접과 법률안 조사에 대한 협력이 없었더라면 연구는 완성되기 힘들었을 것이다.

논문과 책 작업을 하는 데는 주변 여러분들의 격려와 도움이 있었다. 우선 연구 주제를 정하는 데 조희연 선생님의 응원과 격려, 김동춘 선생님의 연구 지도가 있었기에 연구를 마무리 할 수 있었다. 그리고 연구 작업 소식을 듣고 집에 있는 자료를 찾아 보내주신 천영세 전 민주노동당 대표님, 연구 과정에서 고민을 나누고 많은 도움을 준 손우정 박사, 그리고 초고 단계에서 어려움을 겪고 있을 때 도와줬던 대학원 친구 김연수와 홍원기에게 늘 고마운 마음을 가지고 있다. 그 외에도 선배, 친구들의 응원은 큰 힘이 되었다. 안호국·최현옥·안윤희 선배들, 조수진·강보라·하진미·이성우·송용한 친구들에게 감사를 드린다. 또한 딸의 삶을 존중해주는 가족에게도 감사드린다. 마지막으로 진보정당 연구의 가치를 알아봐주고 이 책을 쓸 수 있는 기회를 준 오월의봄 출판사에 깊은 감사의 인사를 드린다.

2018년 12월

정경윤

1부

진보정당, 국회 진출하다

1. 민주노동당 국회 진출과 소수 정당

민주노동당이 아직도 기억되고 있는 이유

어느덧 세월이 훌쩍 지났다. 한국 정당정치 역사상 최초로 대중 정당인 진보정당이 국회에 진출했던 2004년 이후, 이제 과거의 이름이 된 민주노동당이 어떤 정치 활동을 했는지 기억하는 이들은 많지 않을 것이다. 2004년 5월 31일, 그날은 17대 국회의원 선거에서 당선된 민주노동당 국회의원 10명이 국회에 첫발을 내디뎠던 날이다. 1987년 민주화 이후 처음 이루어진 진보정당 원내 진출이었다. 국회의원뿐만이 아니었다. 보좌진 80여 명도 함께 국회에 입성했다. 국회의원과 보좌진의 출신은 다양했다. 노동자, 농민, 구청장, 시의원, 진보정치 운동가 출신의 국회의원과 노동조합, 농민 단체, 시민사회 단체, 당 지역위원회 등 진보 진영의 다양한 분야에서 활동하던 운동가, 전문가 출신의 보좌진이 함께 진보정치 실현과 진보정당 성장을 꿈꾸며 국회에 모였다. "민주노동당 국회의원이 생기기까지, 우리가 공무원증을 목에 걸기까지, 얼마나 많은 열사들, 운동 선배들의 희생이 있었는지 기억해야 한다. 우리 역할이 얼마나 중요한지 알아야 한다." 국회 입성 이후 결성된 '민주노동당 보좌관 협의회' 첫 총회에서 각자 목에 걸고 있는 공무원증을 보며 보좌진들이 나눴던 말이다. 진보정당 의원의 국회 진출에 당원과 대중의 기대가 높았던 그 시절, 되돌아보면 의원뿐만 아니라 보좌진이 가졌던 사명감 또한 컸던 때였다.

진보정당 국회 진출이 처음이었던 만큼 민주노동당 국회의원과 보좌진에게 국회는 낯선 곳이었다. 보좌진의 상황만 보더라도 다른 정당 경험이 있는 한두 명을 제외하고 모두 국회 경험이 처음이었기 때문에 국회 시스템과 행정 실무를 파악해야 했다. 또한 해당 상임위원회의 전문성을 가지기 위해 수많은 간담회와 토론회를 전개했다. 낮이면 정부 자료를 받아내기 위해 애를 쓰다가 밤이 되면 공부와 자료 분석으로 밤샘하기 일쑤였다. 국회의원도 마찬가지였다. 국회 시스템을 파악하고 전문성을 갖추기 위한 노력뿐만 아니라, 진보정당 국회의원으로서 당 강령에 맞는 국회 활동을 하고 대중의 기대에 부응하기 위해 다양한 시도들과 도전들을 전개했다.

그 결과 국회에는 여러 변화들이 생겼다. 이전 16대 국회까지 있었던 국회의원 전용 엘리베이터가 없어지고, 남성은 양복, 여성은 치마 정장이라는 딱딱하고 권위적인 복장 틀을 깨고 편한 옷차림으로 바꾼 것은 대표적인 변화로 꼽을 수 있다. 17대 국회 등원 당시 농민 출신 강기갑 의원의 한복 차림과 노동자 출신 단병호 의원의 작업복 차림 때문에 경위들이 국회 정문 출입을 제지했던 사건은 복장과 얽힌 대표적인 에피소드이기도 하다.

국회 운영에서도 몇 가지 변화가 생겼다. 국회가 열리면 정기적으로 발표하는 정당 대표 연설에서 소수 정당 대표도 자격을 가져 연설을 할 수 있게 되었다. 그 이전까지는 의석수 20석 이상의 다수 정당 대표만 연설이 가능했다. 국회의사당 정문 앞 계단에서 일반인 들이 참가한 대규모 기자회견도 할 수 있게 되었다. 모두 거대 정당 들과 국회의원 전용의 '닫힌 국회'에서 대중에게 '열린 국회'로 변화 시키기 위한 도전의 결과였다.

다른 정당 국회의원실과 차별적인 파격적인 시도도 진행되었 다. 9급에서 4급까지 있는 보좌진의 직급별 호칭(4급 보좌관, 5급 비 서관, 6·7·9급 비서, 인턴 비서)을 모두 '보좌관'으로 동일하게 불렀다. 의원실 임금체계도 바꾸었다. 직급별로 큰 차이가 있는 기존의 임금 체계를 바꿔 몇 가지 수당을 고려하되 기본급은 동일하게 적용했다. 물론 국회의원도 마찬가지였다. 이와 같은 도전들은 기존 국회의 수 직적이고 권위적인 의원실 조직 문화에 동화되지 않고 수평적이고 평등한 관계를 만들기 위한 시도였다. 이렇게 민주노동당은 국회 진 출 초기 국회 내에서 의미 있는 변화를 만들며 '진보정치'의 기대와 주목을 받았다. 하지만 곧 큰 어려움에 봉착한다. 소수 정당이라는 거대한 장벽에 부딪힌 것이다.

민주노동당은 정치·경제·사회복지·교육 등 다양한 분야의 사 회 변화를 위해 여러 입법 과제를 내놓았다. 그러나 국회의 현실은 암담했다. 만약 선거에서 정당 득표율 대 의석수 비율이 완전비례 제였다면 17대 국회의원 선거에서 13.03%를 득표해 39석 정도의 의석을 할당받아야 했으나, 실제로는 3.3%인 10석에 머물렀다. 국 회 상임위에도 다 들어가지 못하는 의석수에 본회의 299석 중 10석 이라는 현실은 한계를 가질 수밖에 없었다. 게다가 그나마 갖추었던 의원 10인 이상의 찬성이 있어야 법률안 발의가 가능한 조건마저 2005년 9월 이후 잃게 되었다. 선거법 위반 판결로 1석을 상실해 9석이 되어버린 것이다. 2008년 분당 이후 18대 국회에서는 더 열악해졌다. 이전의 절반으로 뚝 잘린 5명이 당선된 것이다. 299명 중 1.6%밖에 되지 않는 소수 정당이었다. 그런데 이상하다. 민주노동당이 해산되고 여러 해가 지난 지금도 진보정당이라 하면 대표적으로 민주노동당을 기억하는 이가 많다. 그 이유는 무엇일까?

2017년 촛불 운동을 거치며 새로운 정치 변화를 위해 개헌과 선거법 개정이 요구되고 있다. 이들의 주요 목적을 꼽는다면 대의민주주의 체제로서의 '국회의 정상화', 특히 선거법 개정에서는 다당제 민주주의가 강조된다. 이와 같은 정당 체제의 진입 장벽을 허무는 운동은 대의민주주의 강화를 위한 중요한 과제라고 할 수 있다. 그러나 이것만으로 해소되지 않는 질문이 있다. 그동안 국회에 진출한 진보정당들이 단순히 의석수가 적었기 때문에 정당 경쟁 체제에서 주변화되었을까?

진보정당의 실패 원인은?

그동안 진보정당 실패 원인에 대한 접근은 주로 '정파'라는 단편적인 요소에서 그 원인을 찾아왔다. 이는 2004년 이후 본격화된 당내의 정파 간 정치투쟁에 대한 과도한 관심과 무관하지 않다. 그렇다면 민주노동당 국회 활동에서 소수 정당으로서 한계를 가졌던 원인이 단순히 정파 때문일까? 반대로 '소수'라는 구조적 제한 조건을 극복하고 진보정당의 가능성을 보여주었던 경우도 정파 때문일까?

이 책은 정파가 정당정치를 구성하는 하나의 구성 요소일 뿐 그 자체가 진보정치의 실패 원인이 아니라는 문제의식에서 시작되었다. 그리고 진보정당의 실패는 진보정당이 실천해야 할 '정치'가 무엇인지에 대해 활동 방향과 전략을 갖지 못한 한계에서 시작되었다고 보고 있다.

진보정당의 가능성 찾기

진보정당이 구현해야 할 정치와 그 가능성은 기존 정당과 다른 활동으로 당 내외에서 긍정적인 평가를 받았던 민주노동당의 국회 활동 경험을 통해 발견할 수 있다. 농민 단체와 강기갑 국회의원의 강력한 연대로 펼쳐냈던 쌀 재협상 운동과 미국산 쇠고기 반대 운동, 장애인 운동과 최순영 국회의원의 연대로 만들어낸 '장애인교육법', 임대주택 임차인 운동과 당 경제민주화본부 그리고 이영순 국회의원의 연대로 만들어낸 '부도임대아파트법', 건설노동조합과 단병호 국회의원 그리고 이영순 국회의원의 연대로 만들어낸 '건설산업기본법', 상인들과 노회찬 국회의원이 함께 만들어낸 신용카드 수수료 문제 이슈화, 이외에도 학교 급식, 무상 의료, 주민 소환제, 파산자 구제 문제, 삼성을 필두로 한 재벌 문제, 비정규직 문제, 한·미 FTA 문제 여론화와 같이 민주노동당은 진보정당이었기에 가능했던 정책과 이슈들을 입법화하고 사회적으로 알려내는 역할을 해냈다.

〈표 1〉 민주노동당 국회의원 대표 발의 법률안 및 처리 현황

국회	의원 수	전체 (합계)	원안 가결	수정 가결	대안 반영 폐기	임기 만료 폐기	폐기	철회
17대	10명	324	9	7	81	193	33	1
18대	6명	275	0	1	85	169	15	5

— 자료: 국회 홈페이지 '의안정보시스템' 자료를 재구성한 것임.
— 민주노동당은 2008년 18대 국회의원 선거에서 5명이 당선되었고 2011년 재보궐 선거에서 한 명이 더 당선되어 총 6석이 되었음.

그중에서 이 책은 민주노동당이 성과를 거뒀던 입법 활동에 주목한다. 민주노동당 국회의원이 대표 발의한 법률안 총 599건(17대 국회 324건, 18대 275건) 중 내용이 전혀 반영되지 않고 폐기된 경우(임기 만료 폐기, 폐기)와 철회된 경우를 제외하고 원안 내용이 거의 그대로 반영된 '원안 가결'과 '수정 가결', 그리고 원안의 일부 내용이 반영되어 수정안 형식으로 통과된 '대안 반영 폐기' 법안이 183건, 30.6%에 이른다. 이 중 민주노동당이 대변인 발표나 당 기관지인 《진보정치》 기사를 통해 대외적으로 성과가 있는 입법 결과라고 홍보했던 법안이 52건으로 183건 중 28.4%에 해당된다.

소수 정당인 진보정당의 입법 성과는 거대 정당 중심으로 운영되는 국회의 구조적 제약 요인으로 설명할 수 없는 현상이다. 특히 기성 정당들과 차별적인 정책이 반영된 법률안이 성과를 거뒀다는 것은 단순히 의석수를 넘어선 다른 '정치적인 힘'이 작용했다는 것을 말해준다. 그렇다면 거대 정당 중심의 정당 체제 속에서 소수 정당인 진보정당은 어떻게 개입력을 가지고 주요 이슈와 정책을 반영시

켰을까?

　이 질문에 대해서 나와 있는 대표적인 대답이 있다. 바로 거대 정당인 열린우리당, 민주당이 주도하는 의제와 민주노동당 의제가 중첩되었기 때문이라는 주장이다. 그리고 그 외의 의제는 소수 정당으로서 한계를 가질 수밖에 없었다는 것이다. 사람마다 견해의 차이는 있을 수 있으나 이 주장은 명백한 오류를 범한다. 거대 정당 중심의 구조적 제약만을 지나치게 강조한 결과 진보정당 행위자들이 어떤 전략과 활동으로 그 조건을 넘어서려고 했는지 보지 못한 것이다. 그리고 구조적 조건을 강조하는 경향은 진보정당이 구사한 다양한 전략의 성패 여부나 정치 행위자 간에 일어나는 복잡한 상호작용의 동학을 간과하는 한계를 가진다. 즉 소수 정당을 수동적 존재가 아니라 능동적 행위자로서 살펴봐야 하는 것이다.

능동적 행위자로서 민주노동당 들여다보기

　민주노동당은 다양한 사회 균열을 반영하지 못하는 기존의 정치 체제[1]에 대항하여 '독자적 정당'이라는 사회운동 세력의 전략적 선택에 따라 구성된 대중정당이다. 여기에서 사회운동 세력은 대표적으로 민주노총(전국민주노동조합총연맹), 전농(전국농민회총연맹), 전빈련(전국빈민연합)을 말한다.

　정치 체제에 도전하는 대항 세력의 전략적 선택에 따라 정당을 구성하면 정당은 기존의 정당들과 경쟁 관계에 놓이게 된다. 그리고 그들에 대한 도전 혹은 대항을 위해 정치 갈등의 대립 축을 형성한다. 여기에서 무엇을 정치 갈등의 핵심 축으로 규정할지는 정당이 어떤 요소를 강조하면서 대항 세력을 동원하느냐에 달려 있다. 자본주의 국가의 자본계급에 대해 노동계급이 노동조합 운동이나 정당을 만들어 정치권력에 대한 접근 가능성을 가지듯이,[2] 소외받고 억압받는 계급·계층이 정당의 정치권력 자원으로 될 수 있을 때 이들의 정치적 도전과 저항이 전개될 수 있다. 그만큼 정당과 사회운동의 긴밀한 연계가 중요시된다.

만일 국회에 진출한 진보정당이 제도 정치 공간 외부의 사회운동의 힘과 긴밀하게 연계되어 있다면 다른 질문도 제기해볼 수 있다. 소수 정당인 진보정당의 국회 활동이 가능하려면 정당과 사회운동은 어떤 관계를 맺어야 하는가? 한국 진보정당이 운동에 뿌리를 둔 '운동 정당적 성격'을 내재하고 있더라도 정당과 사회운동의 관계는 주체가 확정되어 있거나 관계 양식이 고정되어 있지 않다. 따라서 정당과 사회운동 간의 연계가 국회 활동에 미친 구체적인 효과와 메커니즘을 파악하는 것은 진보정당 성장과 그 가능성을 파악하는 데 필수적인 작업이 될 것이다.

그리하여 필자는 민주노동당과 사회운동, 그리고 국회 활동의 주요 행위자인 국회의원 간의 관계를 중심으로 능동적인 행위자로서 민주노동당의 입법 활동을 분석하려고 한다. 민주노동당은 기성 정당과 달리 국회의원 의정 활동에 당의 역할이 매우 큰 영향을 미쳤다. 민주노동당은 2004년 10석의 국회의원 당선 이후 '거대한 소수' 전략을 발표하는데, 이는 소수 정당의 한계를 광범위한 대중운동에 기초해 돌파한다는 내용이었다.[3] 민주노동당은 이 전략을 실천하기 위해 원외 정당 중심으로 당 체계를 제도화하고 사회운동과의 관계를 중요시했다. 이것은 기성 정당과 차별성을 가지는 '대중정당', '운동 정당'이라는 민주노동당 성격을 만들어냈으며 입법 활동에도 큰 영향을 미쳤다고 추론할 수 있다.[4] 의원단의 국회 활동이 당의 활동에 귀속되어 있었다고 하더라도 국회의원 활동 역시 독립적인 변수로 고려해야 한다. 의원은 국회라는 제도 정치 공간의 행위자이기 때문에 당의 입장과 무조건 일치되는 것이 아니라 상대적 자율성을 가진 행위자이기 때문이다.

민주노동당의 국회 활동 전략에 기초해 주목해야 할 것은 당과 사회운동의 관계다. 이 책에서 다루게 될 사회운동은 민중운동, 시민운동, 자발적 당사자 운동을 모두 포괄한다. 민중운동은 사회체제 변동을 위해 1987년 민주화 이전부터 사회운동을 주도했던 노동운동, 농민운동, 빈민운동 등을 의미한다. 시민운동은 민주화 이후 민중운동이 포괄하지 못했던 다양한 정치·경제·사회적 이슈를 중심으로 사회 개혁 운동을 전개했던 운동을 의미한다. 이들은 사회체제 변동 또는 개혁을 통한 공적인 이해 실현의 목적을 가지고 있다. 자발적 당사자 운동은 앞의 두 가지 운동에 포함되지 않고 국가 정책에 포괄되지 않는 사회적 약자들이 자발적 조직화를 통해 자신들의 이해 실현을 위해 전개하는 운동을 의미한다. 이들은 공적인 이해 실현을 위한 운동과 자신들의 이해 실현을 위한 이익집단의 경계선에 있거나 양자의 성격이 복합되어 있을 수 있다. 민주노동당과 민중운동, 시민운동, 당사자 운동 간의 연계는 이슈나 정책에 따라 다르게 이루어졌으며 관계의 역사성 또한 중요하게 작용했다. 이책에서는 입법 활동 과정에서 맺게 되는 관계로 제한하여 살펴볼 것이다.

2. 소수 정당의 살아남기 전략

진보정당만의 전략이 필요하다

진보정당이 다른 정당들과 경쟁 관계에 놓이게 되면 그와 동시에 '생존'이라는 중요한 과제를 가진다. 정당의 생존은 선거에서 지지자들과 유권자들의 선택을 통해 가능하다. 이를 위해 정당은 대중에게서 존재의 가치와 필요성을 인정받아야 한다. 유권자들에게 지속적으로 선거 경쟁에 참여할 정당이라는 기대를 획득해야 하는 것이다. 그리고 한시적인 정당에 그치지 않고 다른 정당들과 안정화된 경쟁 패턴을 구축하게 되면 유권자들은 주요 정당을 구분하며 투표를 할 수 있게 된다. 정당이 추구하는 정책을 확인하며 자신들이 선호하는 정당이나 정치인을 찾을 수 있기 때문이다. 이렇게 정당의 "조직과 과정이 가치와 안정성을 확보"하는 것을 제도화 institutionalization [5]라고 한다. 정당의 조직 차원에서나 정당 경쟁 관계 차원에서 제도화 수준이 높은 정당은 정당 경쟁에서 생존할 수 있다. 그리고 제도화 수준이 높을수록 기존 정당의 포섭과 지배 전략에 종속되지 않을 수 있다.

그렇다면 일상적인 의회 활동에서 진보정당과 다른 정당 간의 경쟁 관계는 어떠할까? 정부와 거대 정당들의 정책과 이념적으로 차이가 있는 진보정당의 정책이나 법률안은 거대 정당에 의해 무시되거나 반영되더라도 소유권을 뺏기기 쉽다. 그렇기 때문에 이런 조건에 종속되지 않고 소수 정당의 국회 활동을 전개하기 위해서는 정책 활동의 권력 기반이 되는 사회운동과의 유기적인 협력 관계 및 경쟁력과 개입력을 가질 수 있는 진보정당의 대항 전략이 필요하다.

기존 정당들과 어떻게 경쟁할 것인가

일반적으로 '정치'는 제도 정치 영역의 몫으로, '운동'은 정치 질서에서 배제된 주변적 행위자로 규정하는 경향이 있다. 그러나 정치에 집중하는 제도 집단이 있고, 저항에 열중하는 비제도 집단이 있다는 생각은 현실과 무관한 묘사일 뿐이다.[6] 이는 최근 우리의 경험을 통해서도 알 수 있다. 과연 촛불 운동이 없었다면 박근혜 대통령에 대한 국회 탄핵 표결과 헌법재판소의 파면 결정이 가능했을까?

'제도 정치'가 의회, 정당, 대표자 정치와 같이 근대 민주주의에서 제도적으로 위임받은 정치 활동이라고 한다면, '운동정치'는 사회운동에 의해서 수행되는 비제도적 정치 활동이라고 할 수 있다. 제도 정치가 반영하지 못하는 다양한 사회적 요구와 이슈들을 쟁점화하고 대변하는 활동을 하는 것이다.[7] 특정한 계급적 의제와 사회문제 중심으로 지배 권력을 위해 제도 정치가 이루어지면 사회운동은 그 지형 자체를 변화시키려 한다. 예를 들어 보수정당이 기업과 사업장을 '자본가의 사적 공간'이라고 옹호할 때 사회운동은 사회적 투쟁으로 그곳에서 벌어지는 문제들을 정치적 의제로 만들어간다. 그 결과 자본가의 사적 공간은 공적 의제로 전환되어 제도 정치에서 다룰 수 있게 된다. 이로써 사회운동은 근대 민주주의에서 가지는 제도 정치의 한계성을 넘는 역할을 하는 것이다.

이를 다르게 표현하면 '정치의 국가화'와 '정치의 사회화'의 각 축 과정을 통해 정치를 재구성하는 것이라고 할 수 있다.[8] 국가가 대의민주주의 제도를 활용해 국가 지배를 위한 동의 창출의 정치를 하는 것을 정치의 국가화라고 한다면, 정치의 사회화는 민중들의 요구와 지향에 부응하는 정치로 변화시키는 것을 의미한다. 한편 민주주의 강화를 위해 제도 정치와 사회운동의 순환적 관계와 상호작용을 주장한 사회학자 조희연은 정치의 사회화를 위해 운동정치의 능력을 강화해야 한다고 말한다. 구체적으로 대중의 잠재적 저항성을 현재화된 저항성으로 전환하는 사회운동의 매개 능력, 운동 내부의 관계 구성 능력, 제도 정치에 대한 개입력을 확장할 수 있는 운동 역량이 그러하다. 그리고 이를 통해 '경계 정치'를 형성해야 한다고 주장한다.[9] 경계 정치는 제도 정치와 운동정치 경계에서 그 경계를 교란하고 해체하면서 새로운 지형을 만들어내는 정치를 의미한다. 그 형태로는 기성 정당들의 자기 혁신 과정에서 시민운동을 포섭의 대상으로 두는 형태, 기성 정당과 대립적인 대체 정당 운동 형태, 제도 정당에 대한 다양한 형태의 감시 운동, 압력 운동을 들 수 있다.[10] 경계 정치는 운동정치뿐만 아니라 제도 정치 측에서도 적극적으로 만들어낼 수 있다. 대표적으로 선거 시기 운동정치 명망가들을 후보로 포섭하여 활용하는 것을 들 수 있다.

그렇다면 국회에 진출한 진보정당은 어떠한가? 진보정당의 목적이 정치의 국가화와 정치의 사회화 둘 중에서 무엇이냐에 따라 운동정치와의 관계는 확실하게 달라질 것이다. 국회라는 제도 정치 공간에 진입한 진보정당은 공식적으로 기존 정당들과 경쟁하는 정치 체제의 한 구성원이 된다. 하지만 정치 체제 진입만으로 유력한 경쟁자가 되는 것은 아니다. 기존 거대 정당들은 새로운 경쟁자가 등장하면 자신의 유권자가 이탈하여 새로운 정당에 가지 않도록 새로운 정당을 무력화하기 위해 다양한 전략을 동원한다. 그 때문에 진보정당은 기존 거대 정당들의 전략에 대항할 수 있는 자신만의 전략과 동원 가능한 자원이 존재할 때 도전자로 경쟁할 수 있다. 이런 맥락에서 진보정당과 사회운동의 관계에 주목하는 것은 중요한 의미를 갖는다. 이것은 정치의 사회화를 위해 기성 정당과 대립적인 정당인 진보정당과 사회운동이 어떤 관계와 실천으로 정치 체제의 관계 구조를 바꿀 것인가, 즉 지형을 재구성할 것인가에 대한 논의의 틀을 의미한다.

거대 정당에 맞선 소수 정당의 대항 전략

소수 정당인 진보정당은 거대 정당들과의 관계에서 경쟁력과 개입력을 가지기 위해 어떤 대항 전략이 필요할까? 현재까지 사회학자들이나 정치학자들은 진보정당의 국회 활동 자체에 대해 주목하지 않거나 저평가해왔다. 이는 거대 정당 중심의 구조적 접근의 결과이다. 국회 활동의 대표적인 연구 분야인 '입법 성과'에 대한 기존 연구들을 보더라도 이들은 국회 시기별로 법률안 발의와 처리 결과 자료를 중심으로 그 성과를 분석하고 있다. 하지만 "집합 자료만으로 의원입법을 분석할 경우 결과에 대한 인과관계의 분석이 불가능하기 때문에 자칫 평면적인 분석에 그칠 수 있다".[11] 독자적 입법 능력이 없는 소수 정당은 법률안 가결률이 당연히 낮을 수밖에 없고, 입법 처리 결과 중심의 분석으로는 입법 논의 과정에서 진보정당의 역할, 혹은 원외의 사회운동이 미치는 영향을 살펴볼 수 없다. 결국 소수 정당의 원내 활동을 분석 대상에서 제외해버리는 결과를 낳는다. 사실상 소수 정당이자 진보정당의 국회 활동에 대한 연구는 학문적 공백이라 할 수 있다.

외국의 경우는 어떠한가? 1970년대 이후 서유럽에서 등장한 녹색당과 극우 민족주의 정당의 성공과 실패 원인을 분석한 보니 메귀드Bonnie Meguid는 틈새 정당niche party [12] 이론을 통해 새롭게 등장한 틈새 정당의 정치적 위협에 대한 기존 정당들의 대응 전략을 설명한다. 비록 틈새 정당의 성패를 결정하는 것이 기존 정당들이라는 결론으로 틈새 정당을 수동적 행위자로 보는 한계는 있지만 정당을 행위자로 설정한 미시적 분석틀을 제공했다는 점에서 눈길을 끈다.

메귀드는 기존의 주류 정당들이 정당 경쟁 관계에 새로 진입한 소규모 정당을 배제하고 자기들만의 경쟁 체제를 강화하기 위해 전략적인 대응을 선택한다는 점을 강조한다. 전략적인 대응은 크게 세 가지로 무시 전략dismissive strategy, 수용 전략accommodative strategy [13], 적대 전략adversarial strategy을 들 수 있다.[14] 무시 전략은 소수 정당이 제기한 이슈를 무시함으로써 그 이슈의 중요도를 떨어뜨리는 것이다. 이 대응은 소수 정당의 존재를 무력화해 지지도를 최소화하고, 선거를 실질적으로 기존 정당들만의 경쟁으로 유지할 수 있게 한다. 하지만 소수 정당이 제기한 이슈와 정책이 유권자들에게서 폭넓은 반응을 불러일으켜 중요한 정치적 위협으로 등장하게 되면, 기존 정당들은 그보다 적극적인 전략을 취한다. 바로 수용 전략과 적대 전략이다. 두 전략의 선택 기준은 소수 정당이 제기하는 이슈와 이념적 거리에 따라 달라진다. 수용 전략은 소수 정당이 제기한 이슈와 이념적으로 유사한 위치에 있는 기존 정당이 취하는 것이고, 적대 전략은 이념적으로 반대편에 있는 기존 정당이 취하는 선택이다.[15] 전자의 경우 기존 정당은 소수 정당이 제기한 이슈를 적극적으로 수용하는 대신 그 이슈의 소유권을 자기 정당으로 이전하려고 한다. 이로써 소수 정당과 겹치는 이념적 지형 안에 위치한 유권자들을 자기 정당 지지로 유도할 수 있다. 이 과정에서 주류 정당은 의회 내 높은 의석 점유율과 행정부를 운영한 경험 등을 강조하고 해당 이슈를 실제 법률과 정책으로 입안할 수 있는 능력을 가진 정당임을 강조한다. 후자의 경우 기존 정당은 소수 정당이 제기하는 이슈를 적극적으로 반대하여 그 소유권이 소수 정당에게 있음을 유권자들에게 각인시킨다. 소수 정당을 고립화하고 자기 정당 지지자들의 결속을 강화하기 위한 목적이다.

메귀드의 주장을 뒷받침하는 사례는 한국에서도 찾아볼 수 있다. 수용 전략의 대표적인 사례는 사회복지 이슈를 들 수 있다. 민주노동당이 제기했던 '친환경 학교 급식 무상화' 이슈는 이후 민주당이 적극적으로 수용하여 '무상 급식'으로 전환된 경우다. 적대 전략 사례는 한나라당이 노동계급의 이해를 대표하는 민주노동당에게 '빨갱이당', '민주노총당'이라 했던 이데올로기 공격을 들 수 있다.

한편 메귀드 이론에서는 소수 정당의 전략을 살펴볼 수 없다. 그는 주류 정당들의 전략적 선택에 따라 소규모 정당의 득표율이 달라진다고 봤기 때문이다. 소수 정당은 거대 정당들의 전략에 종속되는 '수동적 행위자'에 불과했다. 또한 이 이론은 정당 경쟁 관계를 선거 시기 중심으로 살펴보고 있어 일상적인 의회에서 이루어지는 정당들 간의 경쟁 관계에 대해서 설명이 필요하다.

선거에서 '투표' 결정 행위자는 유권자이지만 의회에서 정책 결정 행위자는 정당과 의원이다. 그렇기 때문에 정책 결정 과정에서 소수 정당이 제기한 새로운 정책을 반영할 수 있게 하기 위해서는 거대 정당들에 대한 소수 정당의 전략과 그 정당에 소속된 의원에 대한 전략이 병행되어야 한다.

먼저 거대 정당들에 대한 대항 전략으로 '중화 전략'과 '유인 전략'이 필요하다.[16] 이 또한 소수 정당이 제기하는 이슈와 이념적 거리에 따라 달라진다. 중화 전략은 소수 정당이 제기하는 이슈와 이념적 위치가 근접한 거대 정당의 수용 전략에 대한 대응으로, 이슈의 중요성은 부각시키되 거대 정당에게 소유권을 뺏기지 않도록 하는 전략이다. 이를 통해 소수 정당과 겹치는 이념적 지형 안에서 기존 정당을 선호하던 이들이 소수 정당을 선호하도록 전환시키기 위해서다. 유인 전략은 이념적 위치가 반대편에 있는 거대 정당에 대응해 기존 정당이 적극적으로 적대 전략을 강화하도록 이념과 정책상 대비를 선명하게 하는 전략이다. 이에 따라 소수 정당 지지자들의 결집력을 강화할 수 있다.

정당에 대한 전략이 정당 간 대표성을 반영한 정책적 차별성을 강조하는 것이라면, 거대 정당에 소속된 의원들에 대해서는 소수 정당이 제기하는 이슈와 정책에 반응하여 실제 정책에 반영할 수 있도록 유인하는 전략이 필요하다. 이는 거대 정당과 의원 간의 '균열 전략'을 통해 의원 개별적 동기가 작동하여 표결을 할 수 있도록 하는 것이다.

의원은 정책과 관련한 표결을 할 때 단순히 소속 정당의 '지침'에 따라 결정하지 않는다. 재선과 권력, 좋은 정책 수행, 정치 이념, 소속 정당의 입장, 지역구 이해와 같은 요소들이 복합적으로 작용하여 표결 때마다 중요시하는 것들이 달라진다. 이것은 17대 국회에서 이라크 파병과 같이 이념성이 강한 정책이나 지역구의 이익이 걸린 한-칠레 FTA 법률안에 대해서 소속 정당 입장과 관계없이 의원들이 표결을 한 사례들을 통해서도 알 수 있다.[17]

이렇게 거대 정당과 소속 의원들에 대한 소수 정당의 대항 전략이 이루어지기 위해서는 의원들의 행위 동기가 정당 입장과 다르게 작용할 수 있는 요소들을 포착할 수 있어야 한다. 그리고 거대 정당과 소속 의원들에 대한 전략대로 유인할 수 있는 소수 정당의 정책적, 조직적 역량과 정치력이 필요하다. 예를 들어 정당의 정체성을 강조하는 정당과 재선을 위해 지역 유권자들의 지지 확보를 필요로 하는 의원 간의 균열 전략이 가능하려면 다음과 같은 조건들이 이루어져야 한다. 사회운동의 압박과 시민사회·지역사회 여론 변화를 통한 평판적 조건, 평판을 의식한 거대 정당 내부의 전략적 대응의 불일치와 같은 조직적 조건이 그러하다. 결국 소수 정당의 새로운 이슈나 정책이 반영되게 하기 위해서는 의회 '내의' 정치 활동과 함께 의회 '외의' 정치 활동이 병행되어야 한다.

사례 깊게 들여다보기

　이 책은 문헌 자료와 심층 면접 자료 분석을 통해 민주노동당의 일반적인 국회 활동 특성을 살펴보고, 사례 분석을 통해 앞서 분석한 결과들을 구체적으로 살펴본다.

　민주노동당의 국회 활동 특성은 '이슈' 중심으로 17·18대 국회에서 민주노동당의 대표성과 민주노동당 법률안 특성을 분석하고, 당·의원·사회운동 단체 세 주체의 '주도성'을 중심으로 법률안 특성을 분석했다.[18]

　이슈 분석 방법은 ECPR European Consortium for Political Research 에서 제시된 연구 방법론을 활용했다. 이들이 개발한 연구 방법은 선거 강령을 소재로 정치·경제·사회 등에 걸친 여러 이슈들을 7개의 영역 (외교, 자유와 민주주의, 정부/정치, 경제, 사회 서비스, 사회구조, 사회집단)과 이를 다시 하위 범주로 구분한 표준화된 코딩 도식을 통해 각 정당들이 상대 정당에 비해 어떠한 이슈를 강조하는지 분석하는 것이다.[19] 이 책에서는 ECPR 연구진이 개발한 분석틀을 한국의 정치 현실에 맞게 일부 수정하거나 추가하고 명칭을 변경했으며 코딩 도식은 〈표 2〉와 같다. 분석 자료는 국회 임기 내 본회의에서 발표한 정당 대표 발언 자료와 민주노동당 법률안을 소재로 했다. 정당 대표 발언은 국회 때마다 정기적으로 발표하는 연설이기 때문에 국회 임기 동안 이루어지는 정당 간의 경쟁 구도를 볼 수 있기 때문이다. 그리고 이 분석으로 17대, 18대 국회에서 민주노동당이 어떤 영역의 이슈를 다른 정당에 비해 강조했는지, 또한 어떤 계급·계층의 이익 또는 어떤 이념이나 정책을 대표하고자 했는지를 밝힐 수 있다.

〈표 2〉 7개 이슈 영역과 하위 범주

이슈 영역	하위 이슈 범주
1. 대외 관계	남북 관계 긍정/부정, 탈식민지, 군사 긍정/부정, 평화, 국제주의 긍정/부정, 동북아 관계 중시
2. 자유 및 민주주의	자유와 인권, 민주주의, 입헌주의 긍정/부정, 정치 개혁
3. 정부	분권화 긍정/부정, 정부 효율성, 정부 부패, 정부 권위
4. 경제	기업, 인센티브, 자본주의 규제, 경제계획, 보호주의 긍정/부정, 경제 목표, 케인스주의적 수요 관리, 생산성, 기술 및 하부구조, 통제경제, 국유화, 정통 경제 정책 및 효율성
5. 복지 및 삶의 질	환경 보호, 문화:예술·스포츠·레저·미디어, 사회정의, 사회 서비스 확대 긍정/부정, 교육 확대 지지, 교육 규제, 교육 자율
6. 사회구조	국가주의적 삶의 방식 긍정/부정, 전통 도덕 긍정/부정, 법과 질서, 전 국민적 노력·사회적 조화
7. 사회적 약자 집단	노동 집단 긍정/부정, 농어민 집단, 기타 경제 집단, 소외된 소수 집단, 비경제적·인구학적 집단

- 현재호의 코딩 도식표를 본 연구에 맞게 재구성한 것임.[20]
- '긍정'과 '부정'은 찬성과 반대를 의미하는 대립적 성격의 이슈를, 그 외는 각 정당들이 특별히 강조하는 선별적 성격의 이슈를 의미함.

구체적인 사례를 선택할 때 필자의 가장 큰 관심은 능동적 행위자로서 진보정당의 가능성에 관한 것이었다. 더 실제적이고 구체적인 관심은 소수 정당이라 할지라도 진보정당의 대항 전략 동원과 정치 활동에 따라 개입력이 달라지지 않을까 하는 것이었다.

이러한 관점에 따라 선택한 사례는 17대 국회에서 전개된 '비정규직법' 입법 활동 사례와 18대 국회에서 전개된 '대형 마트·SSM 규제법' 입법 활동 사례이다. 두 사례는 17대와 18대 국회에서 민주노동당이 강조했던 손꼽히는 이슈다. 그리고 대중정당으로서 민주노동당이 대변하고자 했던 노동자와 중소 상공인의 이해와 관련된 것으로, 기존 정당이 제기하지 않았던 사회적 문제에 대해 민주노동당이 주도적으로 입법화를 시도한 경우다. 또한 이 과정에서 당과 의원 그리고 사회운동 단체들이 함께 중요한 행위자로 나타나 필자가 던지는 질문에 답할 수 있는 좋은 사례였다.

비정규직법 사례는 '노동자 정치 세력화' 방침에 따라 진보정당 운동을 전개한 민주노총과 이를 모체로 한 민주노동당의 관계에서 추진된 주요한 입법 과제였다. 당시 비정규 당사자 운동과 수많은 사회운동 단체들의 결합이 이루어졌던 만큼 비정규 문제 개선에 대한 기대가 높았다. 그러나 결과는 그렇지 못했다. 17대 국회의 비정규직법은 민주노동당의 대표적인 비성과적 법률안으로 꼽히기도 했지만 그 평가마저도 제대로 이루어지지 못했다. 어느 누구는 말하기도 한다. 자본주의 국가라는 구조를 변화시키는 것은 사실상 무리라고 말이다. 이 발언은 비정규직법 입법 활동 결과 나타난 '패배주의'에서 나온 것이라 추측된다. 문제는 여기에서 그치지 않는다. 이런 관점이 확대되면 사회 변혁의 요구로 이루어진 노동자 정치 세력화의 절실성이 약화된다는 점이다. 그렇기 때문에 17대 국회에서 비정규직법 입법 활동이 어떻게 전개되었는지 분석하는 것은 단순히 과거의 문제에 그치지 않고 현재와 미래를 연결하는 실천 지점을 발굴하기 위한 중요한 과제일 수 있다. 특히 이 사례는 국회 진출 이후 민주노동당과 민주노총의 관계가 어떻게 이루어졌는지 구체적으로 살펴볼 수 있다는 점에서 주목할 만하다.

대형 마트·SSM 규제법은 17대 국회보다 '소수성'이 강화된 18대 국회에서 성과적인 입법 결과를 이룬 사례다. 이 법은 WTO 유통시장 개방과 '자본'의 유통시장 독과점에 대항하여 유통시장 허가제 도입을 통한 중소 상공인 보호를 위한 것이었다. 신자유주의 경제 정책을 철저히 옹호하는 이명박 정부와 여당인 한나라당과의 대립 구도에서 민주노동당은 이 입법 활동으로 여러 성과를 거두게 된다. 법률안의 내용이 일부 반영된 것뿐만 아니라 당과 의원의 정치적 입지와 당사자 운동인 새로운 상인운동 세력도 강화되었다. 우리는 이런 결과가 어떻게 가능했는지 시간적인 변화에 따라 동태적인 파악을 통해 살펴볼 것이다.

입법 활동 과정에는 수많은 변수들이 복합적으로 작용한다. 그렇기 때문에 구체적인 사례 분석을 위해서는 민주노동당과 상호 이해관계를 달리하는 행위자들의 역동적 관계, 그리고 관계에 중요한 영향을 미치는 환경적 요인을 고려해야 한다. 그리고 입법 과정에 참여하는 다양한 행위자들이 자신의 이해를 극대화하기 위해 동원하는 전략들의 상호작용과 그 동학을 살펴봐야 한다. 따라서 필자는 입법 활동 과정에서 진보정당과 사회운동의 관계 형성과 공동 행동에 유인을 제공하는 환경적 요인들에 '정치적 환경'과 '사회적 환경'이라는 틀로 접근하고자 한다.[21] 정치적 환경의 구성 변수로는 '정부의 성격과 정책적 지향', '정당들의 의석 분포' 그리고 '거대 정당들의 성격과 당파성'을 적용하고자 한다. 사회적 환경의 구성 변수로는 기존의 사회운동과 다른 '자발적 당사자 운동의 등장'과 '다른 사회운동·정당과의 관계와 그것에 미치는 영향'에 주목하고자 한다. 다만 선별한 사례가 경제 분야 정책이라는 것을 고려하여 살펴보도록 한다.

정치적 환경과 사회적 환경이 진보정당과 사회운동 행위자들을 둘러싼 외적 변수라면, 진보정당과 의원 그리고 사회운동의 협력 관계를 구성하는 내적 변수를 다음과 같이 적용하고자 한다. ① 입법에 대한 이해의 일치성 여부 ② 상호 관계에 대한 전략의 일치성 여부 ③ 정부와 거대 정당에 대한 입법 전략의 일치성 여부 ④ 공동 행동의 전개 여부 ⑤ 상호 간의 공통된 일체성을 형성할 수 있는 조직적 체계의 통합성 여부의 다섯 가지를 내적 변수로 설정한다. 그리고 입법 과정의 주요 행위자인 거대 정당들의 대응 전략을 변수로 적용하고자 한다. 입법 과정에 참여하는 행위자는 행위자의 구성, 행위자의 이해관계를 중심으로 살펴본다. 사례 연구의 분석틀은 〈그림 1〉과 같다.

필자는 연구 분석을 위해 문헌 연구와 심층 면접의 방법을 활용했다. 문헌 연구는 주요 행위자들이 생산한 공청회, 토론회, 논평, 성명서, 기자회견, 인터뷰와 언론 보도 기사 등을 참고했다. 그리고 민주노동당의 공식 회의 자료, 당헌·당규, 논평, 기자회견 등의 자료를 비롯해 국회의원, 당 연구소의 자료와 당 기관지《진보정치》기사, 국회 의안정보시스템에 탑재되어 있는 민주노동당 법률안과 국회 회의록을 활용했다.[22]

이 연구를 위해 만난 심층 면접 인원수는 총 25명이다. 이 중 민주노동당의 전반적인 입법 활동 분석을 위한 심층 면접 대상은 총 17명이다. 17·18대 국회 민주노동당 국회의원 정책 보좌진 13명을 비롯하여 당의 주요 간부들이 이에 해당한다.

두 사례의 심층 면접 대상은 10명이다. 이 중 비정규직법 입법 활동 사례 심층 면접 대상은 8명이다. 구체적으로 17대 국회 시기 비정규직법을 담당했던 민주노동당 국회의원 1명과 정책 보좌진 2명, 열린우리당 노동 분야 전문위원 1명, 민주노총 간부 1명, 비정규공

<그림 1> 사례 분석틀

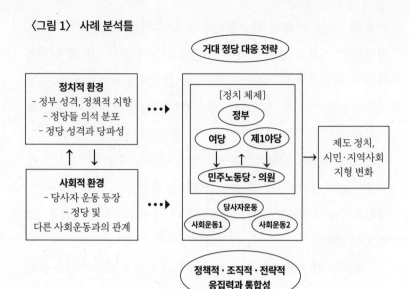

거대 정당 대응 전략

정치적 환경
- 정부 성격, 정책적 지향
- 정당들 의석 분포
- 정당 성격과 당파성

[정치 체제]
정부
여당   제1야당
민주노동당 - 의원
당사자운동
사회운동1   사회운동2

제도 정치,
시민·지역사회
지형 변화

사회적 환경
- 당사자 운동 등장
- 정당 및
다른 사회운동과의 관계

정책적·조직적·전략적
응집력과 통합성

대위 활동가 2명, 노동부 관료 1명이다. 대형 마트·SSM 규제법 입법 활동 사례의 심층 면접 대상은 2명으로 18대 국회 시기 이 법을 담당했던 국회 지식경제위원회 전문위원 1명, 인천대책위 위원장 1명이 이에 해당된다.[23]

이 책의 본문은 다음과 같이 구성되었다. 먼저 2부에서는 사회운동 기반의 민주노동당이 등장하기까지 역사적 궤적을 정리해보았다. 한국의 정당 체제 변화 속에서 민주노동당 국회 진출의 역사적인 의미를 살펴보고, 제도 정치 공간에 진입한 민주노동당의 정치 활동에 영향을 미친 제약 조건들을 정리했다.

3부는 민주노동당의 일반적인 국회 활동 특성에 관한 분석이다. 민주노동당이 국회 진출 이후 추구했던 당 노선과 국회 활동 전략을 살펴보고 그것을 실천하는 과정에서 드러난 문제점을 파악했다. 민주노동당의 국회 활동 특성은 이슈 분석을 통해 민주노동당 대표성과 법률안 특성을 분석했고, 성과적인 법률안의 경우 나타나는 이슈의 특성을 살펴보았다. 그리고 당, 의원, 사회운동 단체의 주도성과 성과적인 법률안의 관계가 가지는 특성도 분석했다. 구체적인 사례 분석에 앞서 문헌 자료와 심층 면접 자료를 통해 민주노동당의 국회 활동을 정량적으로 분석한 것이 3부의 내용이다.

4부, 5부는 비정규직법과 대형 마트·SSM규제법의 구체적인 사례 분석이다. 사례 분석틀에 따라 해당 입법 활동 사례에 작용하는 정치적 환경과 사회적 환경을 살펴보고, 등장하는 행위자들과 이해관계들을 분석했다. 그리고 시간적인 변화에 따라 입법 활동이 어떻게 전개되었는지, 그 과정에서 행위자들의 전략과 상호작용 그리고 동학을 파악했다.

이하에서는 이 책이 던지는 질문에 대한 종합적인 분석과 결론을 담는다. 능동적인 행위자로서 소수 정당인 진보정당이 거대 정당 중심의 정당 체제에서 개입력을 가지기 위해 필요한 것이 무엇인지 살펴보고, 한국 사회에서 진보정당의 필요성과 가능성을 제시한다.

2부

민주노동당의 탄생과 의미

1. 한국의 정당 체제 변화

대중이 불신하는데도 정당 체제가 유지되는 이유

한국의 정당정치만큼 만성적인 불신 대상이 된 사례는 드물 것이다. 한국 사회의 최대 균열은 대표된 정당체와 대표되지 않는 사회 사이의 균열이라는 정치학자 최장집의 진단처럼[1] 다양한 사회 균열을 반영하지 못하는 '패쇄적'인 정당 체제는 민주주의 발전을 저해한다. 정당정치로부터 소외되는 대중이 많을수록 정당의 대표 기능은 작동되지 않을 뿐만 아니라, 그런 정당들만의 생존을 위한 경쟁은 대중의 만성적인 불신 대상이 되기 마련이다.

그렇다면 기존 정당들에 대한 대중의 불신과 변화에 대한 요구에도 큰 변화 없이 정당 체제가 유지되는 이유는 무엇인가? 1987년 민주화 항쟁, 2000년대에 전개되었던 '거대한' 촛불 운동 전개에도 주류 정당들은 당명만 달라졌을 뿐 심각한 장애 없이 유지되고 있는 이유가 무엇일까?

안젤로 파네비안코^{Angelo Panebianco}는 정당 발전 과정 이론을 통해 정당이 유지되는 이유를 다음과 같이 설명한다.[2] "정당은 제도화되어 주어진 기능을 수행하는 수동적 존재가 아니라 시간의 흐름에 따라 진화하며 환경에 반응하는 하나의 구조"[3]이기 때문에 정당 외부의 균열 구조와 환경의 변화에도 정당이 심각한 장애 없이 작동할 수 있다는 것이다.

정당 체제도 고정되어 있지 않다. 복수 정당들 간의 경쟁 관계와 상호 관계는 정당 체제를 형성한다. 정당 체제는 여러 사회 균열 지점들 중에서 특정의 균열을 선택적으로 동원, 배제, 억압하며 국가 지배 질서와 자신의 '생존'을 위해 정당 경쟁 체제를 유지한다. 그렇다면 정당들은 어떤 환경에 반응하며 정당 체제 변화를 만드는가? 하나는 정당 체제 내부, 즉 정당들 간의 상호 관계에 따라 변화가 생길 수 있다. 대표적으로 정당들의 이데올로기 극간에 따른 정당 경쟁 관계 변화를 들 수 있다. 다른 하나는 정당 체제 내부 관계뿐만 아니라 외부 관계에 의해서도 정당 체제 변화가 생길 수 있다. 이영제는 이에 대해 선거를 통한 유권자들의 평가와 새로운 정당의 출현이나 현존하는 정당 소멸로 정당 세력의 관계와 유형이 변할 수 있다고 강조한다.[4] 그리고 정당 체제는 유형에 따라 도전 세력에 대한 대응 방식도 달라진다고 보았다. 이에 따라 제시한 정당 체제 유형은 권위주의 체제, 폐쇄적 체제, 개방적 체제이다. 유형에 따른 정당 체제 성격, 선거제도 그리고 도전 세력에 대한 정당의 대응 방식의 내용은 〈표 3〉과 같다.

이 유형에 따라 한국의 정당 체제 역사를 살펴보면 한국의 정당 정치가 출범한 이래 1987년 민주화 이전까지는 권위주의 체제이고, 민주화 이후 현재까지는 폐쇄적 체제 유형에 속한다고 볼 수 있다.

〈표 3〉 정당 체제 유형 분류

구분	체제 유형	정당 체제의 성격	선거제도	대응 방식
1유형	권위주의 체제	일당 우위 정당	형식적	억압
2유형	폐쇄적 체제	-정당 수는 상대적으로 적음 -세력 배치는 양당제 -중요성 낮음[5] -역동성 낮음 -통합성 낮거나 높음	-높은 진입 장벽 -단순다수대표제 -소선거제(제한적 중선거구제)	-선별적 억압 -배제와 포섭 -형식적 조합주의
3유형	개방적 체제	-정당 수는 상대적 증가 -세력 배치는 다당제 -중요성 높음 -역동성 높음 -통합성 낮거나 높음	-낮은 진입 장벽 -비례대표제	-참여 -거버넌스 -조합주의

—자료: 이영제, 〈한국 정당과 사회·시민운동의 관계〉, 동국대학교 대학원 박사 학위 논문, 2005, 19쪽.

한국 정당 체제의 역사

한국전쟁 이후 이승만, 박정희, 전두환 체제를 거쳐 1987년 민주화 이전까지 한국의 정당정치는 집권 세력의 정권 안정과 유지를 위한 도구로서 활용되었다. 대표적으로 1951년 이승만 대통령이 의회의 견제와 반대에 대한 위기의식 속에서 의회 장악을 위해 자유당을 창당한 것과 1960년대 박정희 대통령이 민주공화당을 조직하여 자신의 정권 안정을 도모한 것을 들 수 있다.

지배 세력의 국가권력 장악으로 인해 국회 또한 정상적으로 운영되지 못했다. 〈표 4〉와 같이 민주화 이전 1대 국회부터 12대 국회까지 국회 임기를 채우지 못하고 종료한 것이 모두 6번, 그중 정권에 의해 국회가 해산된 것이 2번이다. 그리고 5대 국회를 제외하고 야당이 선거를 통해 정권을 장악한 적이 없다. 5대 국회도 야당인 민주당이 제1당이 되었지만 이것은 민주당의 성과라기보다 4·19라는 정치 과정의 결과였다.[6] 그러나 5대 국회마저 5·16쿠데타로 인해 9개월 18일이라는 역대 국회 기간 중 최단 기간이라는 불명예를 남기고 종료하게 된다. 이렇게 한국의 정당 체제는 정권 안정을 위한 '여당'과 민주화를 명분으로 도전하는 '야당'의 갈등 축을 중심으로 구축되어왔다.

1970년대 유신 체제 기간 동안 여야 대립은 '체제 세력'과 '반체제 세력'의 대립으로 전개되었고, 1980년 초를 거치며 학생운동 세력과 지식인들을 중심으로 '재야 세력'이 주요한 정치 세력으로 등장했다. 그리고 여당, 야당, 재야의 정치 갈등이 본격화되었다. 이후 재야 세력의 일부는 1987년 민주화 이후 기존 정당의 포섭 전략에 흡수되고 기존의 여야 갈등 구도는 '지역주의'를 통해 더 강화되었다. 1960년대 박정희 대통령 시절 영남 지역을 동원한 이후 1971년 대선 때 김대중 야당 후보를 중심으로 호남 지역 동원이 이루어졌다. 그리고 1987년 13대 대선에서 지역 균열이 정치 균열로 재현되면서 이후 지방선거, 국회의원 선거 등에서 여야 대립은 지역 대립으로 전환되었다. 지역주의가 정치 균열에 주도적으로 동원된 것은 여타 사회 균열의 요소들이 동원되고 조직될 수 없었음을 말한다.[7]

1987년 6월항쟁 이후 새로운 정치 변화에 대한 요구에도 불구하고 1988년 3월 8일에 집권당인 민주정의당의 날치기로 통과된 국회의원 선거법은 거대 정당에 유리한 소선거구제였다. 이는 기존 정치 세력에 도전하는 세력에게 높은 진입 장벽으로 작용했으며 현재도 변함이 없다.

폐쇄된 정치 체제에서 정당의 세력 분포는 양당제로 나타난다. 양당제의 주요 효과는 당의 온건화를 유도한다는 것이다.[8] 거대 정당의 주요 경쟁자는 오직 하나뿐이기 때문에 다양한 이익집단으로부터 지지를 끌어내기 위해 특수 이익집단의 요구에 대해서 대응할 필요성을 가지지 않는다. 그리고 선거에서 패배한다 하더라도 '야당'을 독점할 수 있기 때문에 붕괴되지 않고 소수 정당에 비해 절대적인 이점을 가지게 된다. 한국의 경우 민주화 이후 고착화된 거대 양당 중심의 정당 체제로 인해 다양한 사회 균열과 시민사회의 역동적인 요구들을 반영하지 못하고 있다. 그리고 거대 양당은 이와 같은 사회적인 요구에 대해 배제와 포섭의 대응 방식으로 유지, 작동하고 있다.

이런 구조적 조건에도 불구하고 개방적 정당 체제의 가능성을 보여준 시기가 있다. 2004년 4월 15일 국회의원 선거에서 열린우리당 38.8% 152석, 한나라당 35.8% 121석, 민주노동당 13.0% 10석의 정당 득표율과 의석수로 탄생한 17대 국회는 보수우익 정당에서 정치적 민주화 세력이 주도하는 자유주의 보수정당으로 의회 권력이 이동했다는 점에서 큰 의미가 있다. 그리고 기존의 정당 체제에서 볼 수 없었던 진보정당의 등장으로 정당의 수 측면에서는 다당제로서 정당 경쟁 구도의 변화를, 정당 간 이데올로기 측면에서는 보수우익 정당, 자유주의 보수정당, 진보정당 구도를 가지게 되었다. 이전과 다른 정당 체제의 개방성을 보였던 이 선거 결과는 다음과 같은 조건 때문에 가능했다. 2001년 7월 19일 헌법재판소의 선거법 위헌 결정에 따라 이루어진 2002년 3월 '1인 2표 정당 명부'의 선거법 개정, 2004년 3월 12일 국회의 노무현 대통령 탄핵 사건과 관련한 대중들과 사회운동 단체들의 '민주주의 위기와 회복'에 대한 요구, 그리고 신생 정치 세력으로서 대중들에게 인식된 민주노동당 활동이 상호작용한 결과라고 할 수 있다.

〈표 4〉 역대 국회의원 선거 결과 정당 의석수, 의석 비율, 득표율(1948~2016)

역대 국회	선거일	입기(기간), 의원 정수	제1당	제2당	제3당	제4당	무소속	비고
제헌국회	1948.5.10	2(2), 200명	55(27.5/26.1)	29(14.5/13.5)	12(6.0/9.6)	6(3.0/2.2)	85(42.5/40.3)	1948.7.17. 제헌헌법, 소선거구제, 친일파 금지.
제2대	1950.5.30	4(4), 210명	24(11.4/9.7)	24(11.4/9.8)	14(6.6/6.8)	10(4.7/3.3)	126(60.0/62.9)	1952.7.7. 제1차 헌법 개정.
제3대	1954.5.20	4(4), 203명	114(56.2/36.8)	15(7.4/7.9)	3(1.5/2.6)	3(1.5/1.0)	68(33.5/47.9)	1954.11.29. 제2차 헌법 개정.
제4대	1958.5.2	민의원4(4,2.2), 233명	126(54.1/42.1)	79(33.9/34.0)	1(0.4/0.6)	-(-/0.6)	27(11.6/21.7)	1960.6.15. 제3차 헌법 개정. 의원내각제 도입.
제5대	1960.7.29	참의원6년, 민의원4(0.9.18), 233명, 58명	175(75.5/41.7)	31(53.4/51.4)	2(0.9/2.8)	1(0.4/0.2)	49(21.0/46.8)	1960.11.29. 제4차 헌법 개정. 민주당 후보 공천 시작.
제6대	1963.11.26	4(3.6.14), 175명	110(62.9/33.5)	41(23.4/20.1)	13(7.4/13.6)	9(5.1/8.1)	-	1962.12.26. 쿠데타, 국회 해산. 1961.5.16. 군부쿠데타, 현법 개정.
제7대	1967.6.8	4(4), 175명	129(73.7/50.6)	45[17](25.7/32.7)	1(0.6/2.3)	0(0/3.6)	-	득표율에 비례 일정 의석 배분.
제8대	1971.5.25	4(1.3.17), 204명	113[27](55.4/47.8)	89[24](43.6/44.4)	1(0.5/4.0)	1(0.5/1.4)	-	득표율에 비례 일정 의석 배분. 무소속 제한.
제9대	1973.2.27	6(6), 219명	73(50.0/38.7)	52(35.6/32.5)	2(1.4/10.2)	-	19(13.0/18.6)	1972.10.17. 10월유신, 국회 해산, 무소속 허용.
제10대	1978.12.12	6(1.17,17), 231명	68(47.9/31.7)	61(43.0/32.8)	3(2.1/7.4)	-	22(15.5/28.1)	1972.12.17. 제7차(유신) 헌법 개정. 1/3 의석 대통령 임명.
제11대	1981.3.25	4(4), 276명	151[61](54.7/35.6)	81[24](29.3/21.6)	21[7](7.6/13.3)	2(0.7/6.7)	11(4.0/11.7)	통일주체국민회의 73석. 1979.10.26. 박정희 사망. 유신정우회 77석.
제12대	1985.2.12	4(3,1.18), 276명	148[61](53.6/35.2)	67[17](24.3/29.3)	35[9](12.7/19.7)	20[5](7.3/9.2)	4(1.4/3.2)	1980.10.27. 제8차 헌법 개정.
제13대	1988.4.26	4(4), 299명	125[38](41.8/33.9)	70[16](23.4/19.2)	59[13](19.7/23.8)	35[8](16.7/15.5)	9(3.0/4.7)	1987. 6월항쟁. 6·29선언. 1987.10.29. 제9차 현법 개정.
제14대	1992.3.24	4(4), 299명	149[33](49.8/38.5)	97[22](32.4/29.2)	31[7](10.4/17.4)	1(0.3/1.8)	21(7.0/11.5)	
제15대	1996.4.11	4(4), 299명	139[18](46.5/35.1)	79[13](26.4/24.8)	50[9](16.7/16.4)	15[6](5.0/11.3)	16(5.4/12.4)	IMF 위기 영향으로 의석수 축소.
제16대	2000.4.13	4(4), 273명	133[21](48.7/38.9)	115[19](42.1/35.8)	17[5](6.2/9.8)	2[1](0.7/3.6)	5(0.2/9.4)	IMF 위기 영향으로 의석수 축소.
제17대	2004.4.15	4(4), 299명	152[23](50.8/38.3)	121[21](40.5/35.8)	10[8](3.3/13.0)	9[4](3.0/7.0)	2(0.6/-)	정당 명부 비례대표 도입(56석).
제18대	2008.4.9	4(4), 299명	153[22](51.2/37.4)	81[15](27.1/25.1)	18[4](6.0/6.9)	14[8](4.7/13.1)	25(8.4/-)	비례대표 의석 54석으로 축소.
제19대	2012.4.11	4(4), 300명	152[25](50.7/42.8)	127[21](42.3/36.5)	13[6](4.3/10.3)	5[2](1.7/3.2)	3(1.0/-)	
제20대	2016.4.13	4(4), 300명	123[13](41.0/25.5)	122[17](40.1/33.5)	38[13](12.7/26.7)	6[4](2.0/7.2)	11(3.7/-)	

-자료는 국회사무처의 의정 자료집, 중앙선관위 자료를 중심으로 구성. 순우당 자료를 참고하여 재정리함. 국회의 임기 기준은 년 수임. 기간에서 '년, 개월, 일'을 의미함.

정당별로 의석수[비례대표](의석률/득표율) 순임. 참의원, 민의원은 양원제 국회에서 상원(참의원)과 하원 의원 의회(민의원)를 의미함.

2. 민주노동당의 탄생

"새로운 진보정당을 만들자"

1987년 민주화 이후 정치적 격동에 따라 한겨레민주당, 민중의
당, 민중당 등과 같은 여러 진보정당 운동이 시도되었으나 실패했
다. 진보정당을 추진하는 정치 세력들의 내부 분열과 사회운동과 괴
리된 상층 중심의 정치 구도에서 벗어나지 못한 결과였다. 그러나
민주노동당은 달랐다. 이전의 진보정당들의 실패와 달리 민주노동
당이 단기간의 정치적 '실험'으로 끝나지 않고 정당 운동을 추진할
수 있었던 것은 민주노총을 시작으로 전농, 빈민 단체와 같은 민중
운동의 정치 세력화 요구와 적극적으로 결합했기 때문이다.

1996년 12월 26일 김영삼 정권의 집권 여당에 의한 노동법·안
기부법 날치기 통과 후 전개된 민주노총 총파업은 노동운동의 가능
성과 한계를 동시에 보여주었다. 12월 26일부터 이듬해 3월 10일
까지 4단계의 총파업에 참가한 노조 수는 531개, 조합원 수는 40만
4,054명에 달했으며, 누계로는 각기 3,422개 노조와 387만 8,211명

의 조합원이 파업에 참가했다. 또한 전국 주요 도시에서 30회 이상의 대규모 집회가 개최되어 연인원 150여만 명의 노동자와 시민이 집회에 참가했다.[10] 민주노총뿐만 아니라 한국노총과의 연대 속에서 이루어진 총파업은 정부와 여당이 날치기한 노동법률안을 재개정하도록 만들었다. 그러나 노동법 재개정 논의가 노동운동 진영과 괴리된 채 정치권 내에서 이루어지면서 그 결과 또한 날치기 통과된 법률안 내용을 벗어나지 못했다.[11] 이는 노동자와 노동운동 진영이 정치 세력 부재의 한계를 크게 절감하는 계기가 되었다.

민주노총은 1997년 3월 27일 2기 대의원대회를 개최해 "우리 사회의 민주적 개혁을 실현하고 노동자의 이익과 요구를 철저히 대변하는 새로운 정당 건설"[12]의 정치 방침을 결정한다. 그리고 당시 진보정당 운동의 주요 정치 세력이었던 진보정치연합, 정치연대, 전국연합 등과 함께 1997년 12월 대통령 선거에 국민 후보 전술로 권영길 민주노총 위원장을 선출하며 민주노동당의 전신인 '민주와 개혁을 위한 국민승리21'을 결성했다. 비록 15대 대선 결과 권영길 후보 득표율이 1.2%에 그치지만, 민주노총은 민주 진보 진영이 최초로 정치적 단결을 이루었다는 점, 선거운동 활동을 통한 현실 정치 경험과 상근자 등의 정치 세력화의 기반 조성, 최초의 민주노총 정치 활동 전개와 노동자의 정치적 단결을 이루어낸 점을 성과로 평가하고,[13] 1998년 5월 임시대의원대회에서 '진보정당의 창당 결정'을 내린다.

범PD와 범NL의 갈등

그러나 국민승리21은 지속적으로 내부 갈등을 겪었다. 가장 큰 갈등 요인은 이전부터 존재했던 진보정치 세력들의 진보정당 '독자 세력화'에 대한 노선 차이 때문이었다. 민주노동당의 주요 진보정치 세력은 진보정치연합, 정치연대로 대표되는 '범PD'(민중 민주) 계열의 정치 세력과 전국연합으로 대표되는 '범NL'(민족 해방) 계열이라고 할 수 있다.[14] 이 중 진보정치연합은 이전의 민중당을 조직적으로 승계해서 당 해산 이후 지속적으로 진보정당 운동을 전개해온 세력이고, 정치연대는 민중당의 우경화를 비판하며 당 내외에서 비판적 입장을 견지하면서도 진보정당 건설의 필요성에 공감하던 정치 세력이었다.[15] 전국연합은 이전부터 존재했던 '야당을 포함한 민주 연합 전선'을 주장하는 다수파와 '민중운동 세력 주도의 민주 연합 전선'을 강조하는 소수파가 대선과 총선 때마다 노선의 내부 각축을 전개해온 정치 세력이었다.[16] 1987년 13대 대선 때부터 진보정치 운동 세력은 크게 범PD 계열의 '독자 후보론'과 범NL 계열의 '민주 대연합론'의 갈등 구도, 범PD 계열 내에 선거 활용을 통한 변혁 정당 노선과 합법 정당의 제도화를 통한 점진적 변혁 중심의 갈등 구도가 있었다.

이와 같은 진영 간의 갈등과 대립은 1992년 12월 14대 대선까지 지속되다가 1995년 6월 지방선거에서 각 진영의 후보들이 무소속으로 당선되고 진보정치 독자 세력화에 대한 가능성을 보게 되면서 진영 간 소통이 이루어지게 된다. 그리고 1996년 집권 여당의 노동법·안기부법 날치기 처리에 저항한 1996~1997년 민주노총 총파업과 진보정당 운동정치 세력의 결합으로 각 진영 내의 '정당 제도화' 세력과 '민중운동 세력 주도' 세력의 주장이 정당성을 가지고 진보정당 논의는 촉진되었다. 그리고 이 과정에서 1999년 2월 전국빈민연합(준)이 '진보정당 창당 추진위'에 결합하고, 2000년 1월 30일 민주노동당 창당, 2001년 9월 전국연합의 조직적 결합, 2003년 10월 전농 등이 결합하면서 민중운동 기반의 진보정당을 구축해나간다.[17]

국민승리21을 거치며 민주노동당은 창당 전후 시기 이념적 차이에 대한 문화적 통합보다 집단과 집단, 조직과 조직 간의 연합, 즉 구조적 통합에 집중했다. 이 과정에서 이념에 근거한 노선의 차이는 내부 균열 요소로 작용하여 선거 때마다 이탈 세력이 생겼다. 1997년 15대 대선 때 범PD 계열 내에서 민주노동당의 '국민후보론'에 반대하며 일부가 이탈하고, 범NL 계열 내에서 민주당 김대중 후보를 중심으로 한 '정권 교체'를 주장하며 이탈했다. 2002년 16대 대선에서는 한나라당 이회창 후보에 반대하며 범민주 후보 당선을 주장했던 범NL 계열의 '반창연대' 측 일부가 이탈했다.[18] 이와 같이 진영 내의 각축 속에서 민주노동당에서 정당정치를 통한 사회 변혁과 민중운동을 기반으로 한 대중정당을 추구하는 세력들의 결합이 이루어진다.

소외된 대중의 이해를 정치적으로 표출

민주노동당은 창당 이후 그동안 기존 정당들이 무시했던 사회 문제들을 이슈화하고 그 당사자들을 조직하며 그들의 이해를 정치적으로 표출하기 시작했다. 예를 들어 상가 임차인들의 임대 권리를 위한 '상가 임대차 입법 운동'과 같은 민주노동당의 정치 활동은 대중들에게 민주노동당의 존재를 인식하게 만들었다. 이와 같은 현상은 민주노동당 기관지인《진보정치》에서 실시한 국민 설문 조사 결과에서도 나타난다. 2001년 1월 민주노동당 기관지인《진보정치》의 설문 조사 결과 "국민 과반수(50.7%)가 현재의 정당 구조에 불만을 갖고 있으며 만족하는 비율이 7.6%에 불과하고 절대 다수인 87.3%가 현존하는 보수정당이 자신들의 정치적 견해를 반영하지 못하고 있다"고 여기는 것으로 나타났다. 민주노동당에 호감이 가는 이유로는 ▷노동자·서민의 이익을 대변하기 때문 52.7% ▷신선한 감이 들기 때문 16.2% ▷부정부패와 관련이 없어서 16.2% ▷정치적 견해가 일치해서 5.5%라는 결과를 얻기도 했다.[19]

2002년 6·13 3대 지방선거 결과 민주노동당은 울산 북구·동구 지역의 기초단체장 2명, 광역 비례의원 11명, 기초의원 32명이 당선되면서 선거를 통한 '제도 정당'으로 등장했다. 당선 이후 지방의원들은 시민사회 단체들과 학교 급식 운동을 전개, 사회적으로 소외된 신용 불량자 문제 등을 공론화하고 기존 정당들이 접근하지 않은 사회문제를 이슈화하며 차별성을 가졌다. 그리고 2003년 6월 "부유세 도입을 통한 장애인연금법 제정 200만 서명 운동 발대식"[20]과 같은 부유세 도입 서명 운동을 전개하며 기존 정당들과 의제의 차별성을 명확히 가졌다. 민주노동당은 비록 2002년 대선에서 '반창연대'라는 내홍을 겪기도 하지만, 대선 이후 노무현 대통령의 재벌 개혁 없고 "노동 없는 민주주의"[21] 전개에 따라 진보정당의 정당성을 강화해나갔다.

3. 민주노동당 국회 진출의 의미

선거를 통한 이념 정당의 등장

민주노동당의 국회 진출은 한국 정당정치 역사에서 중요한 의미를 가진다. 첫 번째 의미는 선거를 통한 제도 정치의 구성원으로서 '이념 정당'이 등장했다는 것이다.

19세기 산업혁명 이후 자본주의 비판을 통해 강화된 사회민주주의social democracy는 정치적 이데올로기로 형성되어 개혁주의 정당부터 '혁명 정당'까지 넓은 범위를 포괄하는 의미로 사용되어왔다. 그러나 한국은 사회민주주의 이념이 뿌리내리기에 어려운 조건을 가지고 있다. 한국전쟁을 계기로 고착화된 반공 이데올로기와 국가보안법과 같은 국가 억압 장치가 아래로부터의 새로운 정치 세력 형성과 도전을 가로막고 있기 때문이다. 그리고 해방 이후 존재한 사회민주주의는 사회민주주의자, 무정부주의자, 노동운동가, 진보적 민족주의자, 진보적 민주주의자, 독립운동가, 비판적 지식인, 혁명주의자 등 이념의 다양성 때문에 기본 이념을 설정하는 데도 많은

문제점을 안고 있었다.[22]

한국 사회에서 '좌파-우파' 개념보다는 '진보-보수'라는 개념을 선호하는 경향은 분단체제에서 형성된 이념적 경직성을 보여준다. 산업화 과정을 거치면서 '계급'이 사회 균열의 기본 축으로 자리 잡은 서구 사회의 경우 다수의 노동자들을 대변하는 좌파 정당과 자본가계급을 대변하는 우파 정당을 중심으로 이념 스펙트럼이 형성된 반면, 한국은 한국전쟁을 계기로 그 스펙트럼이 급속히 수축되었다. 급진적 사상에 대한 공개적인 논의는 국가의 탄압 대상이 되었고 국가의 권위주의에 대항하기 위한 이념으로서 '진보liberal'라는 개념이 적용되었다. 그렇기 때문에 한국 사회에서 진보 개념은 상대측인 보수의 성격과 범위에 따라 성격과 범위가 달라진다.

한국 사회에서 이념 구도의 변화는 분단체제를 토대로 크게는 민주화를 기점으로 나눌 수 있다. 민주화 이전에는 '독재 대 민주'의 대립 구도가 중심이었다면 민주화 이후에는 '권위주의 대 반권위주의'로 대체되었고 신자유주의 지구화를 거치며 계급의 이념 구도가 강화되었다. 이와 같은 이념 구도의 변화는 진보정당과 보수정당의 경쟁 구도에도 반영된다. 민주화 이전에는 독재 세력이 보수정당, 이에 대항하는 민주 세력이 진보정당의 성격을 가졌다면, 민주화 이후에는 권위주의 세력의 보수정당과 반권위주의 세력의 진보정당, 신자유주의를 옹호하는 보수정당과 신자유주의에 저항하는 진보정당으로 구분할 수 있다. 민주화 이전보다 복합적인 정당 경쟁 구도를 가지게 된 것이다. 17대 국회의 민주노동당, 열린우리당, 한나라당 정당 구도는 권위주의와 신자유주의에 저항하는 진보정당, 반권위주의를 지향하며 신자유주의를 옹호하는 자유주의 보수정당 그리고 권위주의와 신자유주의를 적극적으로 옹호하는 보수우익 정당으로서 한국 정당정치 역사상 처음으로 이념 분화로 등장한 정당 체제였다.

사회운동 세력과 연대하는 대중정당

민주노동당의 국회 진출의 두 번째 의미는 노동조합, 농민 단체, 빈민 단체 등과 공식적 관계를 형성한 대중정당이 정당 체제의 구성원으로 등장했다는 것이다.[23]

정당의 사회적 기반을 강화하여 이념과 정책을 중심으로 한 정당 간 경쟁을 확립하는 것은 민주주의 발전과 직결된다. 개별 단위로서 정당 조직 강화는 다른 정당과 경쟁 관계의 긴밀한 연관 속에서 이루어진다. 개별 단위 정당은 시민사회와 국가를 연결하는 매개 조직으로 세 이미지의 결합이다.[24] 첫째, 정당의 사회적 기반을 의미하는 대중정당party on the ground, 둘째, 정당 조직의 허리를 의미하는 활동가 정당party in central office, 셋째, 정당 조직의 상층부를 의미하는 공직 추구 정당party in public office이다. 이 중 앞의 두 이미지는 '원외 정당'을, 마지막은 '원내 정당'을 의미한다.[25] 이 가운데 사회적 기반을 토대로 사회 균열을 반영하여 이념과 정책 중심의 안정화된 정당 경쟁 관계를 확립하기 위한 정당으로 대중정당의 필요성이 제기된다.

그러나 한국 정당의 역사에서 정당은 시민사회 내에 제대로 정착하지 못하고 인텔리, 명망가들로 구성된 원내 정당 중심으로 형성되었다. 2002년 대통령 선거에서 '노사모'와 같은 대중들의 자발적 참여가 있었지만 열린우리당은 이 세력을 기반으로 한 대중정당으로 변신하지 못했다. 반면 민주노동당은 민주노총을 중심으로 전농, 빈민 단체 등 사회운동 단체들의 참여와 이들의 계급적 이해를 대변하는 정당으로서 당원 주도의 아래로부터의 참여와 사회운동과의 관계를 중요시했다. 민주노동당은 창당 초기부터 당원 소환제, 총투표제, 당원 발의제, 총회, 분회 등 아래로부터의 직접 참여를 위한 다양한 당원 주도형 제도를 갖추어나갔다. 이와 같은 민주노동당의 '진성 당원제'는 대외적으로 높이 평가받으며 '정당 민주화'를 둘러싼 기존 정당들의 경쟁을 이끌어내기도 했다.[26] 그리고 사회운동과의 관계를 중요시하는 민주노동당의 노선은 기존 정당들의 사회운동 배제 또는 사회운동을 동원 수단화하는 접근과 대조되는 것이었다. 이러한 민주노동당의 등장은 당시 "당원과 시민들의 참여를 독려하며 스스로 운동 조직으로서 사회운동 세력과 함께 연대 활동을 전개"[27]하는 사회운동 정당, "대중의 광범위한 불만을 조직하고 그들의 가슴에 울리는 대안적 사회운동 정당"[28]과 같이 진보적인 학자들의 사회운동 정당 논의들과 함께 이루어지면서 사회운동 정당으로서의 활동에 대한 기대와 요구를 받기도 했다.

4. 민주노동당 국회 활동의 제약 조건

민주노동당은 17대 국회에서 10석, 18대 국회에서 5석의 의석 수를 가진 소수 정당으로 거대 정당과의 경쟁 관계에 놓이게 된다. 국회 진출에 성공한 민주노동당은 한국의 정당정치 역사에서 가지는 중요한 의미에도 불구하고 '제도화' 측면에서 '정당 제도화'와 '정당 체제 제도화'에 대한 국회 활동의 제약 조건을 가지고 있었다.

정당 제도화party institutionalization는 정당이 국민들에게서 가치를 얻어 그 존재가 안정성을 얻어가는 것을 의미한다.[29] 당내 기강과 규율 등 정당의 조직 시스템 확립, 당 지도부와 지지자들이 같은 이념과 가치를 공유해 외부의 영향에 휘둘리지 않는 자율적 의사 결정 확립 등이 해당된다. 그렇다면 민주노동당은 어떠했을까? 민주노동당은 이와 관련하여 정당법과 관련한 제도적 조건, 약한 대중 조직 기반, 그리고 통합되지 못한 당내 조직 구성 조건의 제약성을 가지고 있었다.

정당법과 정치자금법

우선 정당법과 정치자금법의 제도적 조건에 대해 살펴보자. 민주노동당은 창당 이후 각 지역에 지구당을 구성하여 '전국 정당'의 조직적 체계를 가지고 있었다. 그러나 2000년 기존 정당들의 정경유착과 부패·비리에 대한 정당 조직 개선 방법으로 정당법을 개정하여 지구당 제도를 없애버렸다. "지구당 조직의 폐쇄나 예비 경선제의 도입과 같이 정작 정당정치의 기초라고 할 수 있는 당 조직을 약화시킴으로써 정당정치를 정치 엘리트들만의 리그로 만들어"[30]버린 것이다. 서구의 경우에도 재정적·물질적 측면에서 정당의 국가 지향적 속성이 한층 강해지는 카르텔 정당 경향이 등장하고 있다.[31] 그러한 경향 속에서도 정당 조직의 사회적 기반을 강화하기 위한 당원 역할 증대와 강화 역시 꾸준히 시도되고 있다. 그런데 대중정당을 경험하지 못했고 그 기반도 취약한 한국의 경우 그 기반을 없애버리는 방향으로 정당 개혁을 진행했던 것이다.

단순다수제에 기반을 둔 비례대표제와 연동된 정치자금법도 소수 정당에 불리한 제약 조건으로 작용한다. 현재 정치자금은 정치자금법 제3조에 따라 대체로 당비, 후원금, 기탁금, 국고보조금으로 규정하고 있다. 이 중 국고보조금은 정치자금법 제27조에 따라 국회의원 20인 이상의 교섭단체 정당에 의석수를 기준으로 배분되기 때문에 17대 국회의원 선거에서 13.0%의 정당 득표율을 받았던 민주노동당은 8%의 의석수에 그쳐 정당 득표율에 기반을 둔 국고보조금을 받지 못했다. 지구당 폐지와 의석수를 기준으로 한 국고보조금 배분 제도는 조직적·사회적 기반이 약한 소수 정당에 불리하게 작용한다. 지방 정치와 당원 중심의 정당보다 중앙당 중심으로 강화되어 대중정당의 정체성을 약화시키고, 당비보다 국고보조금에 대한 의존도를 강화시키는 결과를 낳을 가능성이 크다. 그리고 의석수를 기준으로 한 국고보조금에 대한 의존성이 강화되면 정당이 초기에 중시했던 대의 실현의 목적이나 이념성보다 정당의 생존을 중요시하게 되며, 다른 정당과의 합당을 통해 의석수 확대를 중요하시는 방향으로 바뀔 가능성이 높아지게 된다.

민주노동당을 지지하지 않는 민주노총 조합원

둘째, 민주노동당은 '노동'이 당명에 포함된 것처럼 민주노총의 조직적 기반이 중요한 의미를 가지는 정당이다. 민주노동당의 모체적 성격을 가지는 민주노총과의 관계에서 조합원 대중과 민주노동당의 일체감 여부는 민주노동당의 정당 제도화를 위한 주요 변수로 작용한다.

민주노총은 1995년에 만들어질 당시부터 노동자의 정치 세력화를 강령에 표방했다. 그 이후 1996년 노동법·안기부법 날치기 처리에 저항한 총파업을 전개했고, 1997년 대통령 선거 때 권영길 민주노총 위원장을 후보로 선출하고 국민승리21을 결성했으며, 1999년 민주노동당을 중심으로 정치 세력화를 결정하고 2000년 1월 민주노동당을 창당했다. 그렇다면 민주노동당 당원 중 민주노총 조합원 비율은 얼마나 되었을까? 민주노총 조합원 당원은 1999년 3,612명으로 민주노동당 당원의 49.02%, 2000년 5,683명(48.84%),

<표 5> 1999~2005년 민주노총 당원 현황

년도	총 당원 수	민주노총 소속 당원 수	구성비(%)
1999	7,369	3,612	49.02
2000	1만 1,637	5,683	48.84
2001	1만 7,242	8,269	47.96
2002	2만 5,559	1만 1,515	45.05
2003	3만 5,063	1만 5,252	43.50
2004	6만 212	2만 5,275	41.98
2005	6만 1,981	2만 6,024	41.98

— 자료: 남궁현, 〈한국 노동계급의 정치 세력화 과정과 유형 연구: 노조·정당 관계를 중심으로〉, 고려대학교 대학원 정치외교학과 석사 학위 논문, 2006, 67쪽.

2001년 8,269명(47.96%), 2002년 1만 1,515명(45.05%), 2003년 1만 5,252명(43.50%), 2004년 2만 5,275명(41.98%), 2005년 2만 6,024명(41.98%)으로 평균 45.47%에 해당한다. 1999년 이후 그 비율이 지속적으로 감소하는 것을 볼 수 있다.

문제는 민주노총 조합원 대비 조합원 당원은 극소수라는 점이다. 민주노총이 민주노동당의 대표적인 조직적 기반인데도 불구하고 2004년 조합원 당원 비율은 5% 내외, 2007년 1월 기준 당권을 가진 조합원 당원은 조합원 중 3.44%에 불과했다.[32] 조합원 당원 비율이 낮은 문제는 민주노동당에 대한 조합원의 지지율 조사 결과에서도 반영되어 나타난다. 민주노총 조합원의 민주노동당 지지는 1999년 25.7%, 2001년 23.1%, 2003년 49.0%로 1999년에 비해 2003년의 지지율은 2배 수준으로 상승한다. 2004년 국회의원 선거를 통한 국회 진출은 이러한 지지율의 상승을 바탕으로 한다고 할 수 있다.[33] 하지만 조합원 중 '지지하는 정당이 없다'고 한 비율이 50% 이상으로

다시, 진보정당

〈표 6〉 1999년, 2001년, 2003년 민주노총 조합원의 민주노동당 지지 변화

연도	대상	민주노동당	지지 정당 없다
1999	전체	25.7	57.4
	제조업	31.4	51.8
	비제조업	18.3	64.7
2001	전체	23.1	54.5
	제조업	33.7	43.8
	비제조업	15.5	55.1
2003	전체	49.0	51.0

— 자료: 김영수, 〈민주노총의 정치 활동과 조합원〉,《한국정치연구》16집 2호, 2007, 89쪽.

나타났다. 이는 민주노총의 정치 세력화 방침과 정치 활동 전개에도 불구하고 '민주노총 조합원 – 민주노총 – 민주노동당' 간의 이념적 통합성이 낮다는 것을 보여준다. 민주노동당을 지지하지 않는 다수의 조합원들은 다른 정당을 지지하고 있었던 것이다.

민주노총 조합원들의 불균등한 정치의식은 민주노총의 정치 세력화 활동이 이념적으로나 내용적으로나 충실히 전개되지 못한 한계를 보여준다. 이 문제는 민주노동당과 민주노총이 조직적 기반과 대중정당의 정체성을 강화하기 위해 풀어야 할 큰 과제이기도 했다. 한편 17대 국회의원 선거 결과에서 나타난 민주노동당의 지지 기반은 민주노총으로 대표되는 노동계급이라기보다 학생과 지식인을 중심으로 도시의 교육받은 중산층, 화이트칼라 직업군 중심이었다.[34] 그리고 민주노동당에 대한 지지는 "열린우리당에 대한 '저항 투표protest voting'"[35]에 의해 이루어진 측면도 있었다.

민주노동당은 노동조합 조직률이 10%대에 불과하고 민주노총 조합원도 대략 60만 명에 그치고 있다는 현실적 한계,[36] 조합원 대중

<표 7>　민주노동당 당원 주도형 제도와 실효성

당원 주도형 제도	실행 조건	도입 연도	활용 사례
당원 소환제	전체 당원 1/3 이상 발의(2003) 전체 당원 선출 1/10, 광역시도·지역위 단위 선출자 1/5(2005)	2003년 제정 2005년 개정	없음
당원 총투표	당대회에서 발의	2003년 제정	없음
당원 발의제	당대회(300명 연서), 중앙위(100명 연서)	2003년 제정	2005년 기관지 위원장 사퇴 권고 결의안 (3차 중앙위에서 부결)
총회	지구당 최고 의결 기관	2001년 제정 2005년 폐지	2005년 폐지 후 대의원 대회로 대체
분회	당 기초 조직	2001년 제정	지역위 약 50% 설치(2006년), 분당 후 대폭 축소

— 자료: 손우정, 〈한국 진보 정당 내부 민주주의 제도 연구: 민주노동당, 노동당, 녹색당, 정의당, 통합진보당 사례를 중심으로〉, 《기억과전망》 32호, 2015, 269쪽.

과 민주노동당 간의 이념적 불일치와 약한 조직적 기반, 그리고 노동계급 외 다른 유권자들의 지지로 인해 선택의 딜레마가 있었다. 계급적 성격은 단일하지만 선거에서는 계속 패배할 수 있는 당으로 남을 것인가, 아니면 계급적 성격이 희석되는 것을 감수하더라도 선거의 성공을 위해 싸우는 당이 될 것인가 중 어느 하나를 선택해야 하는 것이다.[37] 민주노총의 조직적 강화를 토대로 사회적 기반을 강화하는 전략이 없는 한 소수 정당으로서 민주노동당은 지지 기반을 확대하기 위해 이념성을 포기하고 '포괄 정당화'[38]가 될 가능성이 있었다.

한편 대중정당이라는 이름 자체가 '당원 대중'이라는 말에서 유래한 것[39]처럼 대중정당에게 당원들은 매우 중요한 존재다. 민주노동당은 모두 당비를 내는 진성 당원제에 기초하여 공직자와 당직자를 직접 선출하는 것을 원칙으로 하고 당내에 당원 주도형 제도를 도입했다. 대표적으로 당원 소환제, 총투표제, 당원 발의제, 총회, 분회를 들 수 있다. 하지만 2004년 국회 진출 이후 민주노동당 내 정파 갈등이 일상화되면서 아래로부터의 당원 주도형 제도는 무력화되었다. 당의 내부 정치는 당원의 주도성을 보장하지 못한 채 오직 정파 간 권력관계와 관련된 당직자 선출 과정의 민주성만 부각된 민주주의 제도가 작동했다.[40]

다양한 진보정치 세력들의 갈등

셋째, 민주노동당 내부에 존재하는 다양한 이념들의 통합이 요구되었다. 민주노동당은 다양한 정치 운동 세력과 민중운동 세력이 결합하여 만들어진 정당이다. 이러한 조직 구성 특성에 따라 민주노동당에는 다양한 이념적 성향들이 존재했다. 김윤철은 민주노동당에는 크게 '사회민주주의', '민주적 사회주의', '진보적 민주주의', '다양한 급진 좌파' 등과 관련된 다양한 이념적 스펙트럼이 존재한다고 보았다. 그리고 그동안 당내에서 진행되어온 논쟁은 대체로 '정파 연합당'이라는 민주노동당의 조직적 특성이 반영되는 가운데 전개되었다고 주장한다.[41] 이 중 민주적 사회주의와 사회민주주의 노선은 의회주의 노선으로 분류할 수 있으므로, 민주노동당은 크게 운동

〈표 8〉 민주노동당의 주요 조직 및 세력의 이념적·활동적 경향

운동 정체성	범NL 계열		범PD 계열	
조직·세력	전국연합(경기동부·울산·인천 등) 한총련 실천연대, 범청학련 전농 민주노총 국민파 일부	평등연대, 민주노총 현장파, 화요모임(전진), 평등회의(민주노총 중앙파) 국제사회주의자 (다함께), 노동자의 힘 일부	자율과연대 등	민주노동당 일부
이념	진보적 민주주의	다양한 급진 좌파	사회민주주의	민주적 사회주의
이상	분단과 자본주의를 넘어선 대안 사회	자본주의를 넘어선 대안사회	인간의 얼굴을 한 자본주의(우파)를 넘어선 대안 사회(좌파)	자본주의를 넘어선 대안 사회
변혁 주체	노동자·농민을 중심으로 한 민중	노동자계급 중심성 강조	노동계급을 중심으로 한 국민·시민	노동자계급 중심성 강조
당면 과제	6·15연대 강화, 신자유주의 반대, 주한 미군 철수	신자유주의 반대, 현장 권력 강화, 제국주의 전쟁 반대	신자유주의 반대, 복지 확대, 평화 군축	신자유주의 반대, 공공 부문 확대, 제국주의 전쟁 반대
활동 경향	운동적·변혁적 정당		의회 중심적 정당	

— 자료: 손우정과 임현진의 자료를 참고하여 재정리한 것임.[42]

적·변혁적 정당 노선과 의회주의 노선으로 구분할 수 있다. 민주노동당에 결합한 주요 조직 및 세력의 이념적·활동적 경향을 정리하면 다음과 같다.

　민주노동당에 결합한 다양한 진보정치 세력들의 통합은 '노동자 정치 세력화'라는 정치적 목표와 '자본주의를 넘어선 대안 사회'를 공통적으로 추구한다는 점에서 가능했다. 하지만 세부적으로 존재하는 이념적 차이는 조직·세력 간 갈등 요소로 작용할 수 있었다. 대표적으로 계급과 관련된 이슈가 아니라 '보편적 가치'를 위한 이슈

가 제기되었을 때 대응 전략과 방향에 관한 것을 들 수 있다. 예를 들어 2004년 3월 12일에 발생한 노무현 대통령 탄핵 사태는 '민주 수호'라는 보편적 가치 틀로 제기되었음에도 불구하고 민주노동당 내부에서는 적대 세력에 대한 범위조차 합의하지 못했다. 당시 민주노동당 내에는 탄핵 정국을 '민주 대 반민주' 세력의 대립으로 보고 탄핵 반대 투쟁을 제기하는 세력도 있었지만, '민중 중심의 노무현 탄핵'을 주장하는 그룹도 존재했다.[43]

이념성이 강조되는 대중정당의 특징을 고려할 때 핵심 지지층의 이해를 대변할 것인지 포괄적인 유권자들의 지지를 획득할 것인지에 대한 정치 정당의 딜레마도 존재했다. 2004년 노무현 정부의 '신행정수도 후속 대책'에 대해 당시 민주노동당 주대환 정책위원장이 '새 시대 대중정당'을 위해 "민주노동당의 대안을 밝히는 것이 충청권의 민심을 잡고 수도권 과밀 해소에 적극적인 개혁 성향 국민들의 지지를 이끌어내는 길"이라고 강조하기도 했으나, 논란 끝에 결국 어떤 결정도 하지 못했다.[44] 이와 같이 당내 다양한 이념으로 구성된 민주노동당은 "잠재적 갈등을 조정할 수 있는 메커니즘이 당내 정치의 동학 속에서 구축"[45]되어야 하는 과제를 가지고 있었다.

정당 제도화가 외부의 충격에도 안정적인 정당의 내구성과 응집력에 관한 것이라면, 정당 체제 제도화는 정당들 간의 안정화된 경쟁 패턴을 구축해나가는 과정을 의미한다. 정당 체제 제도화party system institutionalization 측면에서 민주노동당의 제약 조건은 국회법에 따른 교섭단체 중심의 국회 운영 제도와 반공 이데올로기로 인한 이념적 제약 조건을 들 수 있다.

국회에서는 의석수 20석 이상의 다수 정당을 중심으로 모든 의

사 결정이 이루어진다. 여기에서 의석수 20석 이상의 정당을 교섭단체라고 한다. 교섭단체는 1948년 10월 2일 국회법이 제정될 당시 규정되지 않았으나, 1949년 7월 29일 제1차 개정에서 국회의원 20인 이상 정당의 '단체교섭회'라는 명칭으로 도입되었다. 그리고 1963년 11월 26일 이전 국회법을 폐지하고 새로 제정된 국회법에서 '교섭단체'로 명칭을 개정하고 10인 이상의 정당으로 그 기준이 축소되었지만 1973년 2월 7일 제5차 개정에서 20인 이상의 정당으로 다시 확대하여 현재까지 오고 있다. 교섭단체가 되는 정당은 국회 운영 전반의 '실질적' 권한을 가진다. 법률, 예·결산, 국가 정책, 국가 현안 등 국회에서 심의가 이루어지는 모든 것에 대한 '교섭권'을 가지는 것이다. 이와 같은 교섭단체 제도는 국회의원 의석수가 20인 미만인 소수 정당의 국회 활동을 제약하는 가장 큰 요인으로 작용한다.

분단체제에서 고착화된 반공 이데올로기는 진보정당이 제기하는 새로운 정책에 대해 이념적 공격을 할 수 있는 도구로 활용된다. '빨갱이당', '민주노총당', '노동자당' 식의 공격으로 진보정당이 제기하는 주요 정책들은 무력화되기 쉽다. 민주화 이후에도 여전히 존재하고 있는 '국가보안법 체제'에서 "냉전 반공주의를 헤게모니로 한 정치 경쟁의 지형은 광범위한 이념적 스펙트럼을 갖는 정치 경쟁을 불가능하게 하고 협애한 흑백논리적 양자택일로 정치를 축소"[46]시킨다. 노동자, 농민, 교사, 중소기업가, 자영업자 등의 집단들이 자신의 특수 이익을 정치적으로 조직하고 대변하기 위해서는 어떤 이념적·담론적 언사를 사용하는데 냉전 반공주의는 이를 허용하지 않는다. 그리고 집권자들은 이북과 연결된 이념적 공격을 통해 자신의 지배 체제를 공고화하려 한다. 이와 같은 지배 세력의 국가 정치에 대해

김동춘은 "전쟁정치"[47]라고 부른다. 전쟁 수행의 모델이나 원리에 입각해서 내부 반체제 세력의 도전을 이유로 노동·빈민 세력, 비판적 지식인까지도 내전 중의 절대적 적으로 취급한다는 것이다. 이런 구조에서 국가 권력에 대한 저항과 다양한 이념을 둘러싼 진보정당과 정당 간의 경쟁은 이루어지기 힘들다.

3부

민주노동당,
무엇을 하고 무엇을 하지 못했나

1. 모호한 사회운동 정당 노선과 당내 갈등

사회운동 정당 노선에 대한 여러 해석

모리스 뒤베르제^{Maurice Duverger}는 정치투쟁의 행태를 결정하는 요인이 정치 체제, 정당, 압력단체, 전술 및 전략이라고 주장한 바 있다.[1] 정치투쟁은 민주 체제, 독재 체제 등과 같은 정치 체제 내에서 정당과 같은 투쟁 조직들의 대결을 통해 전개되고, 투쟁에서 승리하기 위해 이용하는 전술·전략의 투쟁 수단에 따라 달라진다는 것이다.

한국 정당정치는 2004년 17대 국회의원 선거에서 정당 득표율과 의석수로 열린우리당 38.3% 152석, 한나라당 35.8% 121석, 민주노동당 13.0% 10석의 결과가 나오면서 이전의 '독재 대 민주', '권위주의 대 반권위주의' 중심 구도의 정치 체제로부터 크게 변화한다. 신자유주의를 공통분모로 하면서 전통적인 반공주의를 강조하는 보수우익 정당, 정치적 자유주의를 중심으로 하는 자유주의 보수정당과 소수이긴 하지만 신자유주의에 대한 저항과 한국 사회의 변혁을 추구하는 진보정당이 제3당으로 진입하여 이념적 차별성을 가지는 '다원적' 정당 체제를 이룬 것이다.

이것이 한국 정치 체제의 거시적 변화라면 민주노동당의 내부 변화 또한 살펴볼 필요가 있다. 제도 정치 영역에 처음 진입한 만큼 여러 가지 변화가 필요했다. 기존의 원외에 있었던 정당으로서 할 수 있는 정치투쟁 방식에서 원내 정당으로서 정치투쟁 방식의 변화를 요구받게 되었다. 그동안 '부르주아 정치'라고 비판했던 제도 정치 공간에서 진보정당의 주요 정책과 이슈들을 어떻게 주장하고 어떤 변화를 만들어낼 것인가에 대한 구체적 방도를 제출해야 했던 것이다. 그리고 이를 위해 민주노동당의 조직적 기반인 민중운동 단체들, 즉 민주노총, 전농, 빈민 단체들과의 관계와 정책 의제별로 연대하는 시민 단체들과의 관계를 그에 맞게 설정해야 했다. 그뿐 아니라 각 지역에 있는 당 지역위원회들과의 관계에서 '지역 정치'와 '중앙 정치', 지방의원과 국회의원들의 관계를 어떻게 형성하고 연계한 것인가에 대한 구체적인 방도와 실천 활동이 요구되었다. 즉 2004년 총선 결과 제도 정치 공간에 진입한 민주노동당은 한국 정치 체제의 '질적'인 변화 및 소수 정당이라는 변화 조건에 대응한 당의 전략·전술 수립과 실천 방도에 대한 중대한 과제들을 풀어야만 했다.

18대 국회에서는 보수우익 정당들의 의회 독점이 이루어진다. 2008년 4월 18대 국회의원 선거에서 한나라당 153석, 자유선진당 18석, 친박연대가 14석으로 총 185석, 61.9%의 의석수를 차지한 것이다. 그리고 열린우리당의 후신인 민주당은 81석을 얻는 데 그치고 민주노동당은 5석의 의석수로 '소수성'이 한층 더 강화된다. 민주노동당의 조직적 기반도 약화된다. 민주노동당은 당내 정파 갈등으로 인해 2008년 분당을 거치며 당의 조직적 기반이었던 사회운동 세력의 분열 속에서 권력 기반이 약화된다. 보수정당 중심의 의회 독점이 이루어졌던 18대 국회에서는 17대 국회와는 다른 정치적 조건에서 민주노동당의 전략과 활동이 요구되었다. 18대 국회의 정당 간 세력 관계에서 민주당은 야당으로서 '반보수' 세력의 대표성을 확보할 수 있는 유리한 조건을 가지고 있었다. 민주노동당은 진보정당이자 소수 정당으로서 이러한 구조적 제약을 극복하기 위한 구체적인 방도와 실천 활동이 요구되고 있었다.

민주노동당은 대중정당의 성격과 함께 제도 정치와 운동정치의 관계 측면에서 '운동 정당'[2]의 성격을 갖는다. 민주노동당의 운동 정당 성격은 민주노동당의 사회운동 정당 노선에서도 찾을 수 있다. 2005년 민주노동당은 2차 집권전략위 회의에서 사회운동 정당 노선을 제출하고 토론을 했는데, 제안된 사회운동 정당의 핵심 내용은 세 가지였다. "첫째, 당을 변혁적 독점적 주체로 보지 않고 광범위한 사회운동을 통한 대중 참여를 중요시한다. 둘째, 당이 사회운동이라는 자신의 토대 위에서 분리되지 않고 의식적으로 긴밀한 관계를 유지하는 것을 강조한다. 셋째, 당 활동 자체의 구조와 노선을 사회운동에 가까운 형태로 추진한다."[3] 이것은 기존 정당들이 사회운동을 배제하거나 포섭 대상으로 접근하는 것과 대조되는 것이었다.

그러나 민주노동당 내에는 사회운동 정당 노선에 대해 여러 가지 해석이 존재했다. 크게 집권 목표를 위해 사회운동 동원을 통한 정당 강화, 집권 목표가 아닌 사회운동 성장을 위한 정당이라는 해석을 들 수 있다. 여기에는 정파별 노선 차이와 더불어 개인별 접근 차이도 존재했다. 사회운동 정당 노선의 해석 차이는 정당과 사회운동의 관계에 대한 이분법적 관점에서 시작된다. 독일 녹색당이 표방했던 '반정치적인 정당^apolitical party'의 형태처럼 집권과 사회운동을 대립시켜 바라보고 더불어 정당과 사회운동을 정치 체제의 내·외부로 분리해 이해하는 것에서 비롯된 것이다.

명확하지 않은 사회운동 정당 노선과 해석의 차이, 당과 사회운동의 이분법적 접근 방법은 당의 조직적 체계와 국회 활동 전략에 큰 영향을 주었다. 우선 2004년 국회의원 선거 이후 5월 6일, 민주노동당은 중앙위에서 공직자의 당직 겸임을 금지하는 '당직·공직 겸직 금지 제도'를 도입한다. 국회의원 중심의 '의회주의화', '원내 정당화'를 방지하기 위한 결정이었다. 이와 같은 결정은 외국의 사민주의 정당의 보수화와 기존 정당들의 정당정치에 대한 불신이 작용한 것이었다. 그러나 이 제도는 기대했던 긍정적인 효과와는 달리 원내·원외 분리로 이원적 지도 체제를 고착화했다. 당과 국회의원단의 관계 성격은 당 정책위와 의원단, 그리고 의원단을 지원하는 단위인 의정지원단 간의 조직적 체계에서 드러난다. 2004년 5월 민주노동당 중앙위에서 결정된 당의 정책 지원 체계는 4개의 정책조정위원회별로 구성된 정책위원회를 중앙당에 두고, 이들의 정책 활동을 정책기획실에서 종합해서 의정지원단을 통해 의원단의 사업을 만들어가는 것이었다. 즉 의원단의 일상적 정책 활동 내용을 정책위가 제공하고 원내 활동 중심이 아닌 당 중심의 '정책 정당'을 만들어내자는 것이었다. 이를 위해 의정지원단을 의원단 산하가 아니라 정책위 산하에 둔 것이다.[4] 당직·공직 겸직 금지 제도와 당의 정책 지원 체계에서 나타나는 가장 큰 특징은 국회 활동과 관련한 당의 공식적인 의결 기구에 국회의원이 없다는 점이다. 사회운동 정당 노선에서 당과 사회운동의 이분법적 접근 방법은 당과 의원단의 관계에 인입되어 유기적 소통 관계가 아니라 수직적 지배 구조 관계로 형성되었다. 당 중심성을 강조하며 의원단을 당의 '지도 대상'으로 보고 제도화한 결과였다. 결국 당과 의원단의 이원적 분리 체계는 의원단과 당의 갈등이 일상적으로 발생하게 되는 주요 요인으로 작용했다.

민주노동당과 사회운동의 관계에 대해서는 당 지도부인 최고위원 중 민주노총 출신의 노동 부문, 전농 출신의 농민 부문의 최고위원을 각 1인씩 선출하여 당과 사회운동의 '연계자' 역할을 하도록 제도화했다. 이 제도는 2004년 원내 진출 이후 첫 번째 최고위원 선거인 1기 민주노동당 당직 선거부터 시행되었다. 그리고 중앙당에 노동위원회, 장애인위원회, 자주통일위원회, 학생위원회, 여성위원회, 성소수자위원회 등을 구성하여 당과 사회운동 단체의 연대 활동을 전개했다. 그러나 당과 의원단의 이원화 구조에서, '노동'의 경우 원외의 노동 부문 최고위원과 원내의 노동 의제를 담당하는 국회의원, 그리고 민주노총의 관계, '농민'의 경우 원외의 농민 부문 최고위원과 원내의 농민 의제를 담당하는 국회의원, 그리고 전농의 관계에 대해서는 모색되지 않았다.[5]

정파 갈등, 그리고 분당

2004년 국회 진출 이후 당선된 당 지도부는 이러한 과제들과 갈등 요소들에 대해 이념적·조직적 통합을 이루어야 하는 책임감을 가지고 있었다. 그리고 당 외적으로는 기존 정당들과의 경쟁 관계에

<표 9> 민주노동당 1, 2기 최고위원 선거 정파별 당선자(득표율)

	1기 최고위원 선거 (2004년 6월 2일~5일)	2기 최고위원 선거 (2006년 1월 20일~24일)
대표	김혜경 (무당파/주요 정파 연합 추대) (64.4%)	문성현 (중앙파/NL 지지) (1차 47.58%/2차 53.6%)
사무총장	김창현(울산/57%)	김선동(광주전남/52.20%)
정책위 의장	주대환 (사민주의 / 범좌파연석회의 지지) (1차 29.4%/2차 51/4%)	이용대 (경기동부) (50.87%)
일반 명부	1인 3표	1인 1표
	최규엽(전국모임/43.4%) 이영희(국민파/35.3%) 김종철(화요모임/37.9%)	김성진(인천/27.13%) 김기수(전진/24.35%) 이해삼(NL 무당파/21.1%)
여성 명부	1인 4표	1인 1표
	김미희(경기동부/57.8%) 이정미(인천/51.3%) 유선희(경기동부/50.2%) 박인숙(NL 노동/46.5%)	심재옥(전진/31.62%) 박인숙(NL 노동/30.86%) 김은진(부산/24.01%)
노동	이용식(국민파/찬성 84.7%)	-
농민	하연호(인천/찬성 87.4%)	강병기(인천/찬성 96.37%)

— 자료: 손우정, 〈한국 진보정치 운동의 궤적(1987~2014): 제도화 전략의 성공과 실패를 중심으로〉, 앞의 책, 214쪽. 내용 중 박인숙의 정파는 'NL 노동'으로 수정.

서 경쟁력을 높이고 생존해야 하는 중요한 과제를 가지고 있었다. 하지만 2004년 6월 1기 지도부 선거 결과 정파별 불균형이 나타나면서 당에서는 이후 일상적으로 정파 갈등이 발생하게 되었다.

〈표 9〉와 같이 1기 지도부 12명 중에서 당 대표, 정책위 의장, 일반 명부 최고위원 1명을 제외하고 9명이 모두 범NL 계열로 구성되어 당내 세력 관계가 양극화된다. 한편 당 지도부의 다수를 차지했던 범NL 계열에서도 당 운영 접근에 차이가 존재했다. 한쪽에서는 '통합적' 운영을 강조한 반면 다른 한쪽에서는 NL 주도의 당 운영에

중심을 두었다.

"내가 중앙당에 갈 때, 나는 당 정파가 NL이 50% 이상을 차지하지만 49% 식으로 가는 것이 필요하다고 했고, 울산에서 그러겠다고 하는 것을 확인했었어요. 그래서 중앙당에 간 거예요. 울산은 실제 그런 생각이 강했어요. 하지만 경기동부에서 총장을 공격하는 식으로 문제 삼은 적이 많아요. 총장은 오히려 좌파보다는 경기동부를 달래야 하는 경우가 더 많았죠. …… 전국모임[6]에 갔었을 때도 보니까 당 운영에 대해서 총장한테 공격하고 그랬었어요. …… 대표적으로 인사 문제는 민감했어요. 중앙당에 조직실장과 같은 주요 자리랑 의정기획실장 자리 같은 데를 좌파 쪽에 줬는데 그것도 뭐라고 하고 그랬죠. …… NL 내에서도 당 운영과 관련한 문제가 일치가 되지 않고 그러면서 계속 간 거라고 봐요. …… 당 운영에서 통합적으로 갈 거냐, NL 주도로 갈 거냐. …… 경기동부에서는 '두리뭉실하게 온건하게 가면 안 되는 거다, 확실하게 밀어붙이고 가야 된다'는 식이었죠." (전 민주노동당 사무부총장 공계진)

중앙당 지도부 내에서 소수가 되어버린 다른 정파에서는 지도부에 대한 견제가 심화된다. 그리고 당에 내재화되어 있던 여러 갈등 요소들이 복합적으로 상호작용하면서 '신출 리더'들로 구성된 당 지도부의 통합적 리더십 구축은 실패하게 된다.

"국회의원이 생기기 전에는 당 중심 세력은 PD 쪽이었어요. 당에 늦게 합류한 NL 쪽이 최고위원을 싹쓸이했다는 반감이 컸어요. 그쪽의 상대적인 박탈감이 컸죠. …… 제가 최고위원으로 정작 들어왔는데 보니까, 이전 노회찬 총장 시절 집행부에서 이미 인사권을 행사한 거예요. 정책위원을 100명 정도 뽑아놓고 보좌관들도 …… 실제 당 정책과 주요 기관은 이전 주요 진영에서 인적 구성을 하고 있는 상황이었어요. 그래서 당 지도부와 실무를 이끄는 실무 간의 코드, 안목, 정세관이 달랐어요. 그리고 당직·공직 겸직 금지 제도를 채택하면서 원내 진출한 의원과 1세대 지도부의 당과 관련한 역할을 차단해버렸죠. 그들은 원내에 몰입하게 되고, 실제 당을 이끌어보지 못했던 사람들이 당 지도부가 되면서 태생적으로 원내·원외가 이완되어버리죠. …… 최고위 첫 회의에 대해 기억나는 게, 그때는 실제로 정치를 잘 이해하지 못했던 것 같아요. 절제된 토론도 잘하지 못하고, 《진보정치》 기사에 나고 가십거리가 되는 그런 것들, '최저위원', '봉숭아학당' 이런 식의 …… 정파별로 긴장이 되면서 하나하나 심의할 때마다 의견이 도출되고 정치 역량이 없어서 …… 당 지도부가 무슨 역할을 해야 할지 몰랐던 거죠. 큰 흐름을 가지고 논쟁을 하고 정리를 해야 하는데 매 사안들이 논쟁거리가 되니까 작은 집행을 둘러싸고 지엽적인 논쟁들을 했던 기억이 많아요. …… 실제로 국민들이 기대했던 진보정치, 제3당으로서의 자기 역량을 과시하거나 그런 게 아니라 인사할 때마다 당 대표와 총장 간에 차이가 나면서 대변인으로 누구를 둘 것인가 이런 것들 …… 계속 내부 정치 갈등으로 계속 간 거죠."

(전 1·2기 민주노동당 최고위원 박인숙)

통합적 리더십의 부재 속에서 당내 정파적 갈등과 대립은 심화되었다. 당의 주요 정책들도 정파적 대립 구도에 소환되었다. 대표적으로 2004년 하반기 노무현 정부가 제기한 '4대 개혁 법률안' 중 국가보안법과 관련한 '열린우리당 2중대' 논란, 2005년 초 "자주파 최고위원들의 부유세 입법 저지"로 인한 정책 갈등, 2006년 11월 '사회적 연대 방안'을 둘러싼 갈등들은 정책 검토 과정에서 제기될 수 있는 의견들도 정파적으로 과잉 해석된 결과라고 할 수 있다.

> "부유세 법은 실제 '부유세주의자'들이 부유세를 버린 것과 마찬가지예요. …… 부유세 입법을 해야 하는데 …… 그때 당에 세금의 '세' 자를 아는 게 ○○○밖에 없었어요. 부유세 내용을 만든 건 ○○○이었어요. 원내에 심상정 의원이 있는 재경위가 열렸는데, 얘기를 하려면 공부를 해야 했죠. 그런데 심상정 의원이 놀란 게, 부유세를 도입하려면 소득이 파악되어야 해요. 체계 자체를 바꿔야 하는. 간단했던 게 아니에요. …… ○○○을 수소문하고 당에 전문위원으로 와서 그쪽이 부유세 법으로 10개 법안을 만든 거죠. …… 그런데 법체계가 달라지니까 논점이 생긴 거죠. 그때 이용식 최고위원이 문제 제기를 한 거예요. 영세 자영업자 세제 부담으로 논란이 될 수 있겠다, 그리고 1가구 1주택 비과세가 너무 세서 …… 둘 다 지적이 있었어요. 국민 정서상 충분히 제기될 수 있는 거였어요. …… 적절한 문제 제기였어요. 점검 과정이었으니까. 다른 보완책으로 어떻게 가능할지 논의했어야 했는데 …… 법안 발의가 미뤄지면서 그 회의가 끝나고 나니까 게시판에서 논란

이 생긴 거죠. …… 오마이뉴스에서 ○○○ 인터뷰하고, 논란이 커지고 …… 부유세는 실종되었죠. …… 그다음 회의 때 통과돼서 법안 발의는 했지만. …… 소통의 문제였지만 패권으로 접근한 거예요. NL을 공격하고 싶었던 거예요. …… 이용식 최고위원이 문제가 아니었어요. 그 프레임을 만들어냈던 PD 계열의 문제였죠." (전 심상정 의원실 정책 보좌진 오건호)

중앙당과 의원단의 갈등도 전개된다. '당직·공직 겸직 금지 제도'로 인한 원내·외 지도 체계 이원화와 '의회주의'에 대한 당의 견제가 결합하고 유기적인 소통이 이루어지지 못한 결과였다.

"그때(17대 국회) 우리 의원 숫자가 적어서 힘들었어요. 상대 견제를 잘해야 하는데 숫자가 적으니까. …… 일이 너무 많이 떨어져서 힘들었어요. 의원은 다 해야 하잖아요. 현장에도 가야지, 부르면 다 가야지, 공부해야 하는 건 많지, 시간이 너무 부족했어요. …… 너무 힘들었던 건 당하고 원내하고 너무 안 맞았어요. 그때 당 최고위원들이 의원들에 대해 견제하려고 했어요. 의원들을 컨트롤하려고 했으니까요. 그게 '겸직 금지' 그것도 그렇고 정파들도 그렇고 복합적으로 그랬어요. …… 그때 최고위원들은 지역에서 활동하다 온 사람들이 많았는데, 사실 의원들하고 '운동의 급'이 안 되는 사람들이었어요. 그러니까 현실에선 무게가 의원들한테 실리게 되어 있었죠. 그런데 최고위원들은 의원들을 손아귀에 넣으려고만 하니 일이 안 되는 거죠. …… 최고위원들하고 의원들하고 상호 보완

하고 그래야 하는데 왜 그게 안 된 건지. …… 국회에선 열린
우리당이나 한나라당이나 우리가 강력하게 항의하고 그러면
열린우리당이 좀 끼워주기도 했지만 이해가 첨예한 건 절대
우리를 끼워주지 않았어요. 그래서 우리가 맨날 두 당이 '야합'
한다고 그랬었죠. 열린우리당이 우리를 챙겨준다? 그런 거 전
혀 없었어요. 그들이 우리를 끼워준 것도 그들의 필요에 따라
서 그런 거지. …… 우리는 '열린우리당 2중대' 한 거 아무것
도 없어요. 그런 논란을 하는 당이 문제였어요. 의원들을 견제
하고 그러려고 그런 말을 한 거지. …… 의원들 내에서는 각자
생각하는 차이는 있었지만 그렇게 갈등이 심하거나 그렇진
않았어요. …… 북핵에 대한 기자회견 준비할 때는 차이가 있
었죠. 그래도 타협하면서 갔어요. 쟁점이 되는 법들이 겹쳤을
때 갈등이 있어도 의원들은 어떻게든 조율해서 갔어요. 그런
데 당하고는 늘 힘들었어요." (전 민주노동당 국회의원, 원내 수
석부대표 최순영)

이런 갈등과 대립은 2006년 1월 2기 최고위원 선거 결과 10명
중 8명이 범NL계로 구성되면서 정파 갈등 중심으로 당내 대립 구
도가 전면화한다. 2006년 10월 책임 연구자 조돈문과 7명의 공동
연구원으로 구성된 민주노동당 조직진단팀의 조사 결과 민주노동
당 구성원의 심각한 위기의식을 확인하게 된다. 중앙위원 위기의식
82.9%, 상근자 위기의식 88.8%로 당 활동가들의 위기의식이 압도적
으로 높게 나왔다. 당의 위기의식은 "1기 최고위 후기와 비대위 시기
부터 고양되기 시작하여 2기 최고위가 들어선 후에도 가라앉지 않

고 도리어 심화되었"으며 당의 핵심적 문제점은 "지도력과 정파 분열"로 나타났다. 이와 같은 당내의 갈등은 2006년 '일심회' 사건[7]으로 종북 논란과 2007년 하반기 17대 대통령 선거의 당내 경선 후보를 둘러싼 정파 간 갈등과 대립을 거치며 결국 2008년 1월 분당이라는 결과를 낳게 된다. 민주노동당 탈당을 주도한 '분당파'는 2008년 3월 진보신당을 창당하지만 그해 총선에서 의석을 한 석도 가지지 못한다. 민주노동당 분당은 당의 성격에 내재된 갈등 요소들의 문화적·조직적 통합을 이루어내야 했던 시기에 통합적 리더십이 구축되지 못하고 내부 균열 심화와 당내의 정치권력 싸움에 매몰된 결과였다. 단지 정파 갈등의 산물이 아니라 2004년 원내 진출 이후 당을 유지해왔던 연대 유인, 즉 당의 공통적 목표와 당권에 대한 접근 가능성, 연합의 효용성이 일련의 과정을 거쳐 모두 약화되어 '분당파'의 형성에 의해 발생한 것이다.[8]

2008년 분당 이후 민주노동당은 '외적'으로 이전과 유사했으나 '질적'으로 내부의 큰 변화가 생긴다. 당에 대한 민주노총과 전농의 조직적 지지는 유지되어 형식적인 대중정당 성격을 가지고 있었으나 분당은 민주노총 내부 분열에 큰 영향을 미쳤다. 당과 민주노총의 관계도 과거보다 더 형식적인 관계에 머무르게 되었다. 2008년 이후 민주노동당은 범PD 계열의 다수가 탈당하면서 범NL과 '다함께' 중심으로 구성되었다. 그러나 이후 '경기동부', '광주전남' 중심의 당 지도부가 '다수파'로 구성되고 그 중심으로 당 운영이 이루어지면서 다수파에 속하지 않은 '다함께' 및 범NL 내 '소수파'는 소외되었다. 이 갈등은 2008년 분당 이전처럼 외부화되지 않았지만, 내부적으로 다수파와 소수파 간의 갈등이 지속되었다.[9] 제도적인 변화도 생긴다. 2008년 당직·공직 겸직 금지 일부 폐기로 당 대표와 정책위원장을 의원이 겸직할 수 있도록 했다. 이로써 당과 의원단의 이원화 구조는 일부 개선되었다고 할 수 있다.

2. '거대한 소수'를 외치다

　　명확하지 않은 민주노동당의 사회운동 정당 노선은 국회 진출 이후 설정한 국회 활동 전략과도 연결된다. 민주노동당은 2004년 총선에서 10명의 국회의원이 선출되자 원내 활동 전략을 발표한다. 바로 '거대한 소수' 전략이다. 대중운동의 '거대화'를 통해 원내의 압박 정치를 이뤄내고 거대 정당 체제에 대한 성과적 개입으로 사회적 힘을 확장시켜 대중운동과 당 강화를 이루어내는 원내·원외 간 유기적 협력 관계를 설정한 것이다.

　　국회의원 10명의 상임위원회 배정도 거대한 소수 전략에 맞춰 당의 주요 정책 의제와 연결하여 내정했다. 그리고 교섭단체인 열린우리당과 한나라당에 교섭했으나, 정무위원회(노회찬 의원)에서는 배제되어 다른 의원들에게 비인기 상임위인 법제사법위원회로 배치된다.[10] 그리고 18대 국회에서는 17대 때와 동일하게 당의 주요 정책 의제에 맞게 내정했으나 기획재정위원회(이정희 의원)에서 배제

〈표 10〉 민주노동당 국회의원 상임위(17대·18대 국회)

			[17대 국회]		
의원	강기갑 (비례)	권영길 (창원을)	노회찬 (비례)	단병호 (비례)	이영순 (비례)
주요 경력	전농 부의장	민주노총 초 대 위원장, 민주노동 당 대표	국민승리21 기획위원장, 민주노동당 부대표	민주노총 3~4대 위원장	울산시 동구청장
상임위	농림해양 수산위 (법안소위)	통일외교 통상위 (법안소위)	법제사법위 (법안소위)	환경노동위 (법안소위)	행정자치위(-), 건설교통위 (법안소위)
의원	심상정 (비례)	조승수 (울산북)	천영세 (비례)	최순영 (비례)	현애자 (비례)
주요 경력	전국금속노조 사무처장	울산시 북구청장	전국연합 공동의장, 민주노동당 사무총장	YH무역노조 지부장, 부천시의회 시의원	전국여성 농민회 총연합 부회장
상임위	재정경제위 (법안소위), 국회운영위 (전기)	산업자원위 (-)	문화관광위 (법안소위)	교육위(-), 여성가족위 (예결산소위), 국회운영위 (후기)	보건복지위 (-)
			[18대 국회]		
의원	강기갑 (사천)	권영길 (창원을)	곽정숙 (비례)	이정희 (비례)	홍희덕 (비례)
주요 경력	재선	재선	광주여성 장애인연대 상임대표	민변 여성 복지위원회 위원장	전국민주 연합노조 초대 위원장
상임위	농림해양 수산위 (법안소위), 국토해양위 (-)	교육과학 기술위(-)	보건복지위 (-), 여성가족위 (예결산소위)	정무위(-), 기획재정위 (법안소위), 국회운영위	환경노동위 (-)

— 의원 순서는 가나다 순임. 표의 상임위는 국회법 37조에 규정된 상임위원회를 중심으로 정리한 것임.

되어 정무위원회로 배치된다. 상임위원회 내 소위원회 위원이 되기 위한 교섭도 추진되었다. 상임위 운영은 상임위 전체회의와 소위원회 회의로 구분되고, 소위원회는 일반적으로 법안소위원회, 예·결산소위원회, 청원심사소위원회로 구분된다. 이 중 상임위 전체회의는 상정된 법률안이나 예·결산 의제를 각 소위원회로 보내기 전에 각 의원들의 심의 의견을 듣는 공간이자 이후 소위원회에서 심의된 결과를 통과시키는 단위로서, 주류 정당들 간에 민감한 법률안 외에는 소위원회에서 처리한 내용대로 전체회의에서 통과한다. 그렇기 때문에 총선 이후 국회 개원이 이루어지면 상임위 위원장뿐만 아니라 소위원회 위원장 구성을 둘러싼 교섭단체 정당들의 경쟁이 치열하게 이루어진다. 특히 세 소위원회 중 법안소위원회와 예·결산소위원회가 그러하다. 하지만 상임위·소위원회 구성은 모두 교섭단체가 협의·결정하기 때문에 소수 정당으로서는 상임위뿐만 아니라 소위원회 위원이 되기 위해 교섭단체를 대상으로 '교섭 투쟁'을 해야 한다. 이런 조건에서 17대 국회 민주노동당은 사회운동 세력 기반의 대중정당이라는 조직적 기반과 제3당이라는 총선 결과로 압박해 12개 상임위 중 7개 법안소위와 1개의 예·결산소위 위원이 될 수 있었다. 18대 국회에서는 8개 상임위 중 2개의 법안소위, 1개의 예·결산소위 위원이 되었다. 이외에도 17대 국회에서는 이영순 의원과 강기갑 의원이 전·후반기로 예·결산특위 위원을 겸임했다. 이 중 이영순 의원은 국가 예산 배정을 최종 확정하는 단위로 예·결산특위의 '노른자'라 불리는 '계수조정소위' 위원을 하도 했다.

한편 당의 사회운동 정당 노선과 해석의 차이는 '거대한 소수' 국회 활동 전략의 구체적인 활동 방도에 대한 이해에서도 나타났다. 국회의원 일부와 당내 일부에서는 원외의 운동 세력을 의원들의 원내 활동을 적극적으로 지원·압박하는 동원 자원으로만 이해했으며, 다른 일부에서는 원내 정치와 운동정치의 병행 전략의 상호 주도성을 중요시하는 것으로 이해하는 등 여러 차이가 존재했다.

> "'거대한 소수' 전략은 제출자의 의도와 달리 당선사들이 받아
> 들이는 의미, 즉 개념에서 현격한 차이가 있었다. 국회준비기
> 획단은 거대한 소수 전략을 '개혁 의제별 한시적인 네트워크'
> 로 제시한 것이고 …… 하지만 대부분 대중 조직 출신인 의원
> 단은 이것을 '민주노총과 전농 등 원외 대중 투쟁을 통한 원내
> 압박 전략'으로 받아들였다. 동일한 언어지만 전혀 다른 개념
> 어로 사용되었다. 중앙당에서는 이를 진보 대연합이라는 통
> 일전선체 건설을 통한 원내외 전략의 병행으로 받아들였다.
> 이러한 개념에 대한 이해의 차이는 실천상에 있어 적지 않은
> 편향을 노출했다."[11]

이와 같은 원내 활동 전략에 대한 이해의 차이는 당직·공직 겸
직 금지 제도로 인한 이원화된 지도 체계, 정파 갈등, 의회주의화에
대한 당의 견제들이 복합적으로 작용하면서 최고위원회와 의원단
의 갈등, 중앙당과 의원단의 갈등으로 전환되는 결과를 가져왔다.
그리고 상임위 구성 이후 본격적으로 전개된 의원들의 국회 활동은
정당과 사회운동의 관계에 관한 논의와 활동 방식이 구체화되지 않
은 채 실천 과정에서 의원과 보좌진의 성향에 따라 개별적으로 다르
게 적용된다. 이와 같은 경향은 2008년 분당 이후 18대 국회에서도
마찬가지였다. 분당 이전과 마찬가지로 정당과 사회운동의 관계를
중요시했지만 관념적인 것에 머물렀다.

3. 민주노동당은 누구를 대표했나

땀 흘려 일하는 사람들, 억압으로 고통받는 사람들

민주노동당은 창당 선언문을 통해 "땀 흘려 일하는 모든 사람들, 사회적 불평등과 차별, 억압으로 고통받는 사람들"을 당의 주인으로 설정하고 대중정당으로서 다양한 계급·계층과 사회적 약자를 포괄하는 대표성을 강조했다. 그렇다면 17대 국회와 18대 국회 활동에서 실질적으로 그 대표성이 부각되었을까?

임시국회, 정기국회 때마다 발표하는 거대 정당 대표 연설과 민주노동당의 대표 연설, 그리고 민주노동당 국회의원들이 대표 발의한 법률안들을 〈표 2〉의 이슈 코딩 도식을 중심으로 분석한 결과 다음과 같은 특성이 있었다. 첫째, 민주노동당은 다른 정당들보다 사회적 약자와 하층 계급·계층적 대표성이 뚜렷하게 나타났다. 〈표 11〉과 같이 7개의 이슈 중 '사회적 약자 집단' 이슈 영역에서 차지하는 비율이 다른 두 정당들과 큰 차이를 보이며 차별성을 가졌다.

	평균		열린우리당/ 민주당		한나라당		민주노동당	
	17대	18대	17대	18대	17대	18대	17대	18대
대외 관계	20.5	14.4	22.9	15.2	19.9	13.7	18.6	13.7
2. 자유 및 민주주의	9.3	21.8	6.7	19.1	9.3	27.6	12.5	17.6
3. 정부	8.3	9.8	4.1	14	19.8	4.2	0.9	10.6
4. 경제	29.1	17	30.5	13.7	23.3	22	33.6	15.4
5. 복지 및 삶의 질	22.0	16.7	26.4	17.5	20.7	16.1	19.1	16.3
6. 사회구조	1.7	3.2	0.9	0	4.0	9.2	0	0
7. 사회적 약자 집단	9.1	12.9	8.5	11	2.9	6.7	16.0	26.1

구체적으로 하위 범주 이슈 중 정당들이 대표 연설에서 강조한 상위 10대 이슈를 보면 사회적 약자 집단의 경우 17대, 18대 모두 비정규직 이슈를 중심으로 한 '노동 집단에 대한 긍정적 언급' 비중이 거대 양당보다 우월하게 높았다. 열린우리당·민주당과 한나라당은 10대 이슈에 '노동 집단에 대한 긍정적 언급' 이슈가 전혀 없는 반면 민주노동당은 17대는 7.9% 4위, 18대는 13.7% 1위로 10대 이슈 중 주요하게 차지하고 있다. 그리고 18대의 경우 '기타 경제 집단'이 다른 정당보다 높은 비중으로 강조되고 있다. 18대 국회에서 중요한 민생 의제로 제기된 대형 마트·SSM 규제와 중소 상공인 보호 그리고 사회 양극화 심화로 빈곤층과 '서민'으로 불리는 중간계층에 대한 내용이다. 비정규직 문제 해결, 노동권 보장과 같은 내용의 '노동 집단'과 중소 상공인·자영업자, 빈곤층·서민층 내용의 '기타 경제 집단' 강조는 민주노동당이 대중정당으로서 계급·계층적 대중 기반에 맞는 대표 역할을 하고 있는 것으로 볼 수 있다.

정당들이 강조한 이슈들 중 중복되는 공동 이슈와 정당별 고유 이슈를 통해서도 민주노동당의 대표성을 확인할 수 있다. 〈표 12〉는 17대, 18대 국회에서 정당별 상위 10대 이슈 중 고유 이슈와 공동 이슈를 정리한 것이다. 다른 두 정당과 명확한 차이를 가지는 민주노동당의 고유 이슈는 17대, 18대 모두 '노동 집단'과 한-미 FTA 반대로 대표되는 '보호주의 긍정'이다. 두 이슈 모두 보수 거대 양당이 가지는 이념적 토대에서 추진된 노동 유연성 정책, 한-미 FTA와 이를 반대하는 민주노동당이 대립하는 경쟁 구도에서 강조된 것이다. 반면 사회복지 강화를 의미하는 '사회 서비스 확대 긍정' 이슈는 17대, 18대 모두 세 당의 공통적인 공동 이슈로 나타나고 있다. 이와 같은 현상은 현재호의 선거 강령 분석을 통한 정당 경쟁 구도에서도 동일하게 나타난다. 1990년대 이후 모든 정당들이 복지에 대해 일관된 관심을 드러내는데, 이것은 "민주화와 탈냉전 이후 분출한 사회의 다양한 요구들이 IMF 경제 위기와 세계화를 겪으면서 복지 문제로 수렴"[12]되고 있는 것을 의미한다.

하지만 동일한 이슈라 하더라도 민주노동당과 다른 정당 간에 질적으로 차이를 가진다. 민주노동당은 사회복지 강화를 위해 국가의 책임성 강조, 자본주의 규제, 조세 정의와 같은 사회정의, 교육 시장 규제와 공교육 강화와 같은 복지국가를 통한 사회 서비스 확대를 추구한다. 반면 열린우리당·민주당과 한나라당은 성장성과 개발 담론 중심의 복지 정책을 추구한다. 실제 사회복지 관련 입법에서 열린우리당과 한나라당의 실상이 드러나기도 했다. 17대 국회에서 민주노동당 현애자 의원이 대표 발의한 '전염병예방법'의 경우 무료 예방접종 내용이 반영된 법이 통과되었으나 이후 법 시행에 필요한 예산이 배정되지 않았다. 국회 예·결산특별위원회의 예산권을 가지고 있는 열린우리당과 한나라당이 법 시행에 필요한 예산을 배정하지 않고 입법 취지를 무력화했던 것이다.[13]

한편 정당 간 경쟁 구도를 보면, 17대 국회는 여/야당, 보수/진보 간의 선명한 대립 구도보다 공동 이슈들을 중심으로 한 정책 공조가 이루어졌을 가능성이 높다. 민주노동당과 열린우리당의 공동 이슈가 '남북 관계 긍정', '자본주의 규제', '사회정의', '교육 확대' 이슈에서 나타나 이 이슈에 대한 두 정당 간의 정책 공조가 가능했을 것이라 추측할 수 있다. 실제 이 영역의 정책들은 한나라당 정책과 대조적이었기 때문에 '열린우리당·민주노동당 대 한나라당'의 정당 경쟁 구도가 이루어지기도 했다. 반면 민주노동당과 한나라당의 정책 공조가 이루어지기도 했다. 노무현 정부의 '국민연금법'에 대해 민주노동당과 한나라당이 '수정안' 공조 작업을 한 것이다. 이것은 야당이라는 공통점과 두 당 모두 '사회 서비스 확대 긍정' 이슈를 강조한 공통점이 있었기 때문이었다. 물론 이 공조는 실패했다. 한나라당은 노무현 정부와 열린우리당에 반대하기 위해 민주노동당을 정치적으로 이용한 반면 민주노동당은 한나라당에게 실질적인 정책 공조를 기대했던 결과였다.

17대 국회와 다르게 18대의 경우 여/야당, 보수/진보 간의 선명한 대립 구도가 나타난다. 한나라당은 과거 권위주의 정권 시절 보수정당이 강조했던 '법과 질서' 이슈를 주요하게 강조하고 언론과 이념 통제 및 '국회선진화법'과 개헌으로 야당을 압박하면서 보수우익 정당의 성격을 드러냈다. 민주당이 강조했던 상위 10대 이슈는 모두 민주노동당과 공동 이슈로 나타나고 있어 18대 국회에서 정당 경쟁

		17대 국회	18대 국회
고유 이슈	민주노동당	군사 부정, 민주주의, 보호주의 긍정, 노동 집단 긍정	보호주의 긍정, 노동 집단 긍정
	열린우리당(민주당)	보호주의 부정, 케인스주의적 수요 관리, 생산성, 비경제적 인구 집단	-
	한나라당	남북 관계 부정, 정부 효율성, 정부 부패, 기업, 인센티브, 정통 경제 정책, 교육 자율	남북 관계 부정, 정치 개혁, 보호주의 부정, 인센티브, 법과 질서
공동 이슈	민주노동당, 열린우리당(민주당)	남북 관계 긍정, 자본주의 규제, 사회정의, 교육 확대	자유 인권, 민주주의, 정부 부패, 자본주의 규제, 기타 경제 집단
	민주노동당, 한나라당	자유 인권	-
	열린우리당(민주당), 한나라당	정치 개혁	교육 확대, 경제 목표
	민주노동당, 열린우리당(민주당), 한나라당	사회 서비스 확대 긍정	남북 관계 긍정, 사회정의, 사회 서비스 확대 긍정

구도는 여/여당, 보수/진보의 경쟁 구도로 전개된 것을 알 수 있다. 이것은 민주당의 2007년 대선과 2008년 총선 패배에·따라 한나라당과의 차별성을 강조하고 진보 진영으로부터 '야당'의 대표성을 획득하기 위한 민주당의 전략적 선택 때문이라고 할 수 있다. 그리고 민주당의 '왼쪽으로의 이동'은 대중정당으로서 진보정당이 경쟁자로 있었기 때문에 가능했다.

둘째, 민주노동당의 대표 연설과 법률안 이슈의 일치도를 비교한 결과 17대는 비교적 일치도가 높은 반면 18대는 일치도가 높지 않은 것으로 나타났다. 민주노동당 국회의원들이 대표 발의한 법률안들을 코딩 도식으로 분류하여 순위를 정리하면 17대, 18대 모두 동일하게 나타난다.

17대 민주노동당 : '사회적 약자 집단'(44.7%) 〉 '복지 및 삶의 질' (25.1%) 〉 '경제'(13.23%) 〉 '자유 및 민주주의'(11.8%)' 〉 '정부' (3.5%) 〉 '대외 관계'(1.7%) 〉 '사회구조'(0%)

18대 민주노동당 : '사회적 약자 집단'(44%) 〉 '복지 및 삶의 질' (27.8%) 〉 '경제'(14.7%) 〉 '자유 및 민주주의'(11.1%) 〉 '정부' (2%) 〉 '대외 관계'(0.4%) 〉 '사회구조'(0%)

민주노동당 대표 연설 이슈 영역 순위와 마찬가지로 민주노동당 대표 발의 법률안의 순위에서도 '사회적 약자 집단' 이슈가 다른 6개의 이슈보다 월등히 높은 비중을 차지한다. '사회 집단' 영역의 하위 범주 이슈를 구체적으로 살펴보면 17대의 경우 파산자들과 관련한 '기타 경제 집단', '노동 집단', '농어민 집단', '소외 소수 집단', '인구학적 집단' 순으로, 18대의 경우 장애인 관련 '소외 소수 집단', '농어민 집단', '노동 집단', '기타 경제 집단', '인구학적 집단' 순으로 높게 나타나고 있다. 이것은 민주노동당의 국회의원 선출 제도에 노동·농어민·장애인 운동 출신의 비례대표 국회의원들이 있었기에 가능했고 이들이 당의 이념과 가치를 입법 발의에서 실천한 것이라고 할 수 있다.

그런데 민주노동당은 17대, 18대 국회에서 다른 양상을 보인다. 17대 국회 대표 연설에서 강조된 민주노동당의 상위 10대 이슈와 민주노동당의 발의 법률안 이슈 순위를 살펴보면 '남북 관계 긍정'과

'군사 부정'을 제외하고 국회에서 강조한 이슈 영역과 실제로 입법화를 추진한 영역 간에 높은 일치도를 보인다. 반면 18대는 일치도가 높지 않다. 대표 연설의 주요 이슈 중 '남북 관계 긍정' 외에 '정부 부패', '민주주의', '기타 경제 집단'이 법률안 발의 하위 순위에 포함되어 있고 발의 법률안 상위 순위에 장애인 관련법이 다수인 '소외 소수 집단', '농어민', '환경 보호', '교육 확대'가 중요하게 차지하고 있다. 곽정숙 의원의 국회 보건복지위 법률안, 홍희덕 의원의 환경노동위 법률안, 권영길 의원의 교육과학기술위 법률안들이 이에 해당한다. 17대·18대 국회의 공통점을 꼽는다면 평화·통일 의제가 당의 주요한 과제인데도 '남북 관계 긍정'과 '군사 부정' 이슈가 발의 법률안 주요 순위에서 빠져 있다. 이 이슈들은 국내법으로 해결할 수 없는 제한성이 있지만 "평화·통일과 관련한 원내의 의제 설정 기능은 매우 취약했다는 비판"[14]을 피하기는 어렵다.

17대 국회와 달리 18대에서 당 대표 연설과 법률안 이슈의 일치도가 높지 않은 것은 국회의원 10명에서 5명으로 의원 수가 축소된 데에서 그 원인을 찾을 수 있다. 국회 활동이 상임위를 중심으로 진행되는 것을 전제하면 17대 국회의원 10명이 활동한 상임위는 총 13개, 18대 국회의원 5명이 활동한 상임위는 총 9개로 의원 수만큼 상임위 수가 대폭 줄어든다. 그리고 의원 수 축소에 따른 국고보조금 축소, 당 정책위의 축소로 이어지는 구조적 원인은 무시할 수 없는 요인이다. 하지만 18대 성과 입법 중 민주노동당 의원이 소속되지 않은 상임위원회 법률안도 있는 것을 고려하면 축소된 의원 수가 절대적인 요인이라 보기 힘들다.

그렇다면 이런 결과가 나타난 원인은 무엇일까? 당 차원의 국

순위	17대 국회		18대 국회	
	대표 연설	대표 발의 법률안	대표 연설	대표 발의 법률안
1	보호주의	기타 경제 집단	노동 집단 긍정	소외 소수 집단
2	자본주의 규제	자본주의 규제	정부 부패	사회 서비스 확대 긍정
3	남북 관계 긍정	사회 서비스 확대	사회정의	농어민 집단
4	노동 집단	노동 집단	민주주의	노동 집단 긍정
5	사회 서비스 확대	사회정의	남북 관계 긍정	자본주의 규제
6	민주주의	자유 인권	기타 경제 집단	사회정의
7	사회정의	정치 개혁	보호주의 긍정	보호주의 긍정
8	군사 부정	보호주의, 민주주의, 농어민 집단	자유 인권	환경 보호
9	교육 확대	교육 확대	자본주의 규제	자유 인권
10	자유 인권	교육 규제, 정부 부패	사회 서비스 확대 긍정	교육 확대

회 활동 전략, 즉 입법 전략의 부재에서 그 원인을 찾을 수 있다. 17대의 민주노동당 의정 활동을 평가한 당의 자료에 의하면 당의 입법 전략 부재뿐만 아니라 사회운동 단체들의 문제점도 나타난다. 민주노동당에 대한 대중 단체들, 시민사회 단체들의 '민원성', '청탁성' 접근에서 나타나는 문제다. 노동조합이나 시민사회 단체들이 "민주노동당에게 가장 원칙적이고 비타협적인 원안을 고수하는 모습을 주문하는 대신 중재안, 수정안은 열린우리당 쪽에 가서 요구"[15]하거나 "가지고 온 해결 방안이 당의 원칙에 비춰봤을 때 어긋나는 경우", "회사의 요구를 들고 오는 경우"[16] 등 자신들의 '실리적 추구'를 위해

민주노동당을 도구적으로 활용하는 방식이다. 18대에는 당내 입법 지원 시스템의 부재에 대한 내부 비판이 제기되기도 했다.

> "당에 입법 지원 시스템이 구축되지 못한 게 주요한 평가 사항이었다. 당의 공간 조직과 관련 노조, 시민사회 단체 간의 충분한 협의를 통해 입법 대응이 이뤄져야 하나 당에 이를 가능케 할 시스템이 마련돼 있지 못하다는 것. 이에 따라 개별 의원실 차원에서 대응하면서 불협화음이 일어나거나 특정 의원실에 집중되는 현상이 나타나기도 했다."[17]

사회적 약자와 하층계급을 대표

셋째, 17대, 18대 국회에서 처리된 민주노동당의 성과적인 입법 결과를 이슈별로 분석한 결과 17대, 18대 공통점이 '사회적 약자 집단'(노동 집단, 농어민 집단, 기타 경제 집단, 소외된 소수 집단) 영역에서 나타났다. 이와 같은 특징은 기존 정당들이 대표하지 않은 대중들의 이해를 진보정당이 대표하고 또한 입법 성과를 거뒀다는 점에서 주목할 필요가 있다. 바로 진보정당의 방향성과 관련될 수 있기 때문이다. "민중 주체의 민주 정부를 수립하고 형식적 민주주의를 넘어 참여와 자율에 의한 실질적 민주주의"[18]를 이루는 것이 한국 사회 변화를 위해 여전히 유효한 가치라면 다양한 사회적 약자 집단의 권리를 강화하고 그들이 민주주의 주체로서 역할을 할 수 있도록 하는 전략을 진보정당의 국회 활동과 입법 활동의 방향으로 둘 수 있을

〈표 14〉 17대, 18대 민주노동당의 성과 입법의 이슈별 현황

		17대 국회	18대 국회
민주주의		주민소환제법(이영순)	
정부 부패		뇌물수수관련-소득세법 (심상정)	-
자본주의 규제		주택법(이영순, 노회찬) 이자제한법(심상정)	
문화:예술· 스포츠·레저·미디어		공동체라디오-방송법(천영세)	-
사회복지 서비스 확대		전염병예방법(현애자) 학교급식법(최순영)	-
사회 적 약자 집단	노동 집단	건설산업기본법(이영순) 최저임금법(단병호)	택시부가세법(이정희)
	농어민 집단	-	농업용수관련법(강기갑) 농수산대책관련법(강기갑)
	기타 경제 집단	부도임대주택관련법(이영순) 파산자관련법(다수의원)	대형 마트·SSM 규제법 -유통법, 상생법(이정희)
	소외된소수 집단	장애인교육법(최순영) 장애인이동법(현애자)	정신질환자기본권관련법 (곽정숙)
합계(건수)		38건	17건

것이다.

그렇다면 '사회적 약자 집단' 영역의 법안들이 성과를 낼 수 있었던 원인은 무엇일까? 이에 대해 단순히 사회적 약자들의 요구가 있었기 때문이라고 답하기는 어렵다. 일반적으로 이들의 차별 개선과 권리 요구에 대해 '떼쟁이'로 취급해온 거대 정당들이 단순히 사회적 약자들이 '목소리'를 낸다고 해서 그 요구를 반영했다고 보기 힘들기 때문이다.

4. 민주노동당이 살아남는 법

대중, 사회운동, 정당의 협력 관계

정당에서 개인이나 그룹, 단체의 결합은 이데올로기적 결합, 정치적 정체성, 조직의 결합에 의해 이루어지며 이러한 내구성을 기반으로 한 연계는 한 번의 선거투표로 끝나지 않고 심각한 외부의 정치적 충격에도 중단되지 않는다.[19] 이를 진보정당의 입법 활동과 연결해보면, 진보정당의 입법 운동을 무력화하는 거대 정당들의 다양한 저지 전략에도 진보정당이 입법 성과를 낼 수 있는 것은 소수 정당이라는 외부의 제약 조건을 이겨낸 내부적 요인이 작용한다고 볼수 있다. 이는 입법 의제와 관련된 대중, 사회운동 단체와 진보정당의 긴밀한 협력 관계를 의미한다.

그렇다면 당과 사회운동 단체 그리고 국회에서 실제 입법 활동을 담당하는 의원의 관계를 중심으로 민주노동당 입법 활동을 살펴보자. 〈표 15〉는 민주노동당 입법 활동을 담당한 보좌진들에 대한 심층 면접을 통해 당, 운동 단체, 의원실 중 법률안의 제안자와 작성

〈표 15〉 17대, 18대 민주노동당 법률안 제안자와 작성자별 현황(건수)

(법률안) 제안자 : 작성자		17대 국회		18대 국회	
		법률안	합계	법률안	합계
당 주도	당 : 당	124		2	
	당 : 운동 단체	1	140	0	8
	당 : 의원실	14		6	
운동 단체 주도	운동 단체 : 당	6		0	
	운동 단체 : 운동 단체	33	78	26	86
	운동 단체 : 의원실	31		60	
의원실 주도	의원실 : 당	0		2	
	의원실 : 운동 단체	0	34	1	97
	의원실 : 의원실	33		94	
기타	민원	1	1	12	12

— 17대 법률안 326건 중 243건 74.5%, 18대 법률안 248건 중 203건 81.9% 조사 자료를 토대로 분석한 것임.

자를 파악하여 입법 운동의 '주도성'을 기준으로 법률안 현황을 정리한 것이다. 17대 법률안의 경우 당이 주도한 법률안 57.2%, 운동 단체가 주도한 법률안 28.8%, 의원실이 주도한 법률안 13.6%로 당과 운동 단체 주도성이 강하게 나타난다. 하지만 18대의 경우 의원실이 주도한 법률안 48%, 운동 단체가 주도한 법률안 42%, 당이 주도한 법률안 4%로 입법 활동의 주도성은 의원실과 운동 단체 중심으로 바뀌고 당의 역할은 거의 전무한 것으로 나타나 17대 민주노동당과 큰 차이를 보인다. 민원성 법안 비율도 차이가 있다. 17대의 경우 민원성 법률안이 0.4%에 불과했는데 18대의 경우 6.0%로 많아진다.[20] 이는 의원실 주도성이 강해진 것과 연관된다.

민주노동당 입법 활동의 '주도성'을 통해 사회운동 단체와의 연계 현황을 살펴보자. 위의 〈표 15〉를 보면 17, 18대 국회 모두 민주노동당 입법 활동에서 사회운동 단체 주도성의 비중이 높다는 것을 알 수 있다. 특히 법률안 제안자, 작성자가 모두 운동 단체인 경우와 의원과 공동으로 작업한 경우의 건수와 비율이 각각 17대 64건 26.3%, 18대 87건 42.9%고, 운동 단체와 당이 연계된 법률안은 17대 7건 2.9%, 18대 0건 0%로 나타나 사회운동 단체 연계는 당보다는 의원과의 연계를 통한 것으로 볼 수 있다.

〈그림 2〉는 당, 의원, 사회운동 단체 간의 관계를 중심으로 민주노동당의 입법 운동 주도성과 관계를 세 가지로 유형화한 것이다. 첫 번째 유형은 당과 사회운동 단체의 주요한 역할 없이 의원이 주도적으로 법률안을 제출한 경우이다. 두 번째 유형은 당의 역할 없이 사회운동 단체와 의원이 주도적으로 법안을 제출한 경우를 의미한다. 세 번째 유형은 당과 사회운동 단체 그리고 의원의 주동적 역할과 연계를 통해 법안이 제출된 경우이다. 이 유형을 기준으로 민주노동당이 성과를 거둔 법률안 54건[21]의 분포를 정리하면 〈표 16〉과 같다. 의원 주도형이 17대 3건, 18대 2건, 사회운동 단체와 의원 주도형이 17대 2건, 18대 13건, 당과 사회운동 단체 그리고 의원 주도형이 17대 32건, 18대 2건으로 나타나고 있다.

장애인교육법은 어떻게 통과되었나

이를 통해 의원 단독의 주도성보다 사회운동 단체와 의원이 주도한 경우, 그리고 당과 사회운동 단체, 의원이 함께 주도한 경우 입법 성과가 두드러지게 나타나는 것을 알 수 있다. 이 중 사회적 약자

〈그림 2〉 당-의원-사회운동 단체 연계를 중심으로 본
민주노동당 입법 운동 주도성 유형도

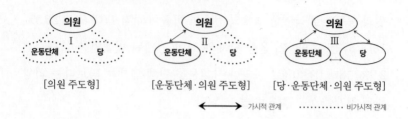

[의원 주도형]　　　[운동단체·의원 주도형]　　　[당·운동단체·의원 주도형]

⟵─────⟶ 가시적 관계　　··········· 비가시적 관계

〈표 16〉 민주노동당의 성과적 입법 중
당-의원-사회운동 단체 연계별 주도성 유형 분포

		Ⅰ 유형	Ⅱ 유형	Ⅲ 유형
17대 민주노동당		3건	2건	32건
이슈 구분	민주주의	1	-	-
	정부 부패	-	-	1
	자본주의 규제	1	1	1
	문화: 예술·스포츠· 레저·미디어	-	-	-
	사회복지 서비스 확대	-	-	2
	사회적 약자 집단	1	1	28
18대 민주노동당		2건	13건	2건
이슈 구분	민주주의	-	-	-
	정부 부패	-	-	-
	자본주의 규제	-	-	-
	문화: 예술·스포츠· 레저·미디어	-	-	-
	사회복지 서비스 확대	-	-	-
	사회적 약자 집단	2	13	2
합계		5건	15건	34건

집단 이슈의 경우 사회운동 단체와의 연계가 중요하게 나타난다. 이는 17대 국회 시기 성과적 입법으로 손꼽히는 '장애인교육법' 담당이었던 최순영 의원의 인터뷰를 통해서도 확인할 수 있다.

"장애인 아이 부모들은 자기 아이보다 하루 더 살아야 한다는 절절함이 있어요. 이 법은 그런 부모들의 절절함이 담긴 요구였어요. 그래서 우리 의원실하고 같이 토론회 하고 법안도 만들고 그랬죠. 장애인 학부모들은 맨날 국회 앞에서, 교육청 앞에 가서도 소복하고 삭발하면서 투쟁을 한 거예요. 이 법 시작은 '개정안'이었지만 내용은 '제정'이다시피 했어요. 그래서 법안 발의야 의원 10명이면 되지만 더 많은 의원들 동의와 서명을 받아내자고 해서, 장애인 단체 학부모들이 자기 지역구 의원들 서명을 받으러 다니고 했어요. 다른 당 의원들이 최순영 법안이라고 처음에는 반응이 안 좋다가 70명이 넘게 서명하고 그러니까 가져오라고, 서명해주겠다고 했었죠. 그래서 그때 우리가 229명 서명을 받았어요. 그런데 한나라당 나경원 의원이 학부모 단체에 전화를 한 거예요. 힘없는 민주노동당이 그 법을 하면 통과되겠냐고, 자기한테 법을 주라고 말이죠. 나는 나경원 의원한테 주자고 했어요. 이 법이 통과되는 게 중요하니까. 그런데 그때 단체 대표들이 '우리가 의리가 있지 그렇게는 못한다, 지금까지 최 의원하고 같이 모든 걸 다 했는데. 우리는 이 법이 안 돼도 최 의원하고 할 거다' 그랬어요. 나는 그때부터 방법을 달리해서 열린우리당 이미경, 민주당 손봉숙, 한나라당 나경원 그리고 나 이렇게 해서 공동으로 발의도 하고 기자회견도 같이하면서 했어요. 그런데 229명이 공동 발의하고 각 당이 하겠다고 했는데도 이 법안을 다루지 않는 거예요. 그때 뭔가 다른 법들하고 같이 걸렸어요. …… 학부모들이 인권위에서 단식도 하고, 우리도 본회의장에서 여러 가지 이유로 단식을 했어요. …… 장애인 학부모들이 각 당 사무총장들을 만나고 항의하고, 그 난리가 나니까 교육부에서 나한테 전화가 왔어요. 그러고 나서 우리 당 원내대표 사무실에서 교육부 담당 공무원하고 법안을 조절했어요. 나하고 담당 보좌관하고 당 정책연구원하고 학부모 단체하고, 뭐는 되고 안 되고 이렇게. …… 그런데 교육위에서 다른 의원들이 반대해서 싸웠죠. 난 그때 교육위원회 법안소위 위원도 아니었어요. 그래도 법안 냈으니까 들어가겠다고 해서 논쟁했죠. 그리고 무상 교육을 고등학교까지 의무화해냈어요." (전 민주노동당 국회의원 최순영)

당의 역할 유무에 따른 입법 성과의 결과도 차이가 난다. 성과 입법 비율이 당의 주도적인 역할에 비례하고 있는 것은 당의 주요 정책을 구체적으로 실현하는 데 전략·전술을 총괄하고 기획하는 당의 역할과 역량이 중요한 요인이라는 것을 의미한다. 그리고 거대 양당 체제의 의사 결정 구조에서 배제되는 소수 정당인 민주노동당의 법률안들이 당과 사회운동 단체 그리고 의원의 연계 유형에서 의미 있는 입법 결과를 낳는다는 것은 의원을 중심으로 당과 사회운동 단체와의 유기적 협력 관계가 성공적으로 이루어진 것이라고 볼 수 있다.

4부

**기대에서 좌절로
: '비정규직법' 입법 활동**

1. 노무현 정부와 진보정당

노무현 정부의 신자유주의 경제 정책 수용

'기간제법'이 제정될 때 전개된 비정규직법 논쟁은 노무현 정부 시기에 17대 국회가 시작되면서 2006년 말까지 약 2년 6개월 동안 지속되었다. 이 기간에는 여러 정치적 사건이 있었으며 그중 주도적 행위자들의 출현과 관련된 정치적 사건들은 비정규직 법률안 심의 과정과 결과에 주요한 정치적 환경으로 작용했다.

우선 노무현 정부의 출현은 비정규 논쟁을 촉발한 중요한 환경적 맥락이었다. 국가권력 담당 세력으로 등장하게 된 개혁 자유주의 세력인 노무현 대통령은 인수위원회 시절부터 노동 정책의 목표로 "사회 통합적 노사 관계 구축"을 내걸고, "'대립과 갈등의 노사 관계'에서 '참여와 협력의 노사 관계'"를 이루겠다고 했다.[1] 그리고 비정규직 문제와 관련해서 "5대 차별 해소를 통한 평등 사회 구현"을 기치로 내걸고 성, 학벌, 장애인, 비정규직, 외국인 근로자 차별 해소 방안을 제시했다. 그중 비정규직에 대한 보호 방안으로 균등 대우와 남용 방지에 중심을 두고, 비정규 근로의 사용과 노동시장 유연성 자체는 인정하되 차별과 남용을 막는 것이 주요 내용이 되어야 한다고 명시했다. 그리고 2003년 노사정위원회에서 논의되고 있던 비정규직 의제를 정부로 이송하여 정부 법률안을 준비하기 시작했다. 노무현 대통령 당선 이후 비정규직 의제와 관련된 이와 같은 행보는 비정규직 문제 해결에 큰 기대를 가지게 했다.

그러나 노무현 정부는 2003년 6월 철도노조 파업 현장에 공권력을 투입하고, 이후 노동 쟁의에 대해 구속·수배를 단행하며 손해배상·가압류 청구까지 진행했다. 노무현 정부는 물리적 억압뿐만 아니라 '대기업 노조 이기주의'와 같은 이데올로기 통제 전략도 동원하면서 민주 노조 운동계에 대해 억압과 탄압의 방법을 사용했다. 인수위원회 시기부터 내걸었던 '사회 통합적 노사 관계' 노동 정책의 목표는 집권 초기 4개월 이후 폐지되었다고 평가할 수 있다. 그리고 집권 이후 노무현 정부는 비정규직 정책으로 대표되는 신자유주의 경제 정책을 적극적으로 수용하면서 사회경제적 개혁주의의 취약성을 드러냈다. 이와 같은 노무현 대통령의 행보는 비정규직법 입법 과정에서 비정규 노조 등 노동계의 대응 방식과 노무현 대통령의 민주 개혁성을 지원·촉구했던 시민운동계의 관계와 대응 방식에 주요한 영향을 미쳤다.

2004년 4월 15일 국회의원 선거 결과도 비정규직 논쟁을 촉발한 중요한 정치적 환경이었다. 열린우리당 152석, 한나라당 121석, 민주노동당 10석의 정당 경쟁 구도는 이전의 '민주-반민주' 구도의 여·야당 구도가 아니라 이념적·정책적 차이를 가지는 '다원적' 성격의 정당 체제였다. 이념적 성향의 정당 경쟁 구도로 보면 보수우익 정당 한나라당과 진보정당 민주노동당 사이에 자유주의 보수정당인 열린우리당이 있다고 할 수 있다. 그러나 경제 분야 정책에서는 열린우리당이 여당의 당파성에 따라 노무현 정부의 신사유주의 경제 정책을 옹호해, 비정규직법의 경우 '열린우리당·한나라당 대 민주노동당'의 경쟁·대립 구도로 전개되었다. 한편 열린우리당 내에 '친노동' 성향의 의원들도 존재해 열린우리당 의원들 주도의 연계에 따라 비정규직법 입법 과정에서 민주노총, 한국노총, 시민운동 단체와 같은 사회운동 단체들의 대응 방식에 주요한 영향을 미쳤다.

민주노동당, 거대 양당 중심 국회의 중요한 변수

민주노동당의 국회 진출도 중요한 정치적 환경이었다. 노동계를 대표하는 진보정당 국회의원이 제도 정치 공간에 진출함으로써 비정규직법 입법 운동의 주요 행위자들의 네트워크와 입법 결과에 영향을 미치는 중요한 변수로 작용했다. 기존의 거대 양당 중심의 국회에서는 정책의 다양한 입장이 반영되지 못하고 소수 권력을 가진 이익집단의 입장만을 반영한 채 폐쇄적으로 운영될 가능성이 크다. 그리고 정책 산출 또한 정부와 거대 정당 의도대로 되기 쉽다. 반면에 다양한 정치 세력이 정책 과정에 참여하게 되면 행위자들의 네트워크도 개방적이고 유동적으로 될 수 있다. 다양한 시민운동 단체, 노동운동 단체, 이익 단체들이 정책 과정에 참여함에 따라 네트워크가 구성되고 특정 이익집단과 정부의 독점적 의사 전달 방식이 유지되기 힘들어지기 때문이다. 정책 산출 역시 다양한 이해관계의

개입으로 가변적이고 예측 불가능하게 된다.[2]

17대 국회 이전에는 노동계를 직접적으로 대표하는 정당이 없었기 때문에 입법 청원과 같은 수동적 입법 운동으로 그쳤다면 17대 국회에서는 정치적 환경이 달라진다. 민주노총의 정치 세력화를 표방하여 만들어진 민주노동당이 국회 외부의 제한된 행위자가 아닌 국회 상임위 내의 주도적 행위자로 활동할 수 있는 조건이 된 것이다. 또한 민주노총을 직접적으로 대변할 수 있는 정당이 국회에 존재함으로써, 과거와 달리 민주노동당 의원을 통한 적극적 입법 방식과 정책 대안을 주장하고 공론화할 수 있는 제도 정치 창window이 생긴 것이다.

2. 비정규직, 새로운 사회문제로 등장

1999년 이후 한국에서 정규직보다 비정규직 노동자의 수가 많아지게 된 것은 단기적으로는 IMF 경제 위기의 결과라고 볼 수 있지만 거시적으로 보면 신자유주의 지구화의 결과라고 볼 수 있다.[3] 신자유주의 지구화는 국가 차원의 경제 정책, 노사 관계, 복지 정책 등을 국제적인 시장경제에 노출시키고, 국가의 경제 정책을 탈규제, 민영화, 노동시장 유연화 등의 신자유주의 경제 정책으로 변형할 것을 요구한다. 특히 한국의 경우 1997년 IMF의 강제된 개방으로 인해 정부의 비호 속에서 '자본'의 적극적인 구조조정이 전개되었다. 그 결과 발생한 비정규직 문제는 증가 속도가 빠르고 심각했다.

비정규직 노동자들이 정규직에 비해 고용 안정성뿐만 아니라 임금과 노동기본권의 법적 보호 측면에서도 열악한 위치에 있다는 사실이 확인되면서, 비정규직 문제는 경제 위기 이후 사회 양극화의 핵심적 요인으로 지목되며 사회적 의제로 떠올랐다.[4] 노동시장 유연화에 따른 문제점을 인식하고 비정규 문제 해결에 대한 요구가 본격화하기 시작한 것은 1999년 말부터이다. 비정규 관련 노동쟁의들이 발생하고 기간제 노동자들의 비중이 급격히 높아지면서 각 노동쟁의 현장마다 저항 운동이 전개되고, 경제 위기의 대표적 사회문제로 비정규 문제를 인식한 시민운동 단체들과 노동운동 단체들의 대응이 진행되었다. 구체적으로 2000년 6월 22일 파견철폐공대위(파견·용역노동자 노동권 쟁취와 간접고용 철폐를 위한 공동대책위)와 6월 26일 기본권공대위(비정규노동자 기본권 보장과 차별 철폐를 위한 공동대책위)가 출범하여 비정규 문제에 대한 사회 의제화를 위해 토론회, 기자회견 등의 활동을 전개했다.[5] 그리고 같은 해 7월 한국노총, 9월 기본권공대위, 10월 민주노총이 각각 국회에 비정규직을 위한 입법안을 청원했다. 하지만 이 청원안은 국회에서 논의되지 못하고 16대 국회가 해산되면서 자동 폐기되었다.[6]

이 시기 비정규직 문제가 발생하는 노동 현장마다 투쟁이 발생하고 노동운동의 대응이 이루어졌지만 산발적으로 전개되었다. 민주노총의 투쟁도 주로 구조조정과 정리해고를 둘러싼 문제에 집중되었다. 이는 비정규직 문제에 대한 사회적 관심의 제고에도 비정규직 노동자들의 권리 의식이 발달하지 않은 데다 정규직 노동자들의 구조조정 반대 투쟁도 패배하는 상황에서 비정규직 투쟁의 성공 가능성을 긍정적으로 예측하기 어려웠기 때문이었다.[7]

비정규직 노동자들을 조직화하기 위한 노조 운동은 취약한 노동권의 제한 속에서 사측의 노골적인 탄압으로 어려움을 겪는다. 노조가 투쟁의 구심점으로 작동하는 것을 저지하기 위해 사측은 노조가 결성되면 곧바로 노조 파괴·무력화를 위해 노조 지도부를 포함

한 핵심 활동가들의 징계, 업체 폐쇄, 계약 해지, 정리해고 등 공세를 펼쳤기 때문이다.[8]

그러나 사측의 비정규 노조 조직 와해의 탄압 속에서도 전차 비정규직 노동자들의 주체 형성과 운동 동력이 증대되고 2003년 9월 15일 15개의 비정규 노조들이 모여 '전비연'(전국비정규노조대표자연대회의)을 결성한다. 그리고 레미콘연대와 타워연대 등 비정규 노조들이 2004년 11월 비정규직 권리 입법 쟁취 총파업 투쟁부터 일련의 민주노총 주도 총파업 투쟁과 집회에 결합하면서 비정규직 노동자 조직화와 민주노총과의 연대를 위한 노력을 강화했다. 이 시기 민주노총 이수호 지도부 또한 비정규직 입법 쟁취를 최우선으로 두면서 비정규직 문제를 사회적으로 여론화하고 사회적 힘을 조성하는 데 주요한 역할을 했다.[9]

3. 비정규직법, 행위자들의 뒤얽힌 이해관계

비정규직법 입법 과정의 주요 행위자들

비정규직법의 입법 과정에는 수많은 행위자들이 참여했다. 이는 17대 국회 이전부터 비정규직 논쟁이 진행되는 과정에서 사회적으로 관심이 증대하고, 국회에서 비정규직법을 심의하는 과정에서 비정규 노조들의 투쟁들과 민주노총의 총파업 등으로 국민들의 관심도 증가했기 때문이다.

우선 제도 정치의 주도적 행위자들은 노무현 정부, 여당인 열린우리당, 야당인 한나라당과 민주노동당을 꼽을 수 있다. 구체적으로 정부의 주무 부처인 노동부, 국회 주무 상임위인 환경노동위원회의 열린우리당 의원들과 한나라당 의원들, 그리고 민주노동당 의원을 들 수 있다. 이 중 김대환 노동부 장관은 진보 진영의 노동 분야 지식인 출신으로서 장관 취임 시 진보 진영으로부터 노동 정책을 개선할 적임자로 기대를 받았으나, 취임 이후 '친자본'의 행보와 노동 탄압의 선두에 서게 되면서 노동계와 갈등하는 당사자로 변하게 된다.

입법 과정에서 입법 심의의 핵심 단위는 상임위원회다. 특히 상임위원회 내 소위원회의 비중은 매우 크다. 정부 부처의 업무 보고와 국회의원들의 현안 질의, 국정감사와 국정조사 등 공개적 발언과 활동은 상임위원회 전체회의를 통해 드러나지만 법률안 심사는 법안소위원회에서 이루어지기 때문이다.[10] 정치적으로 민감한 의제를 제외하고 소위원회 의결 사항이 전체회의에서 뒤바뀌는 경우는 드물다.

비정규직법의 경우 환경노동위원회 위원장은 야당인 한나라당 이경재 의원, 법안소위 위원장은 여당인 열린우리당 이목희 의원, 그리고 법안소위 위원 중 소수 정당이지만 민주노총을 대표하는 민주노동당 단병호 의원이 배치되면서 이들은 각 정당을 대표하는 주도적 행위자로서 자신이 대표하는 집단의 이해를 극대화하기 위한 갈등적 관계에 놓이게 된다.

대통령제의 정치 체제에서 주요 공공 정책을 결정하는 데 대통령의 정책 의지와 역할은 매우 중요하게 작용한다. 정부 부처의 정책 의지는 대통령의 결정 사항과 직결되기 때문이다. 노무현 대통령의 경우 대통령직 인수위원회에서 밝힌 노동 정책의 '친노동적' 성향에 따라 노사 통합에 따른 노동 개혁에 대한 기대가 높았다. 그러나 노무현 대통령은 비정규직법의 정책 형성 과정에서 노동계에 대한 '반노조' 성향의 부정적 입장을 드러내며 갈등의 당사자가 되었다.

국가인권위원회도 입법 과정에서 주요한 행위자로 등장한다. 정부의 비정규법의 문제와 한계를 공식적으로 발표하여 정부에게는 정치적 위협으로, 정부 법안을 반대하는 행위자들에게는 정치적 기회로 작용할 수 있는 기회를 제공하기도 했다.

비제도 정치의 주도적 행위자는 민주노총 지도부, 한국노총 지도부가 대표적이다. 그리고 비정규직 당사자 조직인 전비연과 전국여성노동조합이 있다.[11] 그리고 정부 법률안을 반대하는 민주노동당, 노동운동 단체, 시민운동 단체 등이 총망라된 101개의 사회운동 단체로 구성된 '비정규공대위'(비정규직 노동법 개악 저지와 노동기본권 쟁취를 위한 공동대책위)가 주도적 행위자로 등장한다. 이들의 대각선상에서는 전경련(전국경제인연합회)과 경총(한국경영자총협회) 등이 재계의 입장을 대변하며 비정규직법을 반대하는 자신의 주장과 활동을 전개한다.

서로 다른 이해관계와 입장

비정규직 문제는 신자유주의 경제 정책을 적극적으로 수용한 한국의 자본주의라는 구조적 문제와 직결된다. 특히 1997년 이후 급증하는 비정규직 문제는 자본의 고용 유연화 전략에서 기인한다. 이는 저임금, 사회보험의 사용자 부담 회피, 복지 후생 등 간접비용 절감에 의한 인건비 절감과 시장 변화에 조응하는 고용과 해고로 인력 구조조정의 용이성과 노동자의 분할 지배, 그리고 노동조합의 무력화를 통해 노동 통제의 강화를 노린 기업의 전략이다.[12] 따라서 비정규직 문제는 고용의 유연성을 중시하는 재계와 노동자의 노동권을 중시하는 노동계의 이해 차이가 극명하게 충돌하는 의제이다.

비정규직법의 입법 과정에서 등장하는 주요 행위자들에 따라 비정규 문제를 바라보는 입장과 이해관계가 다르다. 주요 행위자들의 이해관계를 주요 이슈별로 비교해보면 다음과 같다. 우선 비정규직법의 입법 취지에 대한 행위자들의 입장과 주장이 달랐다. 정부는 "비정규 근로자에 대한 불합리한 차별 처우를 금지하고 남용을 규제하되 노동시장의 유연성과 조화를 도모"해야 한다고 주장했다.[13] 즉 정부의 접근은 비정규직의 규모 감축이 아니라 노동시장 유연성은 보장하면서 불합리한 비정규 고용 형태의 법적 기준을 마련하여 규제하는 방식이었다. 여당인 열린우리당은 정부 입장을 적극 옹호했다. 야당인 한나라당은 "비정규직의 적극적 활용을 통한 고용의 유연성 확보"[14]를 주장하는 재계의 입장을 대변하면서 동시에 사회 여론을 주시하며 정부의 주장은 부정하지 않는 식으로 대처했다.

반면 민주노동당, 단병호 의원, 민주노총 지도부, 전비연은 "비정규직은 없애고 불가피하게 발생한 비정규직에 대해서는 동등한 대우를 보장"할 것을 주장했다.[15] 즉 비정규직의 규모를 감축하고 노동기본권을 보호하는 내용이 핵심이었다. 노동운동 단체, 시민운동 단체들의 연대체인 비정규공대위도 이 입법 취지와 목표를 옹호했다.

비정규직 문제 해결의 정책 대안에서도 이해의 차이가 다양하게 나타났다. 앞의 입법 취지에 대한 이해자들의 차이가 크게 '정부 법안 옹호 집단'과 '정부 법안 반대 집단'의 두 축으로 나뉜 반면 구체적인 정책 대안에서는 입법 대상자와 대안 내용에 따라 행위자들의 이해의 차이가 여러 가지로 나뉜다. 첫째, 기간제 노동자에 관한 정책 대안에서 전개된 이해 대립이다. 정부는 기간제의 사용 기간을 3년으로 제한하고 그 기간을 초과할 경우에는 정당한 이유가 없는 한 기간 만료만을 이유로 노동관계를 종료시키지 못하도록 했다. 즉 기

다시, 진보정당

간 제한 후 해고를 보호하는 조치를 주장했다. 정부 법안 옹호 집단 내에서는 이 기간 제한 방식을 옹호하면서도 사용 기간의 제한에 대해 열린우리당은 2년, 한나라당과 재계는 4년이라는 차이를 가지고 있었다.

반면 민주노동당, 단병호 의원, 민주노총 지도부, 전비연은 기간 제한 방식에 대해 강경하게 반대하고 사유 제한 방식을 주장했다. 기간제 노동자를 고용할 때 사유 제한 없는 기간 제한 방식은 기간제를 합법화하고 근로기준법상의 '상시 고용 원칙'을 훼손하여 해고 제한 조치를 무력화하는 요인으로 작용할 가능성이 있다고 주장했다. 이와 같은 차이는 '기간 제한 방식'과 '사유 제한 방식' 틀의 갈등으로 전개되어 정부 법안 옹호 집단과 정부 법안 반대 집단 행위자들의 가장 큰 차이로 나타났다.

둘째, 파견제 철폐에 대한 이해 대립이다. 이 차이는 정부 법안 옹호 집단과 정부 법안 반대 집단 내부 모두에서 나타난다. 정부는 정부 법안에서 재계의 주장을 수용하여 기존의 '포지티브 리스트' 형식의 파견 대상 업종을 '네거티브 리스트' 형식으로 바꾸면서 파견 대상을 대폭 확대하려고 했다. 하지만 입법 심의 과정에서 열린우리당이 파견제 확대에 대한 부담을 가지게 되면서 정부 법안을 더 이상 옹호하지 않았다. 이는 정부 법안에 대한 정부와 여당인 열린우리당 의원들 간의 불일치성이 드러나는 균열 지점이기도 했다.

정부 법안 반대 집단에서는 파견제 철폐에 대해 정책의 전략적 목표와 입법의 현실적 목표를 둘러싸고 이해의 차이가 드러난다. 전비연과 민주노총, 민주노동당 내 일부에서는 "파견법 철폐를 전제로 하지 않는 논의는 비정규 노동을 인정함으로서, 비정규 고용 구조를 고착화할 것"이라고 주장했다. 시민운동계 일부를 포함한 다른 한편에서는 "파견법 철폐의 취지에 원칙적으로 공감하나 광범위한 연대 모색을 위해 보호 입법 등의 제도 개선 틀에서 소화"해야 한다고 주장했다.[16] 이와 같은 차이는 입법 과정에서 '비정규직 철폐'와 '비정규직 차별 철폐'와 같은 틀 차이로 나타나 민주노동당, 단병호 의원, 민주노총 지도부, 전비연, 비정규 공대위의 내적 균열 요소로 작용한다. 그리고 전자는 "강경 투쟁 전략"으로, 후자는 "양보 타협 전략"으로 불리는 상호 간의 갈등을 통해 "전략의 딜레마"[17]를 겪으며 내적 균열은 심화된다.

셋째, 비정규 관련법의 주요 이해 대상자에 대한 인식의 차이다. '비정규직'은 정규직[18]의 개념 요소들을 충족시키지 못하는 고용 형태로서 크게 4가지로 구분된다. 기간제 노동으로 대표되는 임시고용, 단시간 노동, 파견·용역노동과 같은 간접고용 그리고 특수고용이 그러하다. 이 중 누구를 입법 대상으로 보느냐에 따라 입법 전략도 달라지게 마련이다. 정부는 기간제와 단시간 고용 형태 합법화를 가장 중심에 두고, 파견제는 기존의 파견 대상 업무 범위를 더 확대하고 특수고용은 노사정위원회에서 보호 방안을 논의토록 했다.[19] 반면 민주노동당, 단병호 의원, 민주노총 지도부, 전비연의 주력 대상은 명확하지 않았다. 전비연의 경우 주로 간접고용 문제를 주요하게 제시했으나 그 또한 비정규 노조 전체를 대표하지 않았다. 그리고 2004년 8월 당시 비정규직의 67%를 차지하는 임시고용 노동자의 경우 이들의 이해를 명확히 대변할 수 있는 노조나 당사자 주체가 없는 상황이었다.[20] 정부의 경우 기간제·단시간제로 입법 대상이 상대적으로 명확한 것에 비해 민주노동당, 단병호 의원, 노동계는 그렇지 못했다. 이와 같은 차이는 본격적으로 정책 대안을 마련해야 하는 입법 심의 단계에서 민주노동당, 단병호 의원, 노동계의 입법 전략과 자원 동원에 부정적 요인으로 작용했다.

넷째, 법의 시행 효과에 대해 어느 누구도 예측하지 못했다. 1997년 이후 급증한 한국의 비정규직 규모는 2001년 대비 2006년의 증가 정도가 유럽 15개국 평균 1.3%, OECD 평균 3.8%인 것과는 달리 8.9%로 상당히 높았다. 이러한 한국 특유의 비정규직 문제에 대해 노무현 정부는 구조적인 개선 없이 인권 특히 노동권의 측면에서 제한적으로 다루었다.[21] 여당인 열린우리당은 노동부가 제공하는 정책 내용에만 의존한 채 비정규직법에 대응했고, 민주노동당, 단병호 의원, 민주노총 지도부, 전비연은 조직화되지 않은 다양한 비정규 노동자에 대해 각 고용 형태에 따라 어떤 문제들이 발생하고 있는지 구체적으로 파악하고 있지 못했다. 비정규직 문제 원인의 진단과 구체적인 현실 파악 부재는 상반되는 입장을 가진 행위자들 간의 '규범적' 논쟁의 틀에서 벗어나지 못하게 만들었다. 비정규직법 시행 효과에 대해서도 마찬가지였다.

이와 같이 비정규직법과 관련한 이해의 차이는 근본적으로 비정규직법을 반대하는 재계와 이를 대변하는 한나라당을 제외하고 주요 행위자들 내에서 다양하게 나타나고 있었다. 특히 구체적인 정책 대안에서 정부와 열린우리당 의원들의 관계뿐만 아니라 정부 법안을 반대하는 집단 내에서도 여러 이해의 차이가 존재했다. 이와 같은 행위자들의 이해 차이는 입법 심의 과정에서 행위자들의 전략 수립과 자원 동원에 주요하게 작용하며 상호작용과 입법 결과에 큰 영향을 미쳤다.

4. 이름만 비정규직 '보호법', 민주노동당은 왜 막지 못했나

민주노동당-의원-노동계의 협력 관계 형성과 주도성 강화
(2004년 정기국회까지)

17대 국회 개원 이후 2004년 정기국회까지 주요 행위자는 전비연, 민주노총, 한국노총, 민주노동당, 단병호 의원, 비정규공대위였다. 이 시기에는 정부 법안을 추진했던 노동부와 여당인 열린우리당보다 정부 법안을 반대했던 노동계, 비정규공대위 그리고 그들을 대변한 민주노동당과 단병호 의원의 주도성이 강했다.

비정규 관련 종합적인 대책을 반영한 법안을 처음 제출한 것은 민주노동당 단병호 국회의원이었다. 2004년 7월 12일 단병호 의원은 ▷기간제 노동의 사용 사유 제한 ▷단시간 노동 남발 규제 ▷파견제 노동 폐지 ▷동일 가치 노동에 대한 동일 임금 보장 ▷특수고용 노동자들의 노동자성 인정 내용을 핵심으로 하는 '근로기준법 일부개정법률안', '노동조합 및 노동관계조정법 일부개정법률안', '파견 근로자 보호 등에 관한 법률 폐지법률안', '직업안정법 일부개정법률안'이라는 네 가지 법률안을 대표 발의했다. 2000년에 국회에 제출된 입법 청원안들에 대한 종합 검토 결과와 노동계의 내용을 반영한 법률안이었다.

정부는 2003년 노사정위원회의 내용을 이어받아 대안을 마련하고 국무회의를 거쳐 11월 8일 ▷3년 이내 기간제 노동 사용 허용, 기간 초과 시 해고 보호 조치 ▷파견제 노동 업무 대상 확대 ▷비정규직 노동자 차별 금지, 차별 받았을 경우 노동위원회에 시정 요구하는 내용으로 '기간제 및 단시간 근로자 보호 등에 관한 법률안', '파견 근로자 보호 등에 관한 법률 일부개정법률안', '노동위원회 일부개정법률안'이라는 세 가지 법률안을 국회에 제출했다.

이 시기 비정규직법 입법 활동을 위한 민주노동당의 연계 활동도 다양하게 전개되었다. 민주노동당은 8월 10일부터 민주노총과 격주 1회 정례협의회와 '주요 입법 공동 대응팀'의 실무협의회와 같이 입법 대응을 위한 긴밀한 소통과 논의 체계를 구성하기 시작했다. 그리고 9월경 민주노총과 한국노총을 방문하여 공동대책위원회를 제안하고 입법 대응을 위한 노동계의 연대와 공동 대응을 위한 협력 관계를 형성한다. 비정규공대위 참석을 통해 시민운동 단체들과 다른 정당 국회의원들을 대상으로 한 연계도 추진했다. 7월경 정당을 초월한 국회 내 노동 의제 블록 형성을 위해 국회의원 모임(노동 기본권 실현 국회의원 연구 모임)을 구성한 것을 예로 들 수 있다.[22]

비정규직 관련법의 쟁점화는 2004년 9월 11일 정부 법률안의 윤곽이 드러나자 전비연 대표들이 정부 정책을 비판하며 16일부터 열린우리당 의장실 점거 농성을 전개하면서 시작되었다. 전비연은 재계의 입장에 가까운 정부 법안을 '개악'으로 규정하고 "정부와 여당이 추진하고 있는 파견법 개악안 및 기간제 법안을 즉각 철회할

〈표 17〉 주요 쟁점별 2003년 노사정위에서 파악된
노동계, 재계 입장과 정부 법안 비교

구분		노동계	재계	정부 법안
기간제	사용 요건	사유 제한	사유 제한 반대	사유 제한 없음
	사용 기간	최장 1년	3년	3년
	기간 경과 후	무기계약 간주	무기계약 간주 반대	무기계약 간주
파견제	파견 대상 업종	포지티브 (현행 유지)	네거티브	네거티브
	사용 기간	1년	기간 폐지	3년
차별 금지	차별금지 방식	동일 가치 동일 임금	동일 가치 동일 임금 반대	불합리한 차별 금지

― 자료: 노동계와 재계 내용은 2003년 노사정위원회 비정규특위 자료에서, 정부 법안은 비정규직법 입법 예고 주요 내용에서 재정리한 것임.

것"과 "민주노총과 민주노동당이 입법 발의한 비정규 권리 보장 입법을 실현할 것", "특수고용 노동자들의 노동자성을 보장할 것", "상시고용 비정규직을 정규직으로 전환할 것", "파견법을 즉각 철폐할 것" 등을 촉구하며 21일부터 부산, 창원, 경남 등 열린우리당의 전국 시·도당 사무실 점거 농성에 들어갔다.[23]

국회에 발의된 단병호 의원 법률안에 대해 무시 전략으로 대응했던 열린우리당은 전비연의 의장실 점거 농성과 지역의 노동자 투쟁이 전개되자 반응을 나타낸다. 열린우리당 이부영 의장이 전비연 대표자들에게 "정부가 발표한 입법안에 대해서는 당과 합의된 바가 없었다"며 "노동계의 거센 반발도 있으니 이후에 정부와 조율을 거치겠다"는 답변을 한 것이다.[24]

전비연의 투쟁에 이어 22일 101개의 노동운동계, 시민운동계

단체와 민주노동당이 결합한 비정규공대위가 구성되어 정부 법안을 '노동법 개악'이라 규정하고 "정부 법안 강행 처리 반대"를 주장하며 개입하기 시작한다. 민주노총, 한국노총, 민주노동당은 12월 총파업과 총진군대회 등 공동의 대규모 집회를 전개하면서 정부와 열린우리당을 압박하기 시작했다.

2004년 정기국회에서 전개된 11월 29일 국회 환경노동위원회 전체회의와 12월 7일 공청회에서는 노동부와 노동계·민주노동당 간의 명확한 입장 차이만을 확인한 채 다음 회기로 넘어가게 된다. 그러나 노동 전문 교수 3인과 노동계, 재계 당사자 3인이 참석한 공청회에서 교수 3인 대부분이 파견제의 파견 대상 업종 확대 문제를 제외하고 정부 법안에 긍정적인 평을 발표해 정부와 열린우리당 사이에, 정부 법안에 대한 진보 진영 내의 지식인과 노동계 사이에 균열 지점이 나타났다.[25] 공청회 이전까지 '정부 법안 옹호 집단 대 정부 법안 반대 집단'과 같이 비교적 단일했던 갈등 축이 여러 가지 쟁점에서 균열 지점을 드러낸 것이다.

구체적으로 균열 지점을 살펴보면, 정부와 열린우리당은 파견 대상 업종 확대 여부와 기간제 사용 기간 '3년 대 2년'의 차이를 드러냈다. 그리고 진보 진영 지식인과 노동계는 파견제 철폐에 대한 이해의 차이, 비정규직법 주력 대상에 대한 이해의 차이, 비정규직 감축을 위한 '사유 제한' 방식에 대한 이해 차이를 드러냈다. 진보 진영 지식인들의 이해 차이는 그들과 연계된 시민운동계에서도 존재해 이 균열 지점은 비정규공대위에서도 존재했다고 볼 수 있다.

9월에 전개된 전비연 대표들의 열린우리당 점거 농성을 시점으로 민주노동당과 민주노총, 한국노총의 협력 관계가 형성되고 시민운동계 또한 비정규공대위를 구성하여 정부 법안에 대한 대응을 시작했다. 두 개의 공대위가 분리되어 따로 만들어졌던 2000년과 달리 단일한 공대위로 구성된 것은 전비연의 투쟁에 대한 옹호와 정부 법안에 대한 반대 입장이 명확했기 때문이다.

민주노동당, 민주노총, 한국노총, 전비연의 단일한 '정부 법안 강행 처리 반대'의 주장과 공동의 집합 행동에서는 민주노동당의 주도적 연계 활동이 주요하게 작용했다. 12월 정기국회에서 정부 법안 강행 처리를 저지하기 위해 민주노총, 전비연과의 적극적 협력 속에서 한국노총을 협력적 관계로 유인해내며 민주노동당 단병호 의원이 2004년 국회에서 노동계의 대표자로서 입장과 주장을 대변할 수 있었기 때문이다.

이런 조건에서 열린우리당과 한나라당은 정부 법안에 대해 소극적이었다. 노동계와 시민운동계의 강력한 반대와 함께 정부 법안에 대한 각 정당의 명확한 입장이 마련되지 않자 다음 국회 회기로 넘긴 것이다. 그리고 열린우리당은 이 당시 노무현 정부와 열린우리당 주도의 '4대 개혁 입법'을 둘러싼 한나라당의 대립 구도에서 민주노동당이 반대하는 비정규직법 강행 처리를 부담스러워했다.[26]

한편 국회 공청회에 참석한 진보 진영의 노동 분야 지식인들이 파견 대상 업종 확대와 몇 가지를 제외하고 정부의 비정규직법을 긍정적으로 평가함으로써 정부 법안을 반대하는 진보 진영 내의 균열 지점이 드러나 이후 비정규공대위를 비롯한 진보 진영의 내부 갈등이 예고되고 있었다. 당시 정부의 비정규직법에 대한 진보 진영 지식인들 반응의 차이에 관한 분위기는 전 열린우리당 노동 분야 전문위원 노항래의 말을 통해서도 알 수 있다.

다시, 진보정당

"(노동부) 김대환 장관이 딴 사람 말은 안 들어도 당시에 ○○○ 교수님 말은 들었어요. 같은 인하대 교수라고 듣는 편이었어요. 그 당시에 ○○○ 교수님은 비교적 정부안이 입법되는 게 안 되는 것보다 훨씬 좋은 일이니까 안 되는 것보다 빨리 입법되어야 한다는 입장이었어요. 처음 정부안이 제출되었을 때, 제가 ○○○ 교수님한테 직접 설명 듣고 그랬었죠. …… 지식인들 내에서도 정부안에 대한 온도차가 컸어요. 그런 차이들이 왜 그렇게 다르게 생각하는지에 대해 서로 접합점이 없었던 거예요." (전 열린우리당 노동 분야 전문위원 노항래)

민주노총과 민주노동당의 전략 불일치
(2005년 6월 임시국회까지)

국회 환경노동위원회 공청회를 거치며 비정규직법에 대한 여러 쟁점이 형성되자 주요 행위자들은 자신들의 이해를 극대화하고자 입법 전략과 자원 동원을 시도했다. 우선 민주노총 이수호 지도부는 비정규직 입법 운동을 위해 조직화 사업에 중점을 두고 비정규직 노조 조직화와 비정규 노동자 권리 확보 투쟁을 위한 사업(조직화 기금 50억 마련, 비정규조직센터 설치 등)을 추진하고 있었다. 그리고 민주노총의 사회적 요구를 관철하기 위한 대정부 '사회적 교섭' 전략을 추진하고자 했다.

"IMF 외환위기 이후 6년차쯤 되는 그 시점에서 비정규 문제는 가장 철저히 현실을 반영하는 것이기도 했고, 아주 계급적이기도 하고, 그다음에 비정규 확대로 인해서 사회적으로 불안 심리가 형성되어 있었어요. 그래서 이 문제에 대한 진보적 해법을 제시함으로써 향후 진보정치의 주도력을, 즉 진보정치의 확장을 이뤄나감에 있어서 중요한 담론이라고 본 거죠. 담론 투쟁적 접근을 해야 한다고 생각했습니다. 신자유주의 세계화 논리를 대표하는 것 중 하나가 비정규인데, 이것에 대해 더 많은 국민들의 공감대를 불러일으키고 국민적 논쟁이 격화되어야 한다고 본 거죠. 그래야만이 299석 중 10석이라는 소수가 아닌 '거대한 소수' 전략을 할 수 있다고 본 거고. 그런데 장치가 없었죠. 진보가 국민들과 직접적으로 소통할수 있는 매체는 매우 제한되어 있고. 우리가 이 사안을 민주노총 의제가 아닌 국민적 의제라고 설정했을 때, 그걸 이루어내려면 연일 100분 토론이 열려야 한다, 국민들 안에서 이게 옳은 법이냐 아니냐, 누구의 말이 진짜 옳으냐, 그리고 실제 지금 무엇을 할 수 있느냐 없느냐. …… 이런 논쟁의 장으로 끌고 들어가야 한다. …… 국민적 합의를 위한 공간으로, 비정규 문제에서 원 포인트로 사회적 기구 전술을 써야 한다고 생각했어요." (전 민주노총 기획실장 김명호)

하지만 '사회적 교섭'은 민주노총에 민감한 쟁점으로 형성된 '노사정위원회'와 성격이 유사하여 민주노총 내부의 논란을 가져왔다. 그리고 2004년 민주노총 제2차 중앙위원회의 논쟁 끝에 2005년 1월 정기대의원대회에서 결정하기로 유보했다. 사회적 교섭 논쟁은 비정규직 입법 전략이 중심이 아니라 '노사정위원회냐 아니냐'라는 논쟁으로 전개되었다. 이와 같이 사회적 교섭에 대한 성격이 명확하지 않은 채 제시된 이유는 사회적 교섭 전략을 제기한 이수호 집행부 내에서도 여러 의견들과 다른 접근 방식을 가지고 있었기 때문이다.

"비정규직법 관련된 원 포인트 논의 틀을 짜서 국민적 합의를 이끌어내서 다수파를 만드는 거, 이걸 사회적 기구로 본 거예요. 이건 전술적이다, 한 번만 한다, 제가 그랬죠. 다시는 절대 안 한다고. 이것을 이수호 위원장, 강승규 수석부위원장, 이석행 사무총장한테도 얘길 했고. 이수호 위원장하고 이석행 사무총장도 같은 의견이었어요. 그런데 강승규 수석부위원장이 열린우리당 내에서 모든 정책 협의까지 하자는 안을 가지고 왔어요. 이수호 위원장은 안 된다고 했죠. 우리가 아직 준비가 안되어 있다고. …… 굳이 말하자면 민주노총 집행부 내에 일부는 전략적 기구로 보는 경향이 있었고, 우리는 전술적 기구로 보았고, 집행부 내 다른 정파 사람들은 사회적 교섭 자체를 거부했죠. 그러니까 민주노총 내에 스펙트럼이 다양했던 셈이에요." (전 민주노총 기획실장 김명호)

2005년 1월 20일 사회적 교섭 안건을 다루기 위해 민주노총 정기대의원대회가 열렸으나 정족수 미달로 인해 처리가 무산되었다. 그리고 2월 1일 임시대의원대회가 전노투(전국노동자투쟁위원회) 등 사회적 교섭을 반대하는 세력의 폭력적인 저지로 파행되면서 민주노총의 폭력성이 부각되고 사회적으로 고립되는 상황에 놓인다.[27]

민주노총 임시대의원대회는 3월 15일에도 계속 파행되어 민주노총 차원의 비정규 입법 전략은 큰 차질을 겪게 된다. 결국 민주노총은 3월 18일 중앙위원회에서 비정규 법안 개악 시 사회적 교섭 폐지를 전제로 '비정규 법안 노사정 교섭 추진'과 4월 1일 총파업을 선언하지만, 여전히 내부 갈등이 존재하는 조건에서 주도적 교섭을 할 수 없는 조건에 이르게 되었다.

사회적 교섭을 둘러싼 민주노총의 갈등은 민주노동당 내로 전이되었다. 당 최고위원회는 사회적 교섭에 대해 입장을 마련하지 못하고, 2월 19일 당 중앙위원회에서는 중앙위원 일부가 '민주노총은 사회적 교섭을 미루라'는 내용의 결의문 채택을 안건으로 제출하기도 했다. 민주노총 사무총장 이석행 중앙위원이 민주노총 지도부의 입장을 설명하는 발언을 시작하려 하자 고성이 오가는 상황까지 벌어지기도 했다.[28] 당 지도부와 의원단, 단병호 의원의 경우 사회적 교섭에 대한 명확한 입장 없이 민주노총의 결정을 지켜보며 3월 18일 민주노총의 비정규 법안 노사정 교섭 추진 결정에 '거리두기'로 일관했다.[29] 당의 입법 전략이 부재한 조건에서 비정규직 조직화 운동과 입법 운동에 필요한 자원은 민주노총에 의존하며 민주노총의 비정규 입법 전략에는 방관적인 자세를 취하는 모순적인 자세를 드러낸 것이다.

이와 같은 문제가 발생한 원인은 크게 세 가지에서 찾을 수 있다. 첫째, 집권 세력인 여당 열린우리당에 대한 인식과 접근의 불일치성이다. 민주노총 이수호 지도부는 사회적 교섭 공간을 활용하여 시민사회 여론을 강화하고 이 사회적 힘을 통해 열린우리당 의원들과 열린우리당을 견인해야 한다고 접근했다. 사회적 교섭 반대파는 사회적 교섭을 기존의 노사정위원회와 동일하게 간주하며 '자본에 대한 투항'이라고 주장했고 열린우리당 또한 자본 세력의 '대리자'로 보았다.

둘째, 민주노총과 민주노동당의 결합의 성격과 연결된 입법 전략에 관한 접근의 불일치성이다. 민주노동당은 민주노총의 독자적 정당 전략에 따라 노동조합의 주도로 만들어진 당이다. 이와 같은 유형에 속하는 영국 노동당의 경우 조직률이 높은 노동조합을 토대로 정책 결정에서 재정적인 면까지 정당이 노동조합에 의존하는 경향이 강하다. 그러나 한국의 경우 민주노총의 노조 조직률이 저조하고 노동자 대중과 시민사회의 계급의식이 낮다는 점에서 민주노총의 자체 힘만으로 노동 의제를 추진하기 힘든 조건을 가지고 있다. 민주노동당 또한 소수 정당이라는 불리한 조건에서, 당시 두 단위의 가장 큰 전략 의제였던 비정규직법 전략 수립에서 당과 민주노총의 유기적인 결합은 필수적이었다. 그러나 한편에서 민주노총 이수호 지도부는 이런 구조적 제한을 시민사회 여론 강화와 '사회적 교섭력'으로 돌파하겠다는 능동성을 보였지만 국회 상임위의 '교섭자'인 단병호 의원, 당과는 적극적인 논의와 합의를 거치지 않았다. 다른 한편에서 당과 단병호 의원은 국회 상임위 중심으로 상호 일체의 관계를 중요시했다. 이 접근의 차이는 이후 강행 처리가 전개되는 과정에서 두 단위의 이원화를 가져오는 주요한 요인으로 작용한다.

셋째, 당직·공직 겸직 금지 제도로 이원화된 당 지도부 체계에서 당 지도부와 단병호 의원 간 그리고 민주노총과 민주노동당의 관계에 대한 당내 인식의 불일치성이다. 특히 원내·외로 이원화된 지도 체계와 당과 민주노총의 관계에 대한 인식의 불일치는 당의 비정규직 입법 전략 수립과 정책 대안 마련에 심각한 장애 요인으로 작용한다. 대표적으로 2005년 1월 20일 당 대표의 비정규직 정책 관련 신년 기자회견 사건은 이원화된 지도 체계 문제를 고스란히 보여준다. 김혜경 당 대표는 2005년 신년 기자회견에서 "비정규직의 정규직화를 위해 국채 발행을 검토하자"는 내용을 공식적으로 발표했다.[30] 하지만 이는 국회 환경노동위원회 담당 단병호 의원실, 기획경제위원회 담당 심상정 의원실과 전비연 등 당 안팎으로부터 즉각적인 비판을 받았다. 국채 발행을 통한 비정규직 문제 접근은 정부와 대기업에 면죄부를 주는 발상이며 비정규직 조직화에 대한 주동적인 관점이 부족하다는 비판이었다.[31] 특히 당 정책위원회에서 내용이 제출된 후 기조실, 비서실, 대변인실, 최고위원회의 조율을 거쳐 기자회견에서 발표하는 과정에서 이와 같은 어떠한 문제점도 지적되지 않았다는 점, 그리고 비정규 의제와 관련한 주무 의원실과 전비연의 의견 수렴도 전혀 이뤄지지 않았다는 점에서 당의 이원화된 조직적 체계 문제를 고스란히 보여주었다.

비정규직 입법 운동에서 민주노동당과 민주노총의 관계에 대한 당내의 인식 차이도 명확히 드러난다. 민주노동당은 비정규 입법 운동에서 가장 큰 과제로 비정규직 조직화 운동을 제시했다. 이것은 민주노총이 주된 과제로 두었기 때문이기도 했다. 그런데 비정규직 조직화 운동 실천 과정에서 노동 부문 최고위원과 당 노동위는 당 차원의 독자적인 정치 활동보다는 민주노총의 조직화 사업을 당 노동위 강화를 통해 지지·지원하는 역할에 중심을 두고 있었다. 당시 민주노동당 중앙당에서 비정규직 의제를 담당했던 단위들은 노동 부문 최고위원, 노동위, 기획조정실, 정책위, 대외협력실 식으로 여러 단위로 분산되어 있었으며 각 단위들의 유기적인 소통도 이루어지지 않았다. 그리고 당 지역위에 노동 의제 담당 주체도 부재해 전국적인 노동 의제 담당은 중앙당 당 노동위에 집중되어 있었다.

이에 당내에서 민주노총에 의지할 것이 아니라 당이 주도적으로 입법 운동을 전개할 것을 요구하며 당 차원의 독자적인 비정규 입법 운동을 기획·총괄하는 '비정규철폐운동본부'가 필요하다는 문제 제기가 있었으며, 이와 관련해 600명의 당원 서명까지 제출되었다.[32] 하지만 당 노동위가 주장한 당내 소통 구조 확립, 중앙당 집중의 사업 구조를 개선하기 위한 '당 노동위 강화와 지역위원회에 노동위 구성'과 당 주도적인 비정규 입법 운동 기획·총괄 단위의 '운동본부' 설치 주장 간의 논쟁이 대립적으로 전개되면서 입법 전략보다 세력 간 대결 구도가 형성이 된다. 그리고 논쟁 끝에 2월 최고위원회 산하 과제별 위원회로 '비정규운동본부'를 설치하는 것으로 마무리된다.[33] 이와 같이 비정규 노동 의제와 관련한 중앙당의 분산된 조직 체계와 이원화된 원내·외 지도 체계 문제, 그리고 당내의 민주노동당과 민주노총 관계에 대한 인식의 불일치로 인한 문제는 상호작용하며 비정규직법에 대한 당의 전략 수립과 주동적인 입법 운동을 이루지 못하게 하는 주요 요인으로 작용했다.

이렇게 2005년 1월~2월 동안 민주노총과 민주노동당이 내부 문제가 크게 부각되고 내홍을 겪고 있는 사이 노동부는 2005년 2월 임시국회에서 법안 처리를 강력하게 주장했다. 그러나 정부는 정부 법안에 대한 열린우리당의 수정 요구와 함께 상임위 회의장을 물리적으로 저지하는 민주노동당의 반대에 부딪힌다. 열린우리당은 민주노동당, 전비연 등 노동계, 비정규공대위의 강경한 반대에 부딪히자 4·30 재보궐 선거를 앞두고 비정규직법의 강행 처리를 부담스러워했다. 이런 이유로 2월 임시국회에서 환경노동위 법안소위는 더 진행되지 않는다. 대신 환경노동위원회 법안소위 위원장인 열린우리당 이목희 의원이 적극적인 중재자로 등장하며 한나라당과 4월 임시국회에서 비정규직법 처리 합의를 받아내고 민주노총 지도부, 한국노총 지도부, 전경련 등 노동계와 재계 당사자들을 '국회 노사정 모임'이라는 교섭의 장으로 유도해낸다.

"이목희 의원이 (국회 노사정 모임) 그걸 제안할 때부터 사실 정부안을 수정하겠다는 의지가 분명했어요. 그 결과이기도 한데 기간제를 3년에서 2년으로 수정한 것이었죠. …… 상임위 논의 자체가 거의 쳇바퀴 돌듯이 거듭되고 진행되지 않는 상태에서 …… 상임위에서 논의를 하면 너무 효율이 없으니, 그때 이목희 의원이 법안소위 위원장 자격으로 하자고 제안해서 그렇게 실현이 된 거죠." (전 열린우리당 노동 분야 전문위원 노항래)

"당정 협의가 됐기 때문에 정부안은 사실상 여당안으로 봐야죠. 봐야 하는데 실제 여당 안에 반대 기류가 있었어요. …… 기간제 3년이 길다, 사유 제한이 안 들어간 것 때문에도 불만이 있었고. 어떤 의원이 그랬는지는 모르겠어요. 그건 얘기를 안 하시니까. …… 그래도 정부안은 당정 협의를 거쳤기 때문에 그건 여당 입장이라고 봐야죠. 그리고 그때 한나라당이 정부안에 대해 찬성을 해버렸거든요. 그러니까 형식상으로는 여야 합의가 된 거죠. ······ 국회 노사정 모임은 이목희 의원이 주장해서 국회에서 제안한 거예요. 이목희 의원이 민주노동당에서 계속 반대하니까 당사자들 입장을 들어보자고 했던 거죠. ······ 그 모임은 안 될 줄 알고 있었어요. 노사가 자기들 입장을 고수하는데 합의하겠어요? 노사정에서 안 될 게 국회와서 되겠냐구요. 더 안 되죠." (전 노동부 사무관 김성호)

4월 임시국회가 개회되고 적극적인 중재자로 나선 이목희 의원을 중심으로 국회 노사정 모임은 5일부터 전개되었다. 이 시기 입법 논의가 국회 환경노동위 법안소위와 이목희 의원이 주도하는 국회 노사정 모임에서 동시에 이루어지면서, 입법 논의 대표로 국회 환경노동위 법안소위에서 단병호 의원, 국회 노사정 모임에서 민주노총 이수호 지도부가 역할을 수행하게 되어 이중으로 병행된다. 민주노총 지도부와 민주노동당, 단병호 의원 간의 입법 목표와 입법 전략의 일치성에 대한 협력 관계가 중요하게 요구되는 시기였다. 특히 14일 국가인권위원회가 정부의 비정규직 법안을 비판하고 민주노총과 단병호 의원 법안에서 중요시하는 '사유 제한', '동일 가치 노동 동일 임금 원칙' 등 노동계의 주장에 유리한 의견을 발표한 이후에는 더욱 그러했다.

"정부가 비정규직 법률안을 통해 비정규직 근로자 중 특히 기간제 및 단시간 근로자와 파견 근로자에 대한 남용 및 불법 사용과 불합리한 차별 문제를 개선하고자 한 것은 비정규직 근로자의 인권 개선을 위한 긍정적인 움직임이라고 평가할 수

〈표 18〉 쟁점별 정부안, 국가인권위안, 단병호 의원안 비교

구분		정부안	국가인권위	단병호 의원안
기간제	사용 요건	사유 제한 반대	사유 제한	사유 제한
	사용 기간	3년. 3년 초과 예외 규정	기간 제한	1년
	기간 초과 시	정규직의 근로 조건, 신분과 동등하게 보장 되는 않음	기간의 정함이 없는 계약으로 간주	기간의 정함이 없는 계약으로 간주
파견제	파견 대상 업종	파견 대상 업무 확대 (네거티브)	제한적 인정 (포지티브)	폐지
	사용 기간	3년	언급 없음	폐지
	불법 파견 시	고용 의무	고용 의제	고용 의제
차별금지	차별 금지 방식	불합리한 차별 금지	동일 가치 동일 노동 규정	동일 가치 동일 노동 규정

- 네거티브 리스트: 업종 일부를 제외하고 파견직을 모두 허용하는 방식.
- 포지티브 리스트: 필요한 경우에만 파견직이 가능하도록 하는 방식.

있지만, 정부의 비정규직 법률안만으로는 비정규직의 지나친 확산을 억제하고, 비정규직 근로자에 대한 불합리한 차별을 시정하며, 비정규직 근로자의 노동 인권을 보호하기에 충분하지 못하다고 판단된다." (2005년 4월 14일 국가인권위의 입장 표명 내용 일부)

국가인권위 발표는 사회적으로 여론화되어, 여론조사 결과 노동계 입법 내용을 지지하는 비율이 4월에 72.7%까지 올라가 노동계에게 정치적 기회로, 정부와 열린우리당에게 정치적 위협으로 작용했다.[34] 인권위 발표 이후 국회 노사정 교섭의 기준선이 인권위안을 기준으로 상향 조정되는 효과를 거둔 것이다.

국가인권위 발표로 열린 '정치적 기회'가 닫히다

　　민주노총 지도부는 한국노총 지도부와 함께 노사정 모임에서 공세적 자세를 취하며 적극적인 압박 투쟁을 전개했다. 민주노총과 한국노총 지도부는 22일 환경노동위 법안심사소위 일정에 맞추어 ▷비정규 법안 졸속 처리 반대 ▷최소한 인권위안을 기준으로 논의 ▷가능한 빠른 시일 내에 처리라는 공동 방침을 정하고 단식 농성에 돌입한다. 그리고 민주노총은 독자적으로 정부 법안 강행 처리에 대비한 무기한 총파업을 준비, 한국 정부를 국제노동기구[ILO]에 공식 제소하는 등 국가인권위 발표를 계기로 정부와 열린우리당을 압박하기 위한 다양한 시도를 전개했다.[35] 그리고 정부 법안 내용 중 노동계와 가장 대립되는 '기간제 사유 제한'을 중심으로 교섭을 추진하기 시작했다. 노동부는 원안대로 '기간 제한+3년+기간 경과 후 해고 제한', 열린우리당은 '기간 제한+2년+기간 경과 후 무기계약 간주'를 주장했고, 재계는 수정 자체를 반대했으며 민주노총과 한국노총 지도부는 '사유 제한+1년+1년+기간 경과 후 무기계약 간주'를 주장했다. 이렇듯 노사정 모임 교섭은 주요 행위자들의 다양한 주장들이 각축하며 진행되고 있었다.[36]

　　민주노동당과 단병호 의원도 인권위 발표 내용을 환영하며 인권위안을 '최저치 기준'으로 설정하여 정부와 열린우리당을 압박했다. 그런데 민주노동당과 단병호 의원의 이러한 압박은 정부와 열린우리당뿐만 아니라 국회 노사정 모임의 교섭 당사자인 민주노총 지도부에게도 향해 있었다. 국가인권위 발표 이후 국회 노사정 모임이 전개되는 동안 민주노총 지도부, 민주노동당, 단병호 의원, 그리고 전비연 간의 정책적·조직적 분화가 심화된다. 민주노총 지도부와 민주노동당, 단병호 의원 간의 분화는 민주노총 지도부의 '사회적 교섭' 전략 및 민주노총과 민주노동당의 관계에 대한 인식과 접근 차이뿐만 아니라, 국회 노사정 모임이라는 새롭게 변한 정치 상황에 대한 대응 전략의 불일치로 인한 결과였다. 그리고 민주노총 지도부와 전비연 간의 분화는 민주노총 지도부가 비정규직 노조의 대리 교섭을 하는 구조적 제한과 상호 간의 전략 불일치, 전비연 내부의 정책적 대안의 불일치로 인한 결과였다. 민주노동당과 단병호 의원은 국회 노사정 모임의 교섭 당사자인 민주노총 이수호 지도부와 '거리두기'로 일관했다. 4월 14일 단병호 의원은 "교섭에 영향을 미치는 어떠한 의견 개진도 하지 않"겠다고 밝히고 "노사정 합의 결과가 나오면 당 차원에서 합의안에 대해 수용할 부분과 그렇지 않은 부분을 가려내서 국회 심의 과정에서 대응하겠다"고 말했다. 국회 환경노동위 단병호 의원과 국회 노사정 모임 민주노총 지도부 간의 이원화된 관계를 극명하게 보여준 발언들이었다. 민주노동당도 당 대변인 발표를 통해 인권위 발표 내용의 수용을 촉구하면서도 "노사정 합의 결과에 대해 가려서 대응하겠다"고 하며 민주노총 지도부와의 단절된 관계를 보여주었다.[37]

> "나는 그때 사회적 교섭을 노사정위원회로 봤고 그것을 우호적으로 보지 않았어요. …… 국회 노사정 모임은 실효성이 없을 거라고 봤어요. 이목희 중심으로 해서 여론몰이하고 그 속에서 뭔가 건지면 그걸 가지고 밀어붙이려고 하는 이런 명확한 의도를 가지고 있었기 때문에 그게 크게 실효성이 없을 거

다시, 진보정당

라고 봤던 거죠. …… 민주노총이 들어간 건 대중조직이 하는 건데 의원이 나서서 왈가불가할 일은 아닌 거 같다고. …… 나는 당이 만들어졌으면 창구를 그쪽으로 맡겨야 한다고 봐요. 투쟁도 같이하고 같이 만들어야 하지만, 국회에서 논의되고 검토되는 법에 대해서는 한쪽으로 창구를 만들어야 해요. 그런데 따로 가니까 묘한 관계가 된 거지. 그렇게 되면 힘이 없어요, 안 그래도 소수인데. 바깥에서 민주노총이 "우리는 민주노동당밖에 없어", 이렇게 하면 힘이 실리는 거잖아요. 그 정도까지는 못 갔던 것 같아요. …… 국회 노사정 모임이 시작되고 나서는 그렇게 긴밀하게 소통되었던 관계는 아니었던 것 같아요. 내 책임일 수도 있는데 어쨌든 국회에 들어갔으면 그 관계 속에서 같이 잘 풀어가야 하는데 내가 좀 부족해가지고 잘 안 됐던 것 같아요. …… 법 개정이나 국회 대응 문제 이런 것은 민주노동당으로 집중이 되어야 하고 민주노동당에서도 노동 관계에 대해서는 환노위에 집중이 되서 정부·여당이든 한나라당이든 대응해야 하는데, 다른 이원구도로 되어버리니까 내가 굳이 할 수 있는 게 별로 없었던 거지." (전 민주노동당 국회의원 단병호)

전비연은 국가인권위 발표 내용이 노동계 원안 내용에 비해 부족하기 때문에 단병호 의원안을 중심으로 타협 없이 입법 쟁취해야 한다며 민주노총 지도부를 압박했다.

"(민주노총이) 최소한의 기준으로 삼았던 인권위안이 아니라

애초 노동계의 요구, 즉 민주노총·민주노동당이 입법 발의한 '비정규직 권리 보장 입법'을 쟁취하기 위한 총력 투쟁에 나서야 한다, 파견법 폐지, 특수고용 노동자성 인정, 간접고용 원청 사용자성 인정, 기간제 사용 엄격 제한이라는 4대 요구를 '타협 없이' 쟁취해야 한다는 것이다." (전비연 의장 구권서)[38]

그러나 전비연은 4월 이후 국회 환경노동위에서 단병호 의원이, 국회 노사정 모임에서 민주노총 지도부가 본격적으로 법안을 둘러싼 정책 대안 논의를 심의하는 동안 전비연 내에 존재하는 다양한 비정규 이슈와 정책 대안을 모아 확정하지 못하고 있었다. 4월 30일 민주노총 지도부와 교섭 실무팀은 산별대표자회의와 전비연의 간담회에서 각각 국회 노사정 모임 교섭 내용을 보고하고 의견 수렴에 나섰다. 하지만 사내하청 노조 대표자는 '원·하청 연대 책임 부분'을, 특수고용직 노조 대표자는 '특수고용직의 노동자성 인정과 노조 합법화 부분'이 빠진 것에 대해 강력하게 문제 제기를 했다. 이에 민주노총 지도부는 내부 의견 수렴 결과 합의할 상황이 아니라고 판단하고, 한국노총 지도부와 공유 속에서 국회 노사정 모임 교섭을 정리하기로 한다. 대신 이후 '사유 제한' 의제만 집중해서 노사정 모임을 제안하기로 하지만 이는 재계와 노동부의 반대로 결국 열리지 않았다.[39] 그리고 4월경 노사정 교섭 실무를 주도적으로 담당했던 한국노총 권오만 사무총장의 비리 사건이 터지면서 노동운동의 도덕성이 심각하게 타격받게 된다.[40] 결국 한국노총은 조직적 내부 문제에 집중하게 되면서 국회 노사정에서 영향력과 개입력이 떨어지게 되고, 민주노총은 민주노동당 및 단병호 의원과의 '거리두기' 문제에

더해 전비연과 단일한 입법 전략을 동원하지 못하게 되었다. 교섭은 6월 19일까지 15차례 진행되었지만 결국 결렬되었다.

이 시기 민주노동당과 민주노총 내부에서는 각각 비정규 입법 방안에 대한 갈등이 심화되었다. 사회적 교섭을 둘러싼 민주노총 내의 갈등은 '비정규직 철폐'와 '비정규 차별 철폐' 틀의 갈등으로 전개되었으며, 이는 '타협 없는 강경 투쟁 전략'과 '차별 개선의 양보 타협 전략'의 차이로 나타났다. 전자가 정부 법률안을 반대하고 단병호 의원 법률안의 통과를 주장하는 사회적 교섭 반대파의 주장이라면, 후자는 사회적 힘을 바탕으로 단병호 의원 법률안이 반영될 수 있는 입법 개정으로 비정규직을 최대한 법으로 보호할 수 있도록 하자는 민주노총 지도부 측의 주장이었다.

노동 의제와 같이 '자본'과 '노동'의 이해관계가 충돌하는 입법의 경우 원안대로 통과되기 힘들다. 입법은 사회적 힘을 반영하기 때문이다. 주장하는 입법 목표를 쟁취하기 위해서는 최대치의 조직화 운동을 전개하여 사회적 힘을 만들어야 한다. 이를 위해 민주노총 지도부가 제시했던 방법은 비정규 조직화 운동과 총파업이었다. 그러나 여러 차례 민주노총 대의원대회의 파행으로 인해 비정규 사업 계획에 대한 조직적인 집행력이 따르지 못했다. 정규직 노조의 연대가 필수인 총파업도 조직적인 정치 사업을 진행하지 못해서 제대로 이루어지지 못했다. 또한 민주노총 대의원대회에서 부각된 폭력성은 정부와 반대 세력에 공격의 빌미를 주고, 이로 인해 민주노총의 사회적 발언권이 약화되는 악순환을 겪게 되었다.

이 시기 정규직 노동자들의 '이기주의'도 보이기 시작했다. 민주노총 지도부의 입법 투쟁과 전비연의 투쟁이 본격적으로 전개되자, 정규직 노동자들은 비정규직 노동자들과 이해관계의 상충을 경험하면서 비정규 노동자에 대한 막연한 우호적 정서에서 벗어나기 시작한 것이다. 정규직 노동지의 정서 변화에 따른 압박으로 현대자동차 노조 같은 핵심 사업장들조차 민주노총의 비정규직 권리 입법 총파업에 참여는 하더라도 정규직 노동자들의 고용 안정성 문제와 직결된 단위 사업장 문제에서는 정규직 이기주의에 호응했다.[41]

전비연은 비정규 노조 대표들로 구성된 조직이긴 했으나 내부에 다양한 고용 형태의 비정규 현안들이 존재했다. 전비연은 비정규 노동자들의 공동 요구와 공동 투쟁을 이끌어내지 못하고 있었다.

> "'비정규직'이라는 이름만 같을 뿐 너무나 다양한 업종과 고용 형태가 망라되어 있고, 따라서 이렇게 다양한 노조들에서 어떻게 공동의 요구를 끌어내고 공동 투쟁을 조직할 수 있을까 하는 점이 간부 수련회 내내 무거운 과제로 부과되었다. 특히 특수고용, 사내하청, 건설 일용, 공공 부문, 지역일반노조 등 다양한 고용 형태의 비정규 현안에 대해 서로 제대로 이해하지 못할 정도로 전비연 내부의 통일성이 취약하다는 점이 중요한 극복 과제로 대두되었다." (전 전비연 집행위원장 오민규)[42]

현대자동차 비정규 노조의 경우 2005년 1월, 2월을 거쳐 현대자동차의 '1만 명 불법 파견'에 저항하며 전국적인 비정규직 투쟁의 확산을 시도하지만, 현대자동차 측의 용역 경비를 동원한 폭력 탄압과 노조 파괴라는 노무 관리 체제 대응으로 공장 안에서 고립되고 있었다. 이와 같은 어려운 조건 속에서 비정규 입법 운동은 민주노

총 총파업과 정규직 노조의 연대에 의존한 채 그 이상의 운동 방식을 찾지 못하고 있었다.[43]

민주노총과 민주노동당 내에서 비정규법의 정책 대안에 대한 구체적인 토론도 이루어지지 못했다. '비정규 차별 철폐'를 주장하는 행위자들에게 '개량주의'라는 틀을 부여하여, 다양한 입법 전략 토론과 논의가 전개되지 못하고 이 대립선상에서 한 발짝도 더 나아가지 못했던 것이다. 이와 같은 갈등은 비정규공대위에서도 유사하게 나타났다. 시민 단체들과 진보적 지식인들 내부에서도 갈등이 심해졌을 뿐만 아니라, 또 다른 이해 당사자 조직인 전국여성노조의 경우 열린우리당을 통해 비정규직법의 필요성을 강력하게 요구하기도 했다.

"그때 전비연은 민주노총의 현장 조직들만큼이나 래디컬한 입장이었어요. 전비연이 상당히 래디컬한 입장인 데 비해서 전국여성노조는 유연한 입장이었고요. 이목희 위원장을 통해서 여러 번 만나기도 하고 간담회도 있었고 그랬어요. …… 전비연과 달리 여성노조 같은 경우에는 이목희 의원과 우원식 의원이 같이 가서 만나면 '빨리 (입법)하세요', 이렇게 요구했어요. 여성노조는 16대 국회 때 소위 민주당 의원들하고 모성 보호 입법을 해본 경험이 있어서. …… 노동부가 안 만들고 민주당이 그걸 추진하고. …… 여성노조 내에서도 강경파들은 반대하고 그랬는데 온건파들은 그걸 또 옹호했죠. …… 그때 그런 경험이 있어서 그런지 비정규직 입법할 때에도 '두려워하지 마시고 입법하세요', 이런 말도 했었어요. 이목희 의원은

그런 데서 힘을 받은 거죠. 내가 나쁜 짓을 하는 것은 아닌가
보구나 하면서."(전 열린우리당 노동 분야 전문위원 노항래)

이러한 조건 속에서 단병호 의원이 제출한 국가인권위 발표 내
용 수용 촉구 국회 결의안은 아무런 효과도 갖지 못했다. 4월 26일
단병호 의원이 총 23인 의원(열린우리당 3인, 한나라당 8인, 민주노동당
10인, 통합민주당 2인)의 동의를 받아 국회에 발의한 '비정규직 관련
국가인권위원회 의견 수용 촉구 결의안'은 6월 임시국회에서 환경
노동위 전체회의에 상정되었으나, 법안소위 이목희 위원장의 강경
한 반대로 법안소위 법안 심의 과정에서 무시되었다.[44] 이해 당사자
조직과 민주노총 등과의 연대를 통해 다른 정당 의원들에 대한 압박
과 설득 작업 없이 단순히 공동 서명만 받아 제출한 결과였다.

"(국가인권위 발표) 이것 자체는 의미가 있는 거예요. 전비연
같은 경우는 민주노동당이 낸 법안에서 한 자도 바꿀 수 없다
는 것이 전비연 입장이니까, 예를 들어 파견법은 폐지해야 하
고 무기계약직은 아예 성립이 안 되는 거고 어떤 내용도 바꿔
서는 안 된다고 하는, 그러니까 비정규직 철폐라는 것에 딱 맞
춰져 있으니까 거기에 맞추면 인권위안이 충족시킬 수 있는
건 아니죠. 그런데 2005년 중·하반기에 오면서 실제 우리 근
로기준법 내용안대로 심의 자체가 안 되었으니까. 열린우리
당하고 한나라당이 같이 움직였으니까요. 그런 속에서 우리
요구만 가지고 가는 것은 명백한 한계가 있었죠. 그런 속에서
인권위가 얘기했던 동일 노동 동일 임금 문제, 기간제 폐지 등

다시, 진보정당

의 내용은 상당히 의미가 있었죠. …… (결의안을 통해 인권위안을 밀어보려는 시도) 딱히 그거라고 하기 어렵지만, 우리가 비정규직 법안을 관철해나가는 데 상당히 좋은 우군 정도로 생각했어요. 사회 여론이라든가, '국가인권위도 이러는데 정부가 수용을 해야지' 하면서 그것을 상당히 활용한 측면은 있죠." (전 민주노동당 국회의원 단병호)

입법 심의가 전개되는 동안 민주노동당, 단병호 의원, 민주노총 지도부, 전비연은 상호 간의 어떠한 입법 목표와 입법 전략의 일치성 없이 제각각 따로 활동을 전개했다. 특히 국회 활동의 주요 행위자인 단병호 의원과 민주노동당은 당과 노동계에 존재하는 이해의 차이와 갈등을 모으고 단일한 전략으로 만들어내는 정치 활동을 전개하지 못했다. 한편으로 민주노총 지도부의 국회 노사정 모임 교섭에 '거리두기'를 하고, 다른 한편으로는 민주노총 총파업, 집회, 전비연의 투쟁에 의지하는 모순적 자세로 일관했다. 민주노동당 스스로 비정규직법에 대해 "'정부의 비정규 개악안 저지'인지 '비정규직 권리 보장 입법 쟁취'인지 입법 목표를 명확하게 수립하지 못한 채 정치적 변화에 수동적으로 대응하는 한계"[45]를 드러낸 것이다.

한편 노동부와 열린우리당은 국가인권위 발표 후 사회적 여론이 노동계 입법 주장에 유리하게 형성되자 국가인권위의 발표가 '월권'이라고 주장하며 인권위 발표 내용 자체를 거부해버렸다. 국가인권위의 발표에 대해 노동부 장관이 앞장서서 '잘 모르면 용감하다', '비전문가들의 월권행위', '균형 감각을 잃은 정치 행위' 등 비난을 쏟아내며 국가인권위의 기간제 사유 제한 등 비정규직 문제 해결을 위한 권고 사항을 비난함으로써 노무현 정부의 친자본적 성향을 분명하게 확인시켜주었다.[46] 국가인권위가 정책 대안으로 제시하고 노동계가 가장 중요시하는 '사용 사유 제한'에 관한 대화 자체를 차단해버린 것이다. 이후 이목희 의원은 5월 2일, 쟁점이 되는 사안은 남겨두고 합의되는 지점만 통과시키자는 '분리 처리'를 주장하지만 민주노총, 한국노총, 민주노동당은 모두 반대했다.

"당시 우리(노동부) 내부의 분위기는 인권위가 노사 문제의 정책 부분까지, 예를 들자면 헌법에 보장된 부분들에 대해서 차별이 있다, 인권에 문제가 있다, 이런 건 좋아요. 그런데 법을 해결하는 방법까지도 제시한다는 것은 그것은 국회가 할 일이지 인권위에서 이래라저래라 하는 것은 말이 안 된다는 정서가 있었어요. 정부도 월권이라 보고 국회 입장에서도 월권이라 본 거죠. 자기들이 의안을 심사하는데 인권위가 구체적으로 이것저것을 하라고 하는 것은 월권이다, 라는 분위기가 있었어요." (전 노동부 사무관 김성호)

"사유 제한을 입법하면 좋겠다는 내용이 거기(국가인권위 발표)에 들어 있어요. 그런데 열린우리당 의원들은 처음부터 노동부와 논의 과정을 거쳐서 사용 사유 제한을 입법화하는 것은 부적절하다는 입장만큼은 분명했어요. 그런데 인권위에서 그런 결정을 하게 되니까, 그건 인권위원회 결정일 뿐이고." (전 열린우리당 노동 분야 전문위원 노항래)

비정규직법에 대해 이목희 의원이 주도한 강행 처리가 결렬되고 민주노동당과 노동계의 영향력과 개입력도 없어진 조건에서도 6월 임시국회에서 정부 의지대로 강행 처리가 되지 않은 이유는 4·30 재보궐 선거 이후 의석수 과반을 잃게 된 열린우리당이 한나라당과의 경쟁 갈등 국면에서 캐스팅보트를 쥔 민주노동당을 필요로 했기 때문이다. 한나라당이 윤광웅 국방부 장관 해임안을 제출하자 열린우리당은 민주노동당에 협조를 요청했고, 민주노동당은 비정규법 처리 유보를 조건으로 열린우리당의 협조 요청을 받아들인 것이다.[47] 이 시기 민주노동당은 '캐스팅보트'라는 정치적 기회를 비정규직법의 '지연 전략'으로 활용하는 데 그친다. 단일화된 입법 전략과 입법 대안 부재로 인한 결과였다. 이후 비정규 법안 강행 처리를 주장했던 환경노동위 이목희 법안소위 위원장은 사퇴를 하고 열린우리당 우원식 의원이 법안소위 위원장을 맡게 된다.

한편 2005년 3, 4, 5월 파업을 전개하는 울산건설플랜트 노조와 덤프연대 파업에 노무현 정부는 5월 7일 법무부, 행정자치부, 노동부, 건설교통부, 경찰청 등으로 구성된 '노동 관계 대책 태스크포스팀[T/F]'을 꾸려 "건설플랜트 노조 전원 사법 처리", "덤프연대 파업 미참여 차량 협박 행위 엄중 처벌"로 공권력을 전면에 내세워 비정규 노조 탄압을 전개했다.

이상에서 살펴본 것처럼 비정규직법이 국회 환경노동위원회에 상정되고 2004년 정기국회를 마무리할 때까지 정부 법안을 반대했던 집단이 상호 간의 협력적 관계에서 영향력과 개입력을 가졌다면, 2005년은 '비정규직 입법 쟁취'를 둘러싼 각 행위자들의 여러 각축과 분화가 이루어진 시기라고 할 수 있다.

먼저 입법 전략을 제시하며 입법 쟁취의 의지를 보인 것은 민주노총 이수호 지도부였다. 그러나 사회적 교섭을 둘러싼 조직 내부 갈등은 대의원대회 폭력 사태로 드러나 민주노총 스스로 조직적인 힘을 대폭 약화시키게 만들었다.

이 갈등은 민주노동당 내로 그대로 전이되었고, 당 지도부, 의원단과 단병호 의원은 민주노총의 사회적 교섭 건에 대해 '찬성파'와 '반대파' 사이에서 이해관계를 조정하지 못한 채 침묵으로 일관했다. 2004년 국회 진출 이후 민주노동당이 주도적으로 제기해 구성된 민주노총과의 회의 체계도 이후 형식적으로 전개되며 노동 의제 관련 일정을 챙기는 것 외에 사회적 교섭을 비롯한 비정규직 입법 전략에 대한 논의는 이루어지지 않았다. 이런 상황은 국회 노사정 모임이 전개되면서 더 심해졌다. 국회 환경노동위 법안소위와 국회 노사정 모임이 병행되는 조건에서도 단병호 의원과 민주노총 지도부의 소통은 이루어지지 않았다. 국가인권위 발표 이후에도 전개된 여러 입법 방향을 두고 민주노동당은 어떤 입법적 판단이나 결정도 하지 못했다. 민주노동당과 민주노총의 관계가 협력적 관계에서 갈등적 관계로 바뀌면서 민주노동당은 점차 국회에서 사회적 힘이 가동되지 않는 '소수' 정당이 되고 있었다.

정부와 열린우리당은 정부 법안의 불일치 속에서 자신들의 이해를 극대화하기 위한 여러 전략을 시도했다. 우선 이목희 법안소위 위원장은 국회 노사정 모임을 통해 노동계를 유인하려고 했다. 국회 노사정 모임은 비공식적인 모임이지만 민주노총·한국노총 지도부를 교섭의 장에 참여하게 하면서 정부 법안 수정을 위한 자신들의 명분과 정당성을 강화시키려 했다. 이는 사회적 교섭을 통해 비정규직법의 여론화와 사회적 힘을 조직화하려 했던 민주노총 지도부의 전략과 맞물리면서 추진된 것이기도 했다. 열린우리당 이목희 의원은 단병호 의원에게는 기간제 사유 제한의 수용 불가를 강조하고, 민주노총과 한국노총 지도부에게는 국회 노사정 모임을 통한 열린 교섭을 제안하는 식으로 민주노동당과 노동계의 관계 분리를 유인했다. 이에 따라 민주노총·한국노총 지도부는 입법 쟁취를 위해 국회 노사정 모임 교섭에 집중한 반면 이 모임과 이목희 의원을 불신했던 단병호 의원은 더 거리두기로 일관함으로써 민주노총 지도부와 단병호 의원 간의 관계는 사실상 분리되는 수준에 이르게 되었다.

이와 반대로 노무현 정부와 재계는 노동운동에 제재의 방법을 동원했다. 구속·수배, 손배·가압류를 통한 직접적 탄압과 함께 민주노동당 당원 조합원의 경우 탈당을 종용했다. 특히 노무현 대통령의 '정규직 이기주의' 이데올로기 공세는 2003년부터 강화되어 반노조·친자본적 성향을 분명하게 드러냈고 정부 부처들의 '노동 관계 대책 태스크포스팀' 구성 및 공권력을 동원한 비정규 노조 탄압을 자행했다. 2·1 민주노총 대의원대회 폭력 사태와 4월 한국노총 권오만 사무총장의 비리 사건 등이 발생하고, 노동계가 사회적·도덕적 비난을 자초하자 이러한 제재는 더 강화되었다.

정부 법안 반대 세력의 와해와 주도권 상실

2005년 하반기는 정부 법안을 반대하고 노동계를 옹호하던 세력 내의 관계가 와해되는 시기라 할 수 있다. 4월 한국노총 권오만 사무총장의 비리 사건으로 노동계의 도덕적 타격이 1차적으로 있었다면, 10월 민주노총 강승규 수석부위원장의 비리 사건이 터지면서 노동계 전체가 심각한 도덕적 위기를 맞는다. 그리고 20일 민주노총 이수호 집행부가 사퇴하며 이후 비대위 체제에서 비정규직 입법 대응을 이끌어가게 된다.

민주노동당 또한 정파 갈등이 심화되면서 내홍을 겪게 된다. 10월 26일 국회의원 재선거에서 울산 북구 국회의원의 낙선을 계기로 이전부터 존재했던 당내 정파 갈등이 증폭되고,[48] 그 결과 31일 김혜경 대표와 최고위원단이 사퇴함에 따라 당 또한 11월부터 비대위 체제로 운영된다. 비정규공대위도 입법 전략과 대안 접근 방식 차이와 갈등으로 인해 9월경 결국 해소하게 된다.

"공대위 내에서 좌충우돌했어요. 2005년 정도에 비정규공대위가 잘 안 돼요. …… 공대위 내에 파견법 폐지가 비현실적이라고 생각하는 사람들이 있는데 그 사람들에 대한 매도, 모욕성 발언들을 폐지를 주장하는 쪽에서 많이 했어요. 이 무렵 노동법이 개진될 거라는 희망이 보이지 않는 상황이 되면서 한 단체에서 공대위를 해소하자고 하더라고요. 그래서 회의 소집을 해서 해소를 했어요. 내부적인 문제가 있는데 그걸 드러내기는 힘들고, 공대위는 사안별 연대 단위인데 공대위 활동이 소강상태여서 끝내자고 한 거예요." (전 비정규공대위 운영위원장 박석운)

민주노동당은 당내 정파 문제로, 민주노총은 사회적 교섭을 둘러싼 내부 갈등과 민주노총 간부 비리 사건 등의 조직 내부 문제로, 전비연은 공동의 입법 목표의 단일화와 당사자 조직화 운동 실패, 그리고 기업의 탄압으로 인한 현장 문제로, 비정규공대위는 입법 전략에 대한 입장 차이로 결국 해소하는 식으로, 정부 법률안에 대항하고 비정규법 입법 운동을 주도하던 세력이 내부 문제로 와해되면서 정부 법안을 개진할 수 있는 동력이 무력화되었다.

열린우리당의 경우 환경노동위 열린우리당 간사가 다시 국회 노사정 모임을 통해 수정 작업을 시도하지만, 11월에 11차례 개최한 끝에 30일에 결국 결렬되었다.[49] 그리고 12월 5일 국회 노사정 모임에 참여했던 한국노총 이용득 위원장이 독단적으로 최종안을 발표하면서 입법 처리를 요구하고 이를 녹색연합, 민언련, 참여연대, 환경운동연합, YMCA, 여성단체연합, 함께하는시민행동 등 7개 시민단체가 지지하면서 입법 처리 분위기는 높아진다. 대신 이를 계기로 한국노총과 민주노총, 민주노동당, 그리고 시민사회 단체들 간의 연대 관계는 완전히 파기된다.

민주노동당과 민주노총 간의 관계도 틀어지기 시작한다. 6일 민주노동당이 합의되는 내용만으로 '분리 처리'를 주장하지만 민주노총은 이에 반대하고, 7일 단병호 의원이 '사유 제한' 도입을 위해 정치적 '타협'을 유도할 명문으로 사유 제한 규정의 수정안을 제시했으나 이는 곧 '원칙론'을 주장하는 전비연과 당내 반발 세력에 의해 더 이상 추진되지 못한다.[50] 이렇게 수정안에 대한 불일치성이 나타나고 조직적 힘이 뒷받침되지 않은 조건에서 단병호 의원의 수정안 제안은 노동부의 강경한 반대 입장과 노동부의 입장을 중시했던 열린우리당의 입장을 바꾸기 힘들었다.

"수정안은 명분용이 상당히 컸어요. 원래 사유 제한이 4개였는데 그걸 10개로 한 거예요. 원래 있는 것 중에 '그 외 기타'를, '그 외 기타'에 넣을 수 있는 것을 억지로 만들어가지고 6개를 더 붙인 거예요. 내용은 기본 골간하고 전혀 다른 게 없는 건데. 그런데 그걸 우리가 한 것은 '우리가 이걸 하면 저쪽에서 수용할 거다'라는 기대치보다는 '우리도 수정안을 냈다, 너희가 이거를 받아라'라는 명분용, 협상용의 의미가 더 컸던 거죠." (전 민주노동당 국회의원 단병호)

"(단병호 의원 수정안에 대해) 내부적으로 의원들끼리는 얘기를 했었어요. 사실은 큰 차이가 없다는 입장이었어요. …… 그때 단병호 의원님의 수정안에 대해서 워낙 노동부 판단이 강경해서 열린우리당 의원들도 그 사이에 이런저런 논란거리들을 거듭하던 중이어서 크게 평가하거나 그러지는 않았어요." (전 열린우리당 노동 분야 전문위원 노항래)

게다가 2005년 12월 민주노동당 진보정치연구소 장상환 소장의 '정규직 노조' 비판 글로 인해 당과 민주노총 관계는 더 악화된다.[51] 당내 일부에서는 비정규직 문제를 정규직 노조의 책임으로 몰아가기도 하며 민주노총과 당의 관계를 재검토해야 한다는 주장까지 나오기도 했다.[52]

한편 12월 8일 열린우리당과 민주노동당이 사학법 개정안을 처리하자 이에 반발한 한나라당은 9일부터 모든 의사일정을 거부한다. 이 시기 열린우리당은 비정규직법을 통과시키려 했으나 한나라당의 원내 의사일정 거부와 단병호 의원의 소위 불참으로 인해 소위 정족수가 부족하여 2005년 국회를 넘기게 된다.

2006년 2월 임시국회가 시작되고 한나라당이 국회에 다시 결합하면서 환경노동위의 법안심사소위는 재가동된다. 비정규직법 처리 분위기가 높아진 가운데 열린우리당 우원식 의원은 16일 노동부와 한나라당이 주장하는 '고용 의무'를 '고용 의제'로 수정하기 위해 단병호 의원에게 협력을 제안하지만, 결국 수용 불가로 결정된다.[53]

민주노동당은 2월 임시국회의 사학법을 둘러싼 열린우리당과 한나라당의 대립 구도를 정치적 기회로 인식했다. 그리고 한나라당을 설득하여 22일 한나라당·민주노동당·민주당·국민중심당 야4당 원내대표 회담에서 비정규직법 처리를 차기 임시국회로 미루기로 합의를 한다.

반대로 한나라당은 비정규직법에 대한 열린우리당과 민주노동당의 대립 구도를 정치적 기회로 인식했다. 그리고 환경노동위원회 이경재 위원장의 지시로 질서유지권이 발동된 상태에서 2월 27일 환경노동위원회 전체회의가 열리고, 열린우리당과 한나라당 소속 의원들이 미의결 쟁점에 대하여 합의한 후 정부 제출 법안을 수정하여 의결했다. 법안 처리에 중점을 두었던 열린우리당은 한나라당의 주장대로 합법 파견 기간 초과와 불법 파견 모두 고용 의무로 받아들였던 것이다. 야4당의 합의 내용을 지킬 것처럼 보였던 한나라당은 2월 27일 당일 입장을 변경하여 환경노동위원회 전체회의를 소집, 비정규 법안을 의결 처리했다. 그동안 열린우리당과 민주노동당의 갈등 관계를 주시했던 한나라당이 재계의 입장을 대변하며 정부, 열린우리당과 재계의 적극적인 중재자로 등장한 것이다.

이렇게 비정규직법은 2월 환경노동위 강행 처리 후 법제사법위원회에 법안이 상정되고 재심의 없이 11월 정기국회에서 통과된다. 비정규직법이 법제사법위원회 상정 후 통과되기까지 정부 법안의 실질적 효과에 대한 의문을 던지고 재검토 요구를 할 수 있는 기회는 있었지만, 주무 상임위를 이미 통과한 상황과 원론적인 입법 대안 외에 동원할 수 있는 자원도 없는 조건에서 그런 기회를 주도적으로 활용할 수 없었다.

이름만 '보호법', 한나라당 주도로 통과

이상과 같이 2005년 중반기부터 국회 환경노동위에서 비정규직법이 통과됐던 2006년 2월, 그리고 전체 본회의를 통과할 때까지 민주노동당과 민주노총은 입법 주도권을 상실한다. 2004년 비정규직법이 국회에 상정되기 전후와 전혀 다른 상황이라 할 수 있다.

2005년 초기 사회적 교섭 건을 둘러싼 민주노총 내홍을 시작으로 민주노총과 민주노동당 간의 협력 관계 단절, 민주노동당의 입법 전략 부재로 이어졌으며 4월부터 본격화된 입법 심의 과정에서 정부 법안 반대 집단 내의 균열이 심해졌다. 이는 민주노총 내부, 민주노총과 민주노동당의 관계, 비정규공대위 내에 존재하는 갈등·균열 요소를 활용하여 동원한 정부와 열린우리당의 수용·적대·균열 전략과 상호작용한 결과이기도 했다.

한편 실제 법안이 통과될 때 주도적 행위자로 나선 것은 노동부도 열린우리당도 아니었다. 그동안 소극적으로 입법 심의에 참여하며 정부, 열린우리당과 민주노동당 간의 갈등 관계를 주시했던 한나라당이었다. 그리고 열린우리당 의원들이 반대하는 내용까지 반영하여 통과시켜 결국 열린우리당이 주장했던 안보다 더 후퇴된 안으로 통과되었다. 이것은 민주노동당과 노동계를 이분화하고 노동계를 직접 설득하여 자신의 뜻대로 정부 법안을 수정하려 했던 열린우리당의 전략이 성공하지 못했다는 것을 보여준다.

2006년 11월 30일 국회 본회의에서 직권 상정하여 통과된 비정규직법은 '기간제 및 단시간 근로자 보호 등에 관한 법률안', '파견 근로자 보호 등에 관한 법률 일부개정법률안', '노동위원회법 일부개정법률안'으로 2007년 7월 1일부터 시행되도록 했다.

통과된 비정규직법은 2년을 초과하지 않는 범위 안에서 기간제 근로자를 사용할 수 있도록 한다. 그리고 기간제 근로자를 2년을 초과하여 계속 사용하는 경우 2년을 초과한 시점부터 기간의 정함이 없는 근로 계약을 체결한 근로자로 본다. 차별 금지와 관련해서는 기간제 근로자 또는 단시간 근로임을 이유로 당해 사업장의 동종 또는 유사 업무 정규직 근로자에 비해 차별적 처우를 받지 못하도록 한다. 〈표 19〉는 주요 행위자별로 주장했던 비정규직법 핵심 내용과 반영된 내용을 정리한 것이다.

그러나 이 법은 이름만 비정규직 '보호법'이었다. 사용자들은 계약 기간을 2년 미만으로 잡거나 2년이 도래했다 해도 재계약을 거부함으로써 2년 초과 후 정규직 전환을 해야 한다는 부담을 피하는 방

〈표 19〉 주요 행위자별 비정규직법 핵심 내용과 변화 과정

구분		제·개정 이전	단병호 의원 노동계	재계	정부안	국회 통과 (2006.11.30)
기간제	사용 요건	규정 없음	사유 제한	사유 제한 반대	사유 제한 없음	사유 제한 없음
	사용 기간	1년	해당 사유 존속 기간 1년	3년	3년	2년
	기간 경과 후	규정 없음	무기계약 간주	해고 제한	무기계약 간주	무기계약 간주
파견제	파견 대상 업종	포지티브 리스트	파견제 폐지 또는 포지티브 리스트	네거티브 리스트	네거티브 리스트	포지티브 리스트
	사용 기간	2년	1년 또는 현행	4년	3년	2년
	파견 기간 초과	고용 의제	고용 의제	조건부 고용 의무 수용	고용 의무	고용 의무
	불법 파견	규정 없음	고용 의제	고용 의무·의제 반대	고용 의무	고용 의무
차별 금지	차별 금지 방식	규정 없음	동일 가치 노동 동일 임금	불합리한 차별 금지	불합리한 차별 금지	불합리한 차별 금지
	차별 시정 청구 주체	규정 없음	당사자·노조	당사자	당사자	당사자

－자료: 조돈문, 《비정규직 주체 형성과 전략적 선택》, 209쪽. 표를 재정리한 것임.

법을 택해, 무기계약으로 전환될 가능성은 높지 않다.[54] 그리고 기간제의 사용을 제한할 수 없는 기간제 전면 사용의 합법화는 사용자들의 고용 유연성을 더 강화하여 비정규직 남용 방지라는 기간제법의 '비정규직 보호'라는 입법 취지를 무색하게 만들었다. 차별 시정 신청 제도 또한 그 실효성을 기대하기 어렵다. 법에 반하는 차별적 행위가 있었다고 할지라도 계약 기간이 단기이기 때문에 차별 시정 신청을 한다 해도 신청 사건이 진행 중인 동안에 계약이 만료될 수 있고, 계약 기간이 남아 있다고 하더라도 차별 시정 신청을 할 경우 사용자와의 관계가 악화되어 정규직 전환의 가능성이 희박해질 수 있다는 점에서 노동자들이 이 제도를 적극 활용하리라고 기대하기는 어렵다.[55]

비정규직법의 입법 결과만큼이나 큰 문제는 민주노동당과 민주노총의 관계에 균열이 생겼다는 점이다. 입법 운동 과정에서 드러났던 서로에 대한 불신과 갈등은 누적되었고, 이 상황은 평가조차 제대로 진행되지 않아 해소되지 못했다. 이와 같은 결과는 이후 민주노동당과 진보정당의 분당을 거치면서 민주노총의 '노동자 정치 세력화' 방침이 약화된 것에 영향을 미쳤다고 추측할 수 있다.

17대 국회 이후 새로 구성되는 국회마다 비정규직법은 쟁점이 되고 있다. 신자유주의 정책이 전면화할수록 비정규직 문제는 대표적인 사회문제로 꼽힐 수밖에 없다. 비정규직 문제는 노동의 불안정성을 대표할 뿐만 아니라 노동자의 삶과 한국 사회의 위기로 이어지기 때문이다. 그렇다면 비정규직 문제를 풀어가기 위해 어떻게 해야 할까? 비정규직 입법 운동은 신자유주의 지구화로 노동 유연성을 추진하는 자본과 이를 옹호하는 국가권력을 대상으로 한 거대한 운동인 것만은 분명하다. 문제는 다음 운동을 위해 어떤 과제를 남길 것인가? 이에 대해서는 6부에서 살펴보기로 하자.

5부

진보정당의 가능성을 보여주다
: '대형 마트·SSM 규제법' 입법 활동

1. 이명박 정부의 등장과 신자유주의

'유통법'과 '상생법'으로 대표되는 대형 마트·SSM 규제법 논쟁은 이명박 정부와 18대 국회 시기 2009년에서 2010년까지 약 2년간 지속되었다. 이 기간 동안 여러 정치적 사건이 있었으며 그중 주도적 행위자들의 출현과 관련된 정치적 사건들은 대형 마트·SSM 규제법의 입법 과정과 결과에 주요한 정치적 환경으로 작용했다.

우선 2008년 이명박 정부의 출현은 '민주 정부'로 상징되는 김대중 정부와 노무현 정부 이후 10년 만의 보수우익 정치 세력의 집권이었다. 김대중 정부와 노무현 정부의 신자유주의 경제 정책 수용으로 대중들의 사회경제적 삶이 불안정해지자 이에 대응하는 대중들의 '진보적' 이반에 따른 결과였다.[1] 이명박 정부는 신자유주의 경제 정책과 기조들을 국가 정책 전면에 내세웠다. 그리고 대선 후보 당시 주요 민생 공약으로 제시했던 대형 마트·SSM 규제도 대통령으로 당선된 이후 신자유주의적 경제 정책 전면화에 따라 WTO 규범을 이유로 규제 반대 입장을 명확히 했다.[2] 이에 대해 시민운동 단체와 노동운동 단체를 포함한 사회운동 단체들은 이명박 정부와 갈등의 축에 놓이게 되었다. 이러한 환경은 대형 마트·SSM 규제법 입법 과정에서 사회운동 단체들의 대응 방식에 주요한 영향을 미쳤다.

2008년 4월 9일 국회의원 선거 결과도 대형 마트·SSM 규제법의 입법 과정과 결과에 큰 영향을 미친 중요한 정치적 환경이었다. 한나라당 153석, 통합민주당 81석, 자유선진당 18석, 친박연대 14석, 민주노동당 5석, 창조한국당 3석 순으로 여대야소의 보수우익 정당 중심의 국회가 구성되었으며, 여당인 한나라당은 대형 마트·SSM 규제 반대 입장을 고수하는 정부를 적극적으로 옹호했다. 반면 이전 노무현 정부의 대형 마트 규제 반대 입장을 옹호했던 민주당이 야당으로 바뀌면서 이명박 정부를 비판하고 견제하는 야당의 정체성을 전략적으로 선택하게 된다. 그리고 17대·18대 국회 모두 당론으로 대형 마트·SSM 규제 정책의 입법 활동을 전개한 민주노동당은 이전보다 훨씬 줄어든 소수 정당으로 국회에 진출하게 되었다.

2010년 6월 지방선거는 1987년 민주화 이후 최초로 상인들이 '상인 유권자'의 정체성을 확보하여 대응했던 선거였다. 그리고 정부·여당의 선거 패배라는 결과는 대형 마트·SSM 규제법에 대한 한나라당·민주당의 대응 방식에 영향을 미쳤으며 대형 마트·SSM 규제 입법화를 촉진할 수 있었던 정치적 사건으로 작용했다. 상인 단체들이 지방선거를 겨냥하여 입법화를 가로막는 정치 세력에 대한 선거운동을 추진하자 국회 상임위의 한나라당과 민주당 의원들, 그리고 지역구 의원들이 반응을 보이기 시작한 것이다. 그리고 지방선

거에서 여당이 패배하자 한나라당의 대응 방식도 이전과 다른 변화
를 보이기 시작했다.

2. 새로운 상인운동 주체가 나타나다

대형 마트, SSM이 급격히 늘어나다

대형 마트·SSM 규제가 정책 이슈로 부각되기 시작한 배경에는 국내외의 유통업 개방에 따른 시장 변화와 밀접한 관계가 있다. 지구화 시대의 시장 주도성과 개방화에 기초한 신자유주의 정책 기조는 WTO 개방을 거쳐 한-미 FTA, 한-EU FTA 추진으로 이어진다. 1994년 WTO 서비스무역협정GATS에 의한 소매업 개방에 따라 1996년 프랑스의 까르푸를 시작으로 미국, 영국의 대형 마트가 국내 시장에 진출하고, 1997년에 대형 마트의 허가제를 등록제로 바꾸는 유통산업발전법 개정이 이루어졌다. 소매업 시장의 규제 수단이 완화되자 소매업 시장에는 외국뿐만 아니라 국내 대형 유통업체들의 대형 마트들이 아무런 제약 없이 진출하며 외국 업체와 국내 대형 유통업체 간에 경쟁 구도가 형성되고, 대형 마트 확산이 본격화되면서 국내 소매시장은 급격한 변화가 이루어진다. 이어 국내외 대형 유통업체들은 경쟁적으로 지방 중소 도시에 대형 마트 진출을 가

속화했고, 그 결과 대도시 및 중소 도시뿐만 아니라 그 배후 지역 중소 유통업의 상권이 위축되었다. 특히 국내에서 대형 마트가 포화 상태에 이르자 대형 유통업체들은 소규모 점포의 기업형 슈퍼마켓 SSM(Super Super Market)의 형태로 골목 상권에 경쟁적으로 진출하기 시작했다. 정부의 이러한 소매업 개방 정책과 대기업에 대한 규제 완화는 재래시장 및 영세 소매업자의 집중적인 피해로 이어졌다. 기존 중소 영세상인들은 변화에 대응할 수 있는 시간도 없이 대형 유통업체와의 경쟁에 내몰리면서 외부로부터의 급격한 구조조정 압력에 직면하게 되었다. '계급적' 양극화가 심화된 것이다.

유통업 개방에 따른 문제점을 인식하고 대형 마트 규제를 도입하자는 정책 방안은 노무현 정부 시기 17대 국회에서 의원들의 법률안을 통해 제안되기 시작했다. 2005년 2월 안상수 의원(한나라당, 경기 과천·의왕)을 시작으로 2006년 5월 심상정 의원(민주노동당, 비례대표)까지 총 10건의 대형 마트 허가제, 영업시간 규제 등의 내용이 담긴 유통법 개정안, 특별법 제정안이 발의되었다. 이 시기 규제 대상은 대규모 점포, 즉 대형 마트가 주요 대상이었다. 발의한 의원들의 주요 특징은 총 9명 중 여당 2명, 야당 7명 그리고 지역구 8명, 비례대표 1명으로 야당과 지역구 의원 중심으로 발의했다는 것이다.

— 유통산업발전법 7건: 안상수(2005.2.16. 한나라당, 경기 과천·의왕), 주성영(2005.9.13. 한나라당, 대구 동갑), 김영춘 (2006.4.20. 열린우리당, 서울 광진갑), 정형근(2007.4.3. 한나라당, 부산 북구·강서구갑), 이시종(2007.5.8. 열린우리당, 충북 충주), 임인배(2007.6.1. 한나라당, 경북 김천), 임종인(2007.10.4. 무소속,

경기 안산상록을)

ㅡ 특별법 2건: 이상민(2006.4.3. 자유선진당, 대전 유성), 심상정
(2006.5.23. 민주노동당, 비례)

하지만 이러한 법률안들은 WTO 규범 위배 가능성 문제를 이유
로 한 노무현 정부의 반대와 여당인 열린우리당과 야당인 한나라당
의 옹호 속에서 임기 만료와 함께 폐기되었다. 이와 같은 결과는 지
역에서 개별적인 상인들의 요구는 있었지만 상인들의 요구를 단일
한 정책 요구로 조직화할 수 있는 세력이 없었기 때문이다.

유통 자본과 정부에 맞선 대항 세력이 구성되다

18대 국회에서는 상황이 달라진다. 2009년 초부터 기존의 관
변 단체이자 이익집단인 상인 단체들과 성격이 다른 자발적 상인운
동 주체가 등장한 것이다. 2009년 이전부터 인천 지역에서 상인운동
을 전개하고 있던 '인천대책위'(대형 마트 규제와 소상공인 살리기 인천
대책위) 위원장과 집행위원장은 기존의 관변 단체 성격의 상인 단체
들의 문제를 인식하고 중소 상공인 문제에 대한 구조적 접근과 사회
운동과의 연대 전략을 추진했다. 그리고 이 법의 입법 활동을 통해
2010년 5월 19일 상인·자영업자의 권리뿐만 아니라 "지속 가능한
환경 친화적인 시장", "건강한 지역경제 활성화", "경제 정의", "소비
자와의 진정한 교류", "지역공동체에 헌신", "서민들의 노동으로 채
워지는 여타 타 산업과의 긴밀한 유대를 강화", "서민 세력의 단결 도

모"의 원칙을 강조하는 전국유통상인연합회를 창립한다.[3]

인천대책위와 새로운 상인운동 주체를 중심으로 유통 대형업체의 유통시장 독점에 대항해 전국의 상인들을 조직화하는 상인운동이 전개되고 참여연대, 경실련, 한국진보연대, 민변 등의 사회운동 단체들과 사회적 연대가 이루어지면서 '유통 자본'과 정부에 맞선 대항 세력이 구성된다. 그리고 민주노동당을 중심으로 한 진보정당과의 긴밀한 협력 관계 속에서 정부와 재계에 대한 저항을 전개하며 대형 마트·SSM 규제 도입을 촉구하고 시민사회의 의제화를 확장해 나간다.

다시, 진보정당

3. '경제 민주화'와 '시장 자유'의 대립

규제 찬성 vs 규제 반대

대형 마트·SSM 규제법의 입법 과정에 등장하는 행위자는 매우 다양하다. 우선 제도 정치에서 주도적 행위자는 민주노동당 이정희 국회의원을 시작으로 그 외 정당의 지역구 의원들로 점차 그 범위가 확대되어 적극적인 입법 활동을 전개했다. 그리고 이들은 국회의원 모임(중소 상인 살리기 국회의원 모임)을 구성하여 공동의 입법 활동과 함께 개별 국회의원의 독자적인 입법 활동도 활발하게 전개했다. 국회법에 따라 입법 심의는 상임위의 법안소위 중심으로 진행되기 때문에 이 정책의 주무 상임위원회인 지식경제위원회 법안소위 위원인 한나라당과 민주당 위원들이 주도적 행위자로 등장한다. 그리고 지식경제위원회의 자영업·상인 의제를 담당하는 문병철 전문위원도 주요 행위자로 등장한다. 대형 마트·SSM 규제를 주장하는 정부 논리의 문제점을 드러내고 규제 방안이 담긴 대안을 제시해 대형 마트·SSM 규제를 주장하는 행위자들에게는 정치적 기회로 작용할 수 있었다. 정부의 행정기관으로는 지식경제부와 중소기업청, 그리고 외교통상부가 주요한 행위자로 등장한다. 정부 부처의 정책 의지와 직결되는 이명박 대통령의 경우 대통령 선거 공약에서 "대형 마트의 합리적 규제"를 밝혔지만, 대형 마트·SSM 규제 도입의 입법 과정에서 규제 정책을 반대하는 입장을 뚜렷하게 드러내며 규제 도입을 주장하는 세력과 대립하는 당사자로 나타났다.

비제도 정치에서 주도적 행위자는 인천대책위, 인천대책위 위원장과 집행위원장, 사회운동 단체들이다. 새로운 상인운동 주체는 기존의 이익집단이 아니라 새로운 상인들의 조직화 운동과 사회적 연대를 통해 '유통 자본'의 경제 민주화 운동을 추진하고자 했다. 기존의 관변 단체이자 이익집단인 상인 단체들도 결합했다. 대표적으로 법인단체 전국상인연합회, 한국슈퍼마켓협동조합연합회 등이 포함된다. 사회운동 단체들로는 참여연대, 경실련, 한국진보연대와 각 지역별로 상인 단체들과 연대한 소비자 단체, 환경 단체 등 다양한 시민운동 단체들이 등장한다. 이들은 '전국네트워크'(중소 상인 살리기 전국네트워크) 조직을 구성하여 지역별로 입법 운동을 전개하고, 시민사회·지역사회의 여론 형성 및 지역 상인들과 함께 지역구 국회의원들을 설득하고 압박하는 활동을 전개했다.

이들의 대각선상에서는 한국체인스토어협회가 주요 행위자로 등장하며 삼성테스코 홈플러스, 신세계 이마트, 롯데쇼핑(주) 롯데슈퍼와 같은 대형 유통업체들에 법리적 논리를 제공하고 정부와 국회 로비를 전개하며 규제 반대 입장을 알려냈다.

18대 국회에서 대형 마트·SSM 규제법은 구체적으로 '유통법'과 '상생법'(유통산업발전법과 대·중소기업 상생 협력 촉진에 관한 법률)

의 개정을 의미한다. 유통법은 유통산업의 효율적인 진흥과 균형 있는 발전을 꾀하고, 건전한 상거래 질서를 세움으로써 소비자를 보호하고 국민경제의 발전을 목적으로 한 법률이다. 이 법은 1997년 4월 10일에 제정되어 10년 이상 유지되면서, 변화하는 유통시장 변화에 대응하는 데 한계가 있었다. 상생법은 대기업과 중소기업 간 상생 협력 관계를 공고히 하여 대기업과 중소기업의 경쟁력을 높이고, 대기업과 중소기업의 양극화를 해소하여 동반 성장을 달성함으로써 국민경제의 지속 성장 기반을 마련함을 목적으로 하는 법률이다. 상생법이 대형 마트·SSM 규제 관련 법안으로 등장하게 된 것은, 과거 대기업 위주의 성장 정책으로 인한 대기업과 중소기업 간의 격차 심화를 해소하기 위해 도입한 사업 조정 제도 조항이 상생법에 규정되어 있었기 때문이다. 그러나 상생법 제정 당시 중소기업의 경영 안정에 현저하게 나쁜 영향을 미치고 있을 경우 사업 조정 신청이 가능하다고만 명시되어 있었을 뿐, 대처 규정이나 유통업에 적용되는 기준들이 규정되지 못했다.[4] 이와 같이 유통법, 상생법은 유통시장의 급격한 변화가 반영되어 있지 않아 대형 마트와 SSM에 대한 유통 대기업의 무분별한 진출을 규제하지 못하고 있었다.

경제 민주화 vs 시장 자유주의

대형 마트·SSM 규제법은 규제 도입을 주장하는 행위자들과 규제 반대를 옹호하는 행위자들 간에 극단적 대립을 보였다. 이들의 가장 큰 이해 차이는 경제관과 정책 방향에서 나타났다.

우선 대형 마트·SSM 규제를 주장하는 행위자들의 경제관은 헌법 제119조에 따른 "경제 주체 간의 조화를 통한 경제의 민주화"를 달성하고 이를 위해 "국가는 균형 있는 국민경제의 성장 및 안정과 적정한 소득의 분배를 유지하고, 시장의 지배와 경제력의 남용을 방지"하고자 하는 것이라고 정리할 수 있다. 이들의 구체적인 정책 방향은 유통법과 상생법 개정을 통해 대형 마트·SSM 허가제와 같은 적극적인 규제 정책을 도입해야 한다는 것이다. 이와 같이 규제 도입을 주장한 행위자는 상인 단체, 사회운동 단체, 민주노동당, 진보신당이고, 이를 국회의원 모임 소속 의원들이 옹호하고 지식경제위원회 민주당 의원들과 연결망을 이루고 있었다.

반면 대형 마트·SSM 규제를 반대하는 행위자들의 경제관은 헌법 제11조와 제15조에 따른 평등권과 영업의 자유를 중시하는데 정부 개입의 최소화, 시장 중심의 자유주의로 정리할 수 있다. 그리고 정책 방향은 "유통법과 상생법의 순차적인 처리, 통상 마찰에 대한 소극적인 대처, 최소한의 규제로 요약될 수 있다".[5] 또한 이들은 소비자들의 선택권의 자유를 위해서 시장의 자유와 최소한의 규제를 주장했다.[6] 이와 같이 규제 반대를 하는 행위자는 이명박 대통령, 지식경제부, 외교통상부, 한나라당, 대형 유통업체, 한국체인스토어협회로 구성되어 있다.

이상과 같이 주요 행위자들의 이해관계는 대형 마트·SSM 규제법의 입법 과정에서 행위자들의 상호작용을 통해 변화하게 된다. 대형 마트·SSM 규제 도입을 주장하는 세력의 주도성이 강화되면서 규제를 반대하는 세력 내의 균열이 나타난다. 그리고 입법 과정에서 이러한 상호작용은 입법 결과에 큰 영향을 미쳤다.

4. 상인 보호의 발판을 마련하다

상인운동과 민주노동당의 연계, 입법의 1차 무산
(2009년 정기국회까지)

2008년 총선이 끝나고 18대 국회 임기가 시작하자 6월 19일 민주당 이시종 의원이 유통법 개정안을 대표 발의한 것을 비롯해 각 정당의 의원들이 대형 마트·SSM 규제의 법률안을 발의하기 시작했다. 2008년 6월부터 2010년 2월까지 발의된 총 24건의 법률안 중 발의한 의원들의 정당별, 지역구·비례대표별 현황을 살펴보면 한나라당 6건, 민주당 13건, 자유선진당 1건, 민주노동당 2건, 진보신당 1건이고 지역구 20건, 비례대표 3건(한나라당, 민주노동당)이다. 이를 통해 대형 마트·SSM 규제 법안은 야당 의원들 중심으로 발의됐고, 지역구 의원들이 압도적으로 많은 것을 알 수 있다.

17대와 18대 국회에 발의된 법률안 내용의 가장 큰 차이는 17대에는 대형 마트가 규제 대상이었다면 18대에는 대형 마트와 SSM으로 그 대상이 확대되었다는 것이다. 2006년부터 대형 유통업체들의 무분별한 SSM 진출로 중소 상인들의 피해가 발생하고 이런 문제

〈표 20〉 대형 마트·SSM 규제법안 발의 현황

순서	국회의원(날짜)	정당	지역구·비례대표	순서	국회의원(날짜)	정당	지역구·비례대표
〈유통법 개정안(16건)〉							
1	이시종 (2008.6.19.)	민주당	충북 충주	9	이용섭 (2009.6.19.)	민주당	광주 광산을
2	강창일 (2008.6.25.)	민주당	제주갑	10	안상수 (2009.6.29.)	한나라당	경기 과천·의왕
3	김희철 (2008.8.4.)	민주당	관악을	11	이종걸 (2009.8.12.)	민주당	경기 안양만안
4	최구식 (2008.9.24.)	한나라당	경남 진주갑	12	주승용 (2009.9.3.)	민주당	전남 여수을
5	이정희 (2008.11.10.)	민주 노동당	비례	13	김재균 (2009.9.3.)	민주당	광주 북을
6	주성영 (2008.1217)	한나라당	대구 동갑	14	조승수 (2009.10.20.)	진보신당	울산 북구
7	이용섭 (2009.6.19.)	민주당	광주 광산을	15	배은희 (2009.11.2)	한나라당	비례
8	노영민 (2009.6.16.)	민주당	충북 청주 흥덕을	16	조배숙 (2010.1.19.)	민주당	전북 익산을
〈재래시장 및 상점가 육성을 위한 특별법 개정안(2건)〉							
17	김희철 (2008.7.4.)	민주당	관악을	18	김정훈 (2009.5.19.)	한나라당	부산 남구갑
〈제정법안(2건)〉							
19	이상민 (2008.6.26.)	자유 선진당	대전 유성	20	조원진 (2009.11.10.)	한나라당	대구 달서병
〈결의안(1건)〉							
21	이시종 (2009.11.20.)	민주당	충북 충주				
〈시민사회 단체의 유통산업발전법 개정 청원(1건)〉							
22	조승수 의원 소개 (2009.10.22.)	중소 상인 살리기 전국네트워크 제출					
〈상생법 개정안(2건)〉							
23	김재균 (2010.2.16.)	민주당	광주 북을	24	이정희 (2010.2.23.)	민주 노동당	비례

들이 의원들의 법률안에 반영된 것이다.

하지만 대형 마트·SSM 규제 법률안들은 2008년 정기국회를 거쳐 2009년 2월 임시국회에서도 국회 지식경제위원회에 상정되지 않았다. 일반적으로 법안 발의 이후 15일이 경과하면 해당 상임위에 상정시키는데도 불구하고 안건 대상에서 제외된 것이다.[7] 그 이유는 정부의 강력한 반대 때문이었다. WTO/GATS 규범의 위배 가능성을 이유로 17대 국회 시기에 노무현 정부가 반대했던 동일한 논리로 18대에서도 규제 도입을 반대했던 것이다. 여당인 한나라당이 이명박 정부를 옹호하고 이에 대항할 비판적 담론이 형성되지 못한 상태에서 이 법률안들은 정부의 반대에 가로막혀 계속 계류되고 있었다. 이때는 규제 도입을 주장하는 상인 단체와 사회운동 단체들이 조직화되기 전이었기 때문에 정부의 강력한 규제 반대 입장만 존재했던 시기였다.

18대 국회의원 중 정부 논리에 대한 비판적 담론을 처음 제시한 것은 민주노동당 이정희 의원이었다. 이정희 의원은 2009년 2월 26일 〈2월 임시국회가 놓친 것―대형 마트 규제법, 하루빨리 상정해야〉라는 제목의 보도자료를 통해 WTO 규정과 충돌 없이 대형 마트 규제가 가능하다는 내용을 발표했다.[8] 하지만 이정희 의원이 지식경제위원회 위원이 아니라는 점과 의안 결정권을 가진 교섭단체가 아닌 소수 정당이라는 구조적 조건은 국회에서 담론을 확장시키지 못하는 제약으로 작용했다.[9] 이정희 의원의 주장은 교섭단체인 한나라당과 민주당으로부터 철저히 무시당했다. 유통 규제 완화 정책을 주장하는 재계의 주장과 요구에 따라 정부는 유통시장의 자유화 정책 기조를 강화하고, 이를 국회에서 한나라당과 민주당이 뒷받침해주고 있었다.[10] 한나라당, 민주당은 17대와 18대 국회에서 여야 위치만 바뀌었을 뿐 정책 기조의 차이는 없었다.

　이정희 의원은 단순히 보도자료 배포로 그치지 않고 비판적 담론을 중심으로 지역의 상인 단체들과의 간담회, 민주노동당 지역위원회 강의 등과 같은 조직화 활동을 직접 전개하며 정부의 허위 주장을 폭로하고 대안을 알리는 활동을 전개했다. 그리고 3월 18일 '상공인의 날' 기념으로 대표적인 관변 단체이자 이익집단인 전국상인연합회와 한국슈퍼마켓협동조합연합회, 그리고 새롭게 지역에서 상인운동을 전개하고 있던 인천대책위의 공동 주최로 '지역 상권 몰락 위기, 지역경제와 유통산업 균형 발전을 위한 토론회'를 개최한다. 그리고 100명 이상의 상인들과 함께 국회의사당 건물 앞에서 대형 마트·SSM 규제 도입을 촉구하는 기자회견을 진행했다.[11] 이 행사는 18대 국회에서 '보수적' 상인 단체까지 포함한 주요 상인 단체들이 한 공간에 모여 집단적으로 정부와 국회를 상대로 규제 정책 도입을 주장한 최초의 사건이었다. 그리고 그것이 소수 정당이자 진보 정당인 민주노동당을 통해 이루어져 한나라당, 민주당에도 정치적 자극을 주는 계기가 되었다. 또한 이 행사를 계기로 새로운 상인운동 주체인 인천대책위 위원장, 집행위원장과 이정희 의원이 연계되어 새로운 상인 단체 조직화 운동과 민주노동당의 연대 활동이 본격화되는 계기가 되었다.

> "이정희 의원이 국회의원 되고 나서 우리 중소 자영업자 문제를 굉장히 관심을 가지고 받아들이기 시작했어요. 그러더니 결국 2009년에 국회 안에서 기자회견을 하는데 그때 내용이

뭐였냐면 '대형 유통 재벌들을 규제해야 한다, 골목 시장이든 전통 시장에 자꾸 치고 들어오는 것을 규제해야 한다'는 것을 얘기하는 기자회견을 한 거예요. 그런데 그게 특이한 사건이 었는데, 뭐냐면 전국상인연합회, 거기가 그때나 지금이나 항상 보수적인 데예요. 거기서 다 왔었어요. 전 지역에서 대표들이 다 왔었고, 그리고 슈퍼마켓연합회에서도 오고. 그 단체들이 우리나라에서 가장 큰 대표적인 상인 단체거든요. 거기들이 민주노동당하고 같이 와가지고 기자회견을 했던 거예요. 이게 사건인 거죠. …… 대형 유통 재벌을 규제하자는 싸움에서 전국상인연합회와 전국슈퍼마켓연합회와 민주노동당이 만나서 거기서 공식적인 기자회견을 하고 같이 발을 맞춰나간 게 시작된 거예요. …… 난 그 행사가 엄청 잘된 거라고 평가했어요. 성공적인 거였어요. …… 전국상인연합회 회장이나 슈퍼마켓연합회 회장은 대개 큰 결심을 한 거예요. 그 당시 분위기라는 게 민주노동당 외에는 사실상 이 문제를 적극적으로 다루고 있는 당이 없었어요. 그런데 그게 민주노동당에서 다뤄지면서 다른 당에도 부각이 되었다고 나는 봐요. 그게 국회 안마당에서 200명이나 되는 상인이 민주당도 아니고 한나라당도 아니고 소수당인 민주노동당이 주최하는 데에 나서서 했다는 것은 아마 다른 당에 굉장한 자극을 주었을 거예요. 그리고 거기에 참가한 사람들도 자기가 속해 있는 당이라든가 지역에서 얘기를 하지 않았을까? "민주노동당도 이렇게까지 하는데 너희는 뭐하는 거야", 이런 얘기들을 당연히 했을 거라고 봐요. 어찌 되었든 선거에 있어서 상인은 주요 세력이

었거든요. 선거하면 항상 후보들이 시장에 나가고 또 동네 상인 중에서 당을 적극적으로 지지하는 사람들이 앞에서 설치고 다니고 이런 게 있기든." (전 인천대책위 위원장 인터뷰)

그동안 국회에서 상정되지 못한 유통법 법안들은 4월 임시국회가 개회하자 15일 지식경제위원회 전체회의에 상정된다. 하지만 유통법안이 상정된 이후에도 법안소위에 회부된 채 심의는 이루어지지 않았다. 지식경제부의 강경한 반대와 보수정당 중심으로 구성된 지식경제위원회 위원 중 정부의 반대에 문제 제기하는 의원이 없어 심의가 전혀 이루어지지 않았기 때문이다.[12]

한편 상공인의 날 행사를 계기로 이전부터 전국적인 상인운동 조직화를 모색하던 인천대책위 위원장과 집행위원장은 이정희 의원의 독자적인 입법 활동과 연계하며, 지역별로 중소 상인들에게 대형 마트·SSM 규제의 필요성을 알리고 정부를 대상으로 상인들의 이해를 요구하고 함께 운동할 수 있는 상인 단체 조직화 활동을 전개했다.

"그때 상인들은 자기들이 무엇을 요구해야 하는지도 몰랐어요. 오히려 우리가 화두를 주었다는 게 옳죠. 대부분 중소 상인들은 정부에서 지원금 나오는 것 외에는 자기를 둘러싸고 있는 환경이 자기들을 어떻게 침탈할지 몰랐어요. 그리고 아는 데는 이미 늦어버리거나. 당한 후에 말이에요. …… 대형 마트가 생겨서 장사가 잘 안 되고 망해가는데 그게 대형 마트 때문이라고 생각을 못하고 '경기가 안 좋아서', '내가 장사 능력이 없어서'라고 생각하고 있었어요. …… 나는 '이 붕괴의 원인이 대형 마트 때문이다, 그러니 저들을 이제는 규제를 해야 한다, 규제를 하지 않으면 전국에 있는 자영업자들이 몰락할 수밖에 없다', 이렇게 계속 얘기했던 거죠. …… 대형 마트들이 SSM까지 만들어서 골목까지도 치고 들어오잖아요. 대형 유통 재벌들이 이미 시장 장악을 위해서 공격적으로 나섰다는 것을 보여주는 대표적인 사례가 SSM이었던 거예요. 그러니까 슈퍼마켓에서도 전통 시장에서도 원인을 모르고 넋 놓고 있다가 '이런 거 아니냐'라고 하니까 수긍을 하고 이러면서 요구가 단일해지기 시작한 거지요. 적어도 사회적인 요구는 단일했던 거예요. 대형 마트와 유통 재벌을 규제해야 한다, 허가제로 바꿔야 한다고 했던 거지. …… 주로 돌아다니면서 강의를 많이 했어요. 그리고 나는 전통 시장 상인이었으니까 전통 시장 찾아다니면서 인천 지역 얘기를 하면 다 수긍을 하고. 그게 발판이 되었던 거죠. 저변을 확대하고." (전 인천대책위 위원장 인태연)

인천대책위 위원장과 집행위원장은 동시에 시민운동 단체들과의 연대와 지역별 네트워크를 갖추기 위한 조직화 활동을 전개한다. 이와 같은 연대 활동은 사회 양극화와 대형 마트·SSM 문제가 심각해짐으로 인해 풀뿌리 경제 활성화와 경제 민주화 운동을 전개하던 시민 단체들의 이해와 맞물려 네트워크 구성으로 이어졌다. 중앙에서는 참여연대, 경실련, 한국진보연대, 민변 같은 사회운동 단체 및 전문가 단체를 시작으로 전국상인연합회, 한국슈퍼마켓협동조합연합회, 전국지하도상가상인연합회 등 주요 상인 단체가 참가했다. 지역에서는 지역별 상인 단체를 중심으로 참여자치지역운동연대, 지역경실련협의회, 여성 단체, 교육 단체, 소비자 단체 등 시민운동 단체들의 연결망을 구성하여 전국네트워크를 조직화했다.[13] 이와 같은 연결망은 4월 15일 충북민생경제살리기운동 출범을 시작으로 9월까지 충북, 울산, 광주, 전북, 광명, 수원, 경남, 대구, 대전, 부산 지역의 전국네트워크가 구성되어 전국네트워크에 포함된 단체만 최소 205개에 이르게 된다.[14]

"중소 자영업자 문제를 최초로 전면화한 게 2006년도에 카드 수수료 인하 싸움을 했던 거였어요. 2007년도에는 카드 수수료 인하 문제로 업종, 지역 상관없이 모두 번져나가기 시작했던 거예요. …… 2007년도 넘어가면서 저는 다른 준비를 했어요. …… 중소 자영업 시장을 치고 들어오는 대형 유통 재벌들의 문제가 더 본질적이고 이게 향후에는 중소 자영업자들의 목줄을 쥘 거라고 생각했어요. …… 2007년 부평에서 대형 마트 규제 싸움을 시작했어요. …… 그래서 지역에 있는 시민 단체, 상인들, 그다음에 당은 민주노동당이었던 거예요. 열린우리당은 반응이 없었어요. 왜냐하면 그 당시에 열린우리당은 재벌들하고 같은 편이었잖아요. …… 제가 처음 만든 것은 '대형 마트 저지를 위한 부평상인대책위'였어요. 그다음에 이 조직이 활동력이 생기면서 시민사회 단체가 적극적으로 결합하기 시작해요. 그러면서 '대형 마트 저지를 위한 인천시민대책위'가 만들어져요. 거기에는 우리 상인 단체, 시민 단체, 당도

들어오고. 그러면서 인천에서 계속 싸움을 벌여나가다가 인천뿐만 아니라 전국적으로 싸움을 해야겠다, 이렇게 생각을 하게 됐는데, 그때 제가 전국상인연합회에 결합을 해요. …… 전국상인연합회에 제가 '대형 마트 규제를 위한 전국대책위원회'를 만들었어요. 그래서 거기서 부위원장을 맡죠. …… 하나는 상인연합회라는 조직 라인을 계속 확대시켜나가면서 상인 단체가 이 문제를 받아들이게 하는 것, 그리고 상인 단체가 주체적으로 나서는 것, 그다음에 한쪽은 이 부분을 사회적 연대로 해서 인천의 시민 단체, 서울의 시민 단체, 전국에 있는 시민 단체로 뻗어나가게 하죠. 그래서 대형 마트 규제를 위한 싸움이 전국화되기 시작한 거죠. 그렇게 싸움이 전국화되면서 정치권에서 관심을 가지기 시작한 거죠. 그러면서 처음엔 민주노동당만 움직이다가 민주당도 관심을 가지게 되고, 한나라당은 엉거주춤하고 있었던 거죠." (전 인천대책위 위원장 인태연)

정당 중에서는 민주노동당이 유일하게 전국네트워크와 연계하여 지역별 네트워크에 결합해 활동을 전개하고 더불어 당 차원의 독자적 입법 활동도 전개한다. 인천, 울산, 부산, 광주, 경남 지역위원회가 대표적이다. 이렇게 민주노동당이 상인 단체들과 연대하는 것이 가능했던 건 과거 17대 국회 때 인천 지역에서 전개된 신용카드 수수료 인하 문제와 대형 마트 입점 저지 운동 과정에서 민주노동당 인천지역위원회와 지역 상인 단체 간에 유대감이 형성되었기 때문이다. 그리고 이후 18대 국회에서 상인 의제에 대한 이정희 의원의 적극적인 입법 활동 속에서 인천 지역 상인운동 활동가들이 주도적으로 조직화한 전국네트워크와 민주노동당의 입법 활동들이 유기적으로 결합했기 때문이다.

"카드 수수료 인하 기자회견을 최초로 2006년 겨울에 민주노동당 노회찬 의원실하고, 당시에 여의도에 있었던 민주노동당 건물 앞에서 기자회견을 했어요. 그게 상인 문제, 중소 자영업자 문제를 전면화하는, 그다음에 업종이라든가 이런 걸 떠나서 공통의 이슈를 전면화하는 최초의 시작이었던 거죠. 사실상 민주노동당이 제일 먼저 한 거예요. …… 문제는 그게 누구를 통해서 일어났느냐인데 힘 있는 정당들이 아니라, 당시 민주노동당이라고 그러면은 노동자·농민을 대변하는 계급 정당이라고 그랬잖아요. 중소 자영업자들은 보수적인 경향이 강했기 때문에 그 당을 '빨갱이당'이라고 했다고요. 그래서 아예 민주노동당하고 접촉도 안 했던 게 중소 자영업자들이에요. …… 그런데 그걸 민주노동당이 전면으로 치고 나오고 나서부터 중소 자영업자들이 민주노동당을 알기 시작한 거야. 이게 엄청난 사건인 거예요. 진보정당에 대해서, 그런 당이 있는지도 몰랐던 사람들이 수두룩했어요. …… 그리고 이정희 의원이 국회의원이 되고 나서 국회에서 상인 단체들 모아서 큰 기자회견도 하고. …… 그래서 2차로 새로운 사건이 된 거에요. …… 이정희 의원이 당 대표가 되기 전까지는 활약을 굉장히 많이 했어요. 홈플러스 회장이 이상한 소리를 하면 같이 가서 기자회견도 하고, 또 상인들 토론회도 계속 만들고, 또 중소자영업자들이 어렵다고 하면 찾아가지고 얘기 듣고. 이런 과정들이 계속되면서 진보정당으로서의 민주노동 당에 대한 신뢰가 중소 자영업자들 사이에서 굉장히 높아졌 어요. 민주당은 집권당이었던 때 열린우리당과 똑같이 재벌 하고 정책이 비슷하고 한나라당은 말할 것도 없이 의지할 곳 이 없었는데, 민주노동당이 중소 자영업자 문제들을 계속 쳐 주고 또 만나고 조직화하고, 그다음에 노동운동으로 다져졌 던 당원들이나 실무자들이 중소 자영업자 문제들을 굉장히 진지하게 생각하고 자기들이 거기에 뛰어드는 이런 태도들. 민주노동당이 중소 자영업 문제에 대해서는 굉장히 선점을 하고 가는 대단한 역할을 했던 거죠." (전 인천대책위 위원장 인 태연)

전국네트워크와 연대하는 국회의원 모임도 구성된다. 6월 17일 국회의원 모임의 구성원은 한나라당 김성식·이계진 의원, 민주당 이시종·이종걸·천정배 의원, 창조한국당 유원일 의원, 민주노동당 이정희 의원, 자유선진당 이상민 의원, 진보신당 조승수 의원이다.[15] 이 모임은 진보정당인 민주노동당 이정희 의원, 진보신당 조승수 의 원과 전국네트워크의 긴밀한 협력 관계를 통해 한나라당과 민주당 내 지역구 의원들을 유인하는 방식으로 추진되었다.

4월 임시국회와 마찬가지로 6월 임시국회에서도 정부의 강력 한 반대로 유통법 심의는 이루어지지 않았다. 정부의 반대는 이명박 대통령의 발언을 통해 더 확실히 드러났다. 6월 25일 서울 이문동 재 래시장을 방문한 이명박 대통령은 상인들의 대형 마트 규제 요구에

"정부가 그렇게 시켜도 재판하면 패소한다. 이길 수가 없다"며 WTO 를 이유로 규제할 수 없다고 답했다.[16]

반면 상인 단체들과 사회운동 단체들의 움직임을 의식한 정부 는 6월 30일 '시·도의 사전조정협의회 설치' 정책을 발표하며 대형 마트·SSM 규제에 대한 개선 의지를 보인다. 기존에 제조업 중심으 로 운영되던 사업 조정제 정책을 활용해 SSM 입점을 사전에 조정 할 수 있도록 하되 그 시행과 총괄 단위를 중소기업청과 시·도지사 로 위임한 것이다. 이것은 대형 마트·SSM 규제 책임을 주무 부처인 지식경제부에서 중소기업청과 시·도지사에게 전가한 것이었다. 이 것을 계기로 이후 사업 조정제 시행 과정에서 규제 도입을 반대하는 지식경제부와 사업 조정제 담당인 중소기업청 간의 균열이 본격화 되기 시작한다.

전국네트워크와 연대하는 지역 상인 단체들은 정부의 정책 전 환에 따라 사업 조정제 시행에 맞추어 주무 기관인 중소기업청을 압 박하고 SSM을 입점하려고 하는 대형 유통업체에 저항하는 운동을 전개했다. 그 결과로 7월 21일 인천 연수구 옥련동에 SSM을 입점하 려 했던 삼성테스코 홈플러스가 스스로 입점을 유예했다. 일주일 동 안 상인들의 천막 농성 및 민주노동당 인천지역위원회, 지역 시민운 동 단체들의 적극적인 지지와 지원 속에서 상인들의 문제가 지역 문 제로 여론화된 결과였다. 27일에는 인천 부평구 갈산동의 삼성테스 코 홈플러스 입점이 저지되었다. 중소기업청이 '일시사업정지 권고' 의 행정명령 조치를 내린 것이다. 이 또한 6일 동안 상인들의 노숙 농성 및 민주노동당 인천지역위원회와 지역 시민운동 단체들의 연 대 활동의 결과였다.[17] 이와 같은 대형 유통업체를 상대로 한 상인들의 투쟁은 '골리앗을 이긴 다윗'으로 비유되기도 했다.

대형 유통업체들은 사업 조정 제도의 사각지대를 이용해 기습적으로 SSM을 입점하기 시작했다.[18] 그리고 직영점 SSM뿐만 아니라 가맹점 SSM 사업도 추진해 사업 조정 제도를 더욱 무력화했다. 삼성테스코 홈플러스는 이에 그치지 않고 10월 5일 인천 부개동 상인과 시민 단체 활동가 4인을 영업 방해로 고발하는 등 사법적 대응을 전개했다. 그리고 다른 지역에서도 편법 입점에 저항하는 상인들, 시민 단체 활동가, 민주노동당·진보신당 활동가들에게 형사상 벌금, 민사상 손해배상, 재산 가압류까지 사법적 대응을 동원하여 억압했다.[19] 대형 마트를 대변하는 한국체인스토어협회를 통한 국회와 정부에 대한 입법 로비도 적극적으로 전개했다.

"입법 심의하던 그 당시에 대기업들이 엄청나게 로펌에서 의견을 받아가지고 우리한테 주었어요. …… 한국체인스토어협회 그 사람들이 영국의 통상법 학자한테도 의견을 받아서 우리한테 가져다주고 그랬어요, 그 당시에. …… 이 협회는 대형 마트들의 회비로 운영되며 대형 마트를 대변하는 조직인데, 처음부터 이 조직이 나섰습니다. 이 조직이 계속 문제점을 지적하는 논리적 자료들을 제공했고, 우리한테도 항상 한 부씩 주었습니다." (전 국회 지식경제위 전문위원 문병철)

상인들의 저항도 거세졌다. 인천 지역을 중심으로 전국 지역 상인들의 사업 조정 신청 수가 증가하고 사업 조정 제도를 활용한 상인들의 운동이 적극적으로 전개되었다. 그리고 전국네트워크는 사업 조정 제도의 법적 한계가 드러나자 지역별로 상인들에게 사업 조정 제도를 적극적으로 알리고, 제도의 문제점을 사회적으로 공론화하기 시작했다. 그리고 8월 24일 '전국연석회의'(사업 조정 신청 지역 전국연석회의)를 발족하고 각 지역별로 사업 조정 제도에 대해 조직적으로 대응한다. 그리고 사업 조정제를 운영하는 중소기업청에 대한 압박도 전개했다.

이와 같이 사업 조정 제도의 사각지대로 인한 SSM 편법 개점이 각 지역마다 발생하고 상인들의 저항이 나타나자, SSM 규제 논의는 사업 조정 제도의 법적 실효성 강화를 위한 법 개정 논의로 확장된다. 기존에 제조업 위주로 규정되어 있던 사업 조정 제도의 적용 업종을 대형 마트, SSM 등으로 확대하자는 것이다. 이때부터 상생법 개정안이 유통법 개정안과 함께 주요한 정책 이슈로 등장한다.

전국네트워크는 국회를 압박하기 위한 다양한 활동도 전개했다. 11월 3일 국회 앞에서 500여 명이 참여한 가운데 이루어진 전국상인대회를 통해 조직화된 상인들의 집합 행동을 보여주었다. 이 전국상인대회는 전국네트워크와 연대하는 '보수적' 상인 단체를 통제하여 대회를 무력화하려 했던 청와대의 위협 전략을 아래로부터 상인 단체의 힘으로 막고 이루어낸 것이었다.

> "청와대 쪽은 항상 얘기하는 게 '시민 단체랑 같이하지 마라, 그러면 들어줄게'라고 하지만 거짓말이에요. …… 상인 단체 쪽이 커지니까 정부가 압박을 받고 청와대에서 상인연합회 회장하고 그쪽 사람들을 부른 거죠. 그래도 이 사람들이 금방 손을 떼지 못했어요. 왜냐면 상인들이 당장 죽겠는데 어떡

해요. 이런 사건이 있었어요. 국회 앞에 있는 국민은행 앞에서 큰 집회를 하기로 했었어요. …… 전국상인연합회 대표가 대형 마트·SSM 비상대책위원들을 대상으로 앙케트 조사를 해서 이 집회를 하기로 하면 하는 걸로, 안 한다고 하면 못한다고. 상인연합회 회장이 무서운 거예요. 나중에 여론도 있기도 해서. 내가 '그런 게 어디 있냐'고 그랬어요. '회장님이 하자고 설득을 해야지' 했더니, '나도 지금 압박 많이 받아', 이러는 거에요. …… 여론을 수렴했는데 하기로 결정이 났어요. 그런데 청와대에 불려간 거예요. 집회 며칠 앞두고. 그러더니 집회를 앞두고 그 회장이 일단 중단하자는 거예요. '회장님, 집회를 하자고 해놓고 사람들 다 불러놓고선 이것을 중단하면 어떡합니까'라고 했더니, '그럼 어떡해, 청와대에서 뭐라고 하는데' 그러는 거예요. …… 그래서 알아서 하겠다고 그랬죠. 원래 이게 전국상인연합회와 슈퍼마켓연합회, 시민사회 단체, 그다음에 사업조정연석회의라고, 그게 나중에 유통상인연합회 전신이 되는데, 사업조정연석회의에 포함되어 있는 각 지역에 있는 상인 단체, 여기가 망라되어서 정말 수천 명의 대규모 집회가 계획되어 있었던 거죠. 그런데 그게 청와대에서 못하게 해서 중단되어버린 거예요. …… 그래서 그 당시에 집회를 할지 취소할지 논의를 했어요. …… 취소하면 이미 약속되어 있는 단체들이 우리를 믿겠는가, 설령 이것이 파국으로 가더라도 약속한 것은 지키는 모습을 보여야 나중에라도 그 사람들이 우리를 믿고 같이 갈 수 있다. …… 그때 지역에 물어보려고 전화를 했더니 '지금 장난하는 거냐. 이러면 앞으로

안 하겠다'고 반응이 온 거예요. …… 그래서 오기로 한 데만 모아서 집회를 했어요. 했는데 꽤 많이 모인 거예요. 그 당시 500~600명 정도 모였어요. 역사상 상인들이 500~600명 모여가지고 대정부 투쟁을 한 게 처음이었어요." (전 인천대책위 위원장 인태연)

국회의원 모임을 통해 대형 마트·SSM 규제 정책에 동의하는 의원들의 범위를 확대하는 활동도 전개되었다. 대표적으로 총 61명의 국회의원이 서명하여 11월 19일에 발의한 '중소 상인 생존권 보장 및 유통산업 균형 발전을 위한 대규모 점포 및 기업형 슈퍼마켓 규제 도입 결의안'은 국회의원 모임, 그리고 국회의원 모임에 연계된 지역 상인 단체들과 시민 단체들의 설득과 압박을 통해 이뤄낸 결과였다. 한나라당 18명, 민주당 21명, 자유선진당 10명, 민주노동당 5명, 창조한국당 2명, 진보신당 1명, 무소속 4명이 공동 발의한 결의안이었다. 61명 중 지역구 의원이 53명으로 주로 지역구 의원들의 반응이 두드러지게 나타난 것을 알 수 있다. 이로써 국회 내에 정당을 초월하여 대형 마트·SSM 규제 도입을 찬성하는 의원들이 '제3지대' 지형을 형성하게 된다.

민주노동당의 경우 중앙당은 이정희 의원을 중심으로, 지역은 당 지역위원회를 중심으로 전국네트워크와 협력하여 입법 활동을 전개했다. 특히 이정희 의원은 전국네트워크와 함께 삼성테스코 본사 항의 방문과 기자회견, 상인대회 참석 등 전국네트워크의 상인 단체를 옹호하는 적극적인 연대 활동을 전개하고 국회에서는 비판적 담론을 지속적으로 생산하면서 국회의원 모임 내 의원들의 경쟁

<표 21> 국회 결의안 공동 발의한 61명 의원 구성

정당	의원 수	지역구	비례대표	정당	의원 수	지역구	비례대표
한나라당	18	18	-	창조 한국당	2	-	2
민주당	21	18	3	진보신당	1	1	-
자유 선진당	10	10	-	무소속	4	4	-
민주 노동당	5	2	3	합계	61	53	8

을 유도해낸다. 사업 조정 제도의 한계 및 정부 주장의 허위와 모순점에 대해서 논평과 보도자료 발표, 언론 인터뷰, 기자회견 등의 활동을 예로 들 수 있다. 그리고 12월 유통 대형업체의 '영업시간 제한'과 '정기 휴점제' 촉구 캠페인을 하는 전국민간서비스노동조합연맹과 연대하며 상인 단체와 노동조합의 연결망이 형성되는 데 중간 매개 역할을 하기도 했다.

한편 유통법은 계속 국회 지식경제위 법안소위에 계류된 채 정부 반대에 의해 심의되지 못하고 있었다. 하지만 9월 정기국회에 들어서 새로운 전환점을 맞이한다. 9월 24일 지식경제위원회 법안소위에서 문병철 전문위원이 WTO/GATS에서도 국내 규제 도입이 가능하다는 대안을 보고한 것이다.

〈문병철 전문위원이 제출한 유통법의 지식경제위위원회 대안〉
1. 등록 범위 확대 및 등록 요건 보완
— 대규모 점포 외에도 준대규모 점포를 신설하여 등록 확대
2. 전통 상업 보존 구역을 지정하여 그 구역 안에서는 대규모

점포 등의 등록 제한

— 전통 시장, 상권 활성화 구역, 상점가 500미터 이상 1,000
미터 이내

3. 대규모 점포 등의 영업 행위 조정

— 영업시간, 휴업일수 제한

4. 일몰조항(없음)

"저는 2009년 1월에 지식경제위원회 전문위원으로 왔습니다.
저는 중소기업청, 특허청 소관 법률 담당이어서 유통법 담당
자가 아니었습니다. 유통법은 그 당시에는 지식경제부 소관
법률이었습니다. 그런데 내용을 보니까 해도 되겠다 싶었어
요. 왜냐면 제가 2003년부터 2008년까지 공부를 해서 박사 학
위를 가졌는데, 특히 통상 쪽 공부를 많이 했습니다. …… 그
당시 유통법을 반대하는 정부 논리는 통상법 때문에 안 된다
는 것, 딱 하나였습니다. 더 깊이도 안 들어가요. WTO에서 무
엇 때문에 안 된다는 설명도 없었어요. 그러면 여당, 야당 의
원 모두 '장관 그것 좀 합시다' 이렇게 얘기하고, 거기서 끝나
버려요. '무엇 때문에 안 되는데?'라는 질문도 없고 설명도 없
고. 그래서 제가 수석전문위원한테 얘기했죠. 내가 하겠다고.
…… 6월경에 정장선 위원장이 '가능한 안이 뭐 없느냐'고 하
기도 했습니다. …… 그래서 중소기업청, 중소기업중앙회 쪽
실무자들하고 슈퍼마켓연합회 회장과 같이 논의해서 대안을
만들어서 9월 법안소위에 들어갔어요." (전 국회 지식경제위원
회 전문위원 문병철)

그러나 법안소위 위원 중 한나라당, 선진과창조의모임 의원과 지식경제부의 강력한 반대에 의해 심의는 더 이상 진전되지 못한다.[20] 한나라당 이명규 위원은 "소비자의 이익"을, 선진과창조의모임 이영애 의원은 "영업의 자유"를 강조하며 법 개정을 반대했다.[21] 지식경제부는 철저히 대기업의 입장만을 반영한 채 SSM 규제 도입을 반대했다. 10월 12일 지식경제부가 중소기업청·대한상공회의소·소상공인진흥원·체인스토어협회·한국유통학회 등과 함께한 'SSM 진출에 따른 중소 유통 경영 실태 조사' 용역 결과에서 SSM의 출점으로 영향을 많이 받는 업체는 대형 마트와 개인 대형 슈퍼, 재래시장이며 개인 소형 슈퍼는 별로 영향을 받지 않는다고 발표한 것이다.[22]

하지만 한나라당과 자유선진당의 주장과 같은 '소비자 선택권', '영업의 자유' 논쟁은 더 확장되지 못한다. "재벌 유통 회사들만 살아남게 되면 결국 그것이 유통 생태계의 다양성 훼손과 물가 인상으로 이어지게 된다"는 쪽으로 여론의 변화가 생기고 있었기 때문이다.[23] 이는 2009년 10월 국정감사에서 성북 지역 한나라당 정태근 의원이 전문 기관에 의뢰해 실시한 여론조사 결과에서도 나타난다.[24] 1,000명의 응답자 중 73%가 허가제 도입에 찬성한다고 응답한 것이다. 이 결과는 지식경제부의 여론조사와 정반대로 나왔다는 점과 여당인 지역구 한나라당 의원이 실시한 여론조사 결과라는 점에서 중요한 의미가 있었다. 이러한 변화는 지역구 의원에 대한 지역 상인들의 압박 운동과 국회 내 '제3지대'의 기류 형성이 있었기에 가능했다. 그리고 여론의 변화는 참여연대를 비롯한 사회운동 단체들이 SSM에 대한 합리적 규제 실시, 중소 상인에 대한 실업 안전망 구축 등의 요

구안을 발표하는 등 본격적인 활동으로 나타났다.[25]

민주당 노영민 법안심사소위원장은 문병철 전문위원의 대안에 대한 정부 의견 제시를 요청하고, 지식경제부는 10월 16일 전문가 의견 취합을 위한 대토론회를 진행해 11월 26일 법안소위에서 대안에 대한 입장을 발표한다. 대규모 점포 및 그 직영점까지 등록제 확대는 수용하겠지만, 전통 상업 보존 구역에 상점가를 포함하는 것과 영업시간 제한은 수용할 수 없다는 내용이었다. 그리고 '전통 상업 보존 구역으로부터 500미터 이상'을 500미터 이하로 수정하여 수용하겠다고 했다.[26] 사실상 전문위원 대안을 반대하는 내용이었다.

반면 이 회의에서 한나라당 의원 내 다른 기류가 나타난다. 인천 서·강화갑이 지역구인 한나라당 이학재 의원이 "중소 상공인들을 보호하는 의미에서 좀 더 강력한 어떤 대안들을 마련한 필요가 있지 않느냐"며 정부 의지와 동떨어진 발언을 한 것이다.[27] 그럼에도 전문위원 대안에 대한 정부의 강력한 반대와 한나라당의 재논의 요구에 의해 유통법 심의는 다시 계류되었다.

같은 날 법안소위에서는 8건의 상생법이 상정되어 유통법과 함께 논의되었다. 8건의 상생법 중 한나라당 김성회 의원안, 자유선진당 박상돈 의원안과 진보신당 조승수 의원안 3안의 공통점은 사업조정제 대상에 SSM을 포함하는 것이었다. 이 법안들에 대해 지식경제부와 한나라당 의원들은 유통법과 함께 적용할 시 이중적 규제라며 반대했다. 반면 중소기업청은 SSM의 편법 개점 문제를 해결할 수 있는 법 개정을 강력히 주장했다.

"중소기업중앙회하고 중소기업청 이 사람들과 같이 의논을 많이 했어요. 이 사람들은 오랫동안 이 업무를 맡아와서 내용을 잘 알았고 저는 처음 맡은 거라. …… 그러면서 만들어낸 게, 대안 내용이었어요. '전통 상업 보존'이라는 이 개념도 만들었고. …… 지식경제부와 중소기업청은 서로 달랐어요. 중소기업청은 규제를 해줬으면 하는데 공식적으로 나서지는 못하고. 중소기업청은 속으로는 해주기를 바랐죠. 그런데 겉으로는 그걸 못했죠. 지식경제부에 눌려가지고." (전 지식경제위원회 전문위원 문병철)

한나라당 의원들 내에서도 규제의 필요성을 주장하는 의원들이 나타났다. 게다가 김성회 의원안이 중소기업청의 입장을 반영한 법률안이라는 것이 밝혀지면서 SSM 규제 정책에 대한 중소기업청과 지식경제부의 균열, 그리고 한나라당 의원들 내 균열이 드러났다.

중소기업청 중소기업정책국장 김병근 …… 어느 날 갑자기 플래카드 하나 걸어놓고 오픈을 한 겁니다. 그러니까 오픈을 일단 하면 사업 조정 신청을 할 수가 없거든요. 그래서 기습적으로 오픈을 하고, 그리고 또 박스 몇 개 갖다놓고 물건을 팔았다고 하고 그걸 전표를 끊습니다. 그리고 사업 개시를 했다고 주장을 하는 겁니다. 이 문제가 하나 해결이 돼야 되고요. 또 한 가지는 저희가 사업 조정 신청이 들어오면 일시 정지 권고를 하는데, 일시 정지 권고를 받았음에도 강행 출점을 하는 겁니다. 강행 출점을 하면 상인들은 그 앞에 가서 시위를 하고 농성을 해요. 그래가지고 물리적인 충돌이 있습니다. 그래서 이 두 가지 문제를 해결해야 되는데……

이명규 위원(한나라당) 제가 말하는 것은 이 SSM에서 중기청이 빠지라는 얘기입니다.

중소기업청장 홍석우 행정 업무를 중기청이 하는데 어떻게 빠지겠습니까?

이명규 위원(한나라당) 지방자치단체장한테 책임을 다 넘기고 중기청은 빠지는 것이 맞지 않느냐……

이종혁 위원(한나라당) 현실적 문제를 우리가 간과할 수가 없지요. 지금 공백 생기는 것을 어떻게든 메워주어야 되니까.[28]

이명규 위원(한나라당) 그런 식이에요. 중기청이 굉장한, 허가·등록보다 더한 권한을 가지게 돼요, 이게.

이종혁 위원(한나라당) 그때 가서 문제되면 또 개정안 내서 고치지, 뭐. 어차피 권고니까, 권고인데 뭐.[29]

결국 유통법과 상생법의 이중적 규제 반대와 SSM의 편법 입점에 대한 규제 필요성의 논쟁 끝에 후자에 대한 중소기업청장의 강력한 법 개정 의지와 이를 옹호하는 민주당인 법안소위 노영민 위원장, 한나라당 이종혁 의원, 자유선진당 이영애 의원들의 동조 속에서 SSM의 편법 입점과 사업 조정제 대상 업종을 보완한 상생법이 통과되었다.

그런데 12월 28일 법제사법위원회 제2소위에서 상생법에 반영된 SSM 규제 관련 내용이 모두 삭제되어버린다. 민주당 박영선 제2소위 위원장과 소위 위원들이 SSM 규제에 대한 외교통상부의 반대 입장을 모두 수용했기 때문이다.[30] 이틀 뒤(30일) 본회의에서 민주당 노영민 지식경제위 법안소위원장이 법제사법위의 심의 결과에 반발하며 SSM 규제 내용이 포함된 상생법 수정안을 발의하지만, 결국 한나라당의 집단적 반대로 법사위의 대안이 통과되어 상생법을 통한 SSM 규제 도입은 무산되었다.

한편 본회의에서 수정안과 법사위 대안에 투표한 의원들을 통해 한나라당 의원들 중 당론과 무관한 이탈자가 생겼다는 걸 알 수 있다. 대형 마트·SSM 규제가 포함된 수정안에 투표한 의원 180명 중 찬성 64명은 민주당, 민주노동당, 진보신당 중심인 데 반해, 반대 93명은 한나라당 중심으로 이루어졌는데 한나라당 의원 중 기권자가 많았던 것이다. 기권 23명은 한나라당 20명, 자유선진당 2명, 무소속 1명으로 비례 3명(한나라당 2명, 자유선진당 1명)을 제외하고는 모두 지역구 의원이었다. 그리고 대형 마트·SSM 규제가 삭제된 법사위 대안에 투표한 의원 184명 중 찬성 111명은 한나라당 소속이었고, 반대 39명은 민주당, 민주노동당, 진보신당 소속이었는데 기권 34명은 민주당 4명, 무소속 1명을 제외하고 29명이 한나라당이었다. 이와 같은 투표 결과는 한나라당 내 지역구 의원들을 중심으로 내부 균열이 나타나고 있었다는 것을 보여준다.

"상인들이 데모한다고 해서 나한테 도움이 되는 건 아닙니다. 그 사람들이 논리를 가져다주는 게 아니니까요. …… 그런데 의원한테는 통하더군요. 어차피 자기 지역에 시장들이 있으니까, 그 사람들이 나서니까 지역구 의원들이 움직이더라고요. 필요한 경우에는 전국을 동원하기도 하고. 어느 지역의 상인회장이 나서가지고 자기 지역구 의원한테 이야기하기도 하고. 법사위원회인가, 어느 의원이 법에 대해 반대 발언을 하다가 지역구에서 난리가 났어요. 상인들이 지역구 사무실 점거했다고 하니까 이 의원이 화장실로 도피해버리더라고요. 그리고 태도가 바뀌고 그랬죠. 지역구 사무실 점거하고 그런 실력 행사를 하니까. 그 당시에 논리적으로 내용이 되는 면이 있어도 대기업 입장이 있으니까 의원들이 참 안 움직이더라고요. 의원들이 그러는 건 기본적으로 대기업 로비들이 있지 않았나 싶어요." (전 지식경제위원회 전문위원 문병철)

이상에서 보면 3월 8일 상공인의 날 행사를 기점으로 민주노동당 이정희 의원, 인천대책위 상인운동 주요 활동가의 협력 관계가 형성되고, 인천대책위를 중심으로 참여연대, 경실련, 한국진보연대, 민주노동당이 연대하는 전국네트워크가 구성되어 대형 마트·SSM 규제법을 위한 세력의 구성이 본격화된다.[31] 그리고 인천대책위 상인운동 활동가들은 지역별로 상인들을 조직화하고 참여연대, 경실련, 한국진보연대는 지역에 있는 사회운동 단체의 연결망을 조직한다. 민주노동당은 당 지역위원회와 함께 중앙·지역 모두 대형 마트·SSM 규제에 관한 공동 대책위를 조직하는 등의 활동을 전개했다. 그리고 지역구 의원들을 중심으로 한나라당, 민주당, 민주노동당, 창조한국당, 자유선진당, 진보신당 국회의원들이 결합한 국회의원 모임이 구성되면서 대형 마트·SSM 규제 도입을 옹호하는 행위자들의 범위는 운동정치 장에서 제도 정치 장까지 점차 확대되었다. 반면 규제 도입을 반대하는 행위자들은 이명박 대통령, 한나라당, 지식경제부, 외교통상부, 대형 유통업체로 구성되어 있었으나 그 범위가 더 확대되지 못하고 오히려 그들 내부에서 균열이 나타났다. 대형 유통업체들이 사업 조정 제도의 사각지대를 이용하여 편법적으로 SSM을 입점해 제도를 무력화하고, 이에 대한 지역 상인들의 저항이 발생하자 사업 조정 제도를 총괄하는 중소기업청과 한나라당 내 일부 지역구 의원들이 정부와 한나라당의 경제관보다 제도 소관 기관의 권한 및 재선과 같은 자신의 이해에 따라 규제 도입을 요구하기 시작한 것이다.

인천대책위 상인운동 활동가와 민주노동당 이정희 의원 그리고 상인 단체를 지원하는 참여연대, 경실련, 한국진보연대는 정보를 공유하고 전략을 함께 구상하여 자원을 동원하는 '공동체'적 협력 관계를 이루었다. 이와 같은 중앙에서의 협력 관계는 지역별 상인 단체, 시민운동 단체, 민주노동당의 협력적 네트워크 구성에 큰 영향을 주었다.

전국연석회의에서 전국유통상인연합회로 조직화한 새로운 상인 단체와 기존의 전국상인연합회, 슈퍼마켓협동조합연합회는 공동 이슈를 중심으로 한 협력적 관계이면서 또한 자기 조직 강화를 위한 경쟁 관계이기도 했다. 국회의원 모임을 구성하는 국회의원들도 상인 단체들의 관계와 유사하다. 자신의 입법 성과를 거두기 위한 경쟁 관계이면서 자신의 성과를 위한 자원 동원을 위해 협력적 관계의 성격을 가졌다. 이와 같이 공동 이슈를 중심으로 국회의원 모임의 협력적 관계를 유지할 수 있었던 것은 지역 여론과 중앙 여론을 형성하는 상인 단체들과 사회운동 단체들의 전국네트워크가 국회의원 모임과 긴밀히 연계되어 있었기 때문이다.

입법 활동에서 주요한 특징은 상인 단체나 국회의원 모임의 행위자들 모두 이익을 독점하지 않고 수평적 관계에서 이익을 공유하기 위한 활동을 전개했다는 점이다. 특히 전국유통상인연합회와 민주노동당 이정희 의원은 내부적으로 긴밀한 협력 관계를 강화하면서 외부적으로 민주노동당의 독점적 의제가 아닌 한나라당과 민주당의 지역구 의원들을 협력적 관계, 경쟁의 관계로 유도해냈다. 그리고 야당인 민주당의 경우 지식경제위원회 민주당 의원을 중심으로 '야당'으로서 상인들과 사회운동의 요구에 반응을 높이도록 유도해냈다.

정부와 대형 유통업체의 경우 상인 단체들을 억압하고 분열하기 위한 전략을 동원했다. 정부는 전국상인연합회와 한국슈퍼마켓협동조합을 통제하며 전국네트워크 활동을 하지 못하게 했고 대형유통업체는 저항하는 상인들, 시민운동 단체 및 진보정당 활동가들에게 사법적 대응과 손배가압류와 같은 형사적·경제적 타격을 주면서 억압했으나 이 전략들은 성공하지 못했다. 이는 대형 마트·SSM 확대로 인한 상인들의 '생존권'에 대한 위협이 실질적으로 작용하고 있어 제도 개선에 대한 상인들의 요구가 지역과 아래로부터 작용하고 있었기 때문이었다. 관변 단체들 또한 지역과 아래로부터의 상인들의 요구를 중요시할 수밖에 없었던 것이다.

대형 마트·SSM 규제 법률안에 대한 입장을 정당별로 보면, 규제를 옹호하는 입장은 민주노동당과 진보신당이 가장 명확하게 가지고 있었고 규제를 반대하는 정당은 한나라당으로서 정부의 의지대로 따랐다. 민주당의 경우 규제 도입에 대한 입장을 지식경제위 위원들을 중심으로 야당의 입장으로서 견지한 반면 전체 당론은 명확하지 않았다. 법제사법위원회 제2소위 박영선 위원장이 민주당 소속임에도 지식경제위원회 법안소위에서 민주당 의원들이 주도적으로 통과시킨 상생법을 외교통상부 입장대로 무산시킨 것을 보더라도 잘 알 수 있다.

규제 옹호 세력 vs '정치 관료' 김종훈, 입법 2차 무산
(2010년 4월 임시국회까지)

2009년 12월 임시국회에서 상생법이 무산되지만 이 과정을 통해 당론 없이 개별적 대응을 하는 민주당의 상황과 한나라당의 내부 균열을 확인할 수 있었다. 그리고 전국네트워크가 이후에 국회 압박 운동을 강력하게 전개하는 계기가 된다.

법사위에서 상생법이 무산된 후 전국네트워크와 이정희 의원을 비롯한 국회의원 모임 의원들은 SSM 편법 입점으로 인한 중소 상인들의 피해를 공론화하는 데 집중하고 중소기업청과 지식경제부를 중심으로 정부를 압박하기 시작한다. 2010년 1월 인천 부개동 상인들은 삼성테스코 홈플러스의 부개동 SSM 입점 예비 건물에서 고공 농성을 전개하고, 이정희 의원은 현장을 방문하여 지역 상인들을 격려하고 지역 여론화에 힘쓴다. 또한 이정희 의원은 11일 중소기업청장을 면담하여 상인들의 상황을 공유하고 법적 대책을 요구하는 등 정부에 대한 정치적 압박 활동을 전개한다. 정부 부처 내 중소기업청과 지식경제부 간의 균열 지점을 활용한 개입 전략이라고 할 수 있다. 그리고 20일 전국네트워크 상인 단체들과 민주당 노영민·이시종·홍영표, 창조한국당 유원일, 민주노동당 이정희, 진보신당 조승수 의원이 함께 '편법 SSM 실태와 문제점, 상생법상의 사업 조정 대상 여부 긴급 도론회'를 개최하여 상생법 개정의 필요성을 공론화한다.

전국연석회의는 지역별로 사업 조정제에 대한 대응 운동을 전개하면서 중소기업청을 압박하기 위해 25일 중소기업중앙회에서 점거 농성을 하고, 2월 임시국회가 개회하자 2월 4일 지식경제위원회 법안소위 회의실을 점거하기도 한다. 지식경제위 법안소위가 개최하는 18일, 전국유통상인연합회와 관변 단체를 포함한 주요 상인단체 대표들은 중소기업중앙회 건물에서 대형 마트·SSM 허가제 도입을 요구하는 무기한 단식투쟁에 돌입한다. 동시에 한나라당, 민주당의 당 대표와의 면담을 요구하며 양당에 대한 압박을 본격화한다. 그리고 전국유통상인연합회의 대표들과 상인들이 단식 5일째부터 청계광장에서 전경들과 맞서며 촛불 집회를 진행하고 참여연대·경실련·한국진보연대와 민주노동당은 이와 같은 상인들의 운동을 적극적으로 지지·옹호하며 사회적으로 공론화하는 역할을 한다.

상인들의 국회 압박 운동이 전개되자 2월 임시국회에서는 민주당 정장선 지식경제위원장이 중재자로 나서 한나라당과 민주당 간사, 지식경제부와 외교통상부 관료 그리고 전국상인연합회 대표와의 합의 조정을 시도하지만 지식경제부와 외교통상부의 강력한 반대와 이를 옹호하는 한나라당으로 인해 더 이상 논의가 진행되지 못한다.

한편 2009년 법사위에서 상생법이 무산되자 이정희 의원은 SSM 규제 내용이 담긴 상생법을 2월 23일에 대표 발의한다. 그리고

3월에는 인천 부평시장을 방문하여 상인들과 간담회를 전개하고, 17일 상인 단체들과 연 상공인의 날 기념 기자회견 및 18일 국회 본회의 5분 발언을 통해 대형 마트·SSM 규제법의 절실함을 강조하며 중소 상인들을 외면하는 한나라당을 비판하고 이명박 대통령과 한나라당의 결단을 재차 강조했다.

상인 단체들은 3월 17일 상공인의 날 행사 이후 25일 '전국 상인 공동의 날' 집회를 통해 지역 집회와 중앙 집회를 연계한 전국 집회를 전개하고 곧 다가올 지방선거에 대비해 유권자로서 상인들의 정치적 대응을 준비한다. 그리고 4월 6일 민주당·민주노동당·창조한국당·자유선진당·진보신당의 야5당 의원들과 함께 "SSM법 처리안 하면 한나라당 심판"을 선포하며 본격적으로 '반한나라당' 구도의 지방선거 대응 준비에 돌입한다.

18대 상반기의 마지막 국회이자 6·2지방선거를 앞둔 4월 임시국회가 열리자 4월 19일 지식경제위 전체회의에서 이정희 의원안을 포함한 상생법 3건이 상정되고 4월 22일 법안소위에서 유통법과 상생법이 동시에 심의된다. 전국상인연합회장 최극렬, 전국소상공인단체연합회장 김경배, 전국유통상인연합회(준) 공동 대표 이정식의 공식적 참관으로 진행된 법안소위에서 두 법안을 심의하지만 지식경제부와 외교통상부, 한나라당, 자유선진당 위원들의 반대에 부딪힌다. 더 이상 논의의 진전이 없자 노영민 법안소위 소위원장은 회의를 중단하고 상인 대표 3명과 지식경제부, 외교통상부의 직접적 타협을 진행했고 2시간의 정회를 통해 극적으로 유통법·상생법이 타결된다.

"그 당시에 우리가 대안을 내놓고 그러다가 지식경제부가 상공회의소를 통해 용역 발주를 했는데 그게 언론에서 문제가 됐어요. 그걸 정치권에서 문제회하려고 하다보니까 한 발 물러났죠. 그리고 지식경제부가 500미터를 받겠다고 한 거예요. 그런데 처음에 우리가 주장했던 안보다 후퇴시키는 안이었어요. …… 그때 중요했던 건 정부가 이 정도밖에 못 받는다고 하니까 그걸 가지고 노영민 위원장이 이 사람(상인 대표)들을 불러서 설득한 거죠. 이 정도로 받자고 말이에요. 이 제안을 그 상인 대표들이 받아들여 그렇게 결정이 되었던 거예요."
(전 지식경제위원회 전문위원 문병철)

그리고 22일, 23일을 거쳐 지식경제위 법안소위와 전체회의에서 유통법, 상생법 두 법안이 동시에 처리된다. 전문위원 대안보다 후퇴된 안을 상인 단체 대표들이 수용한 결과였다.

"우리는 허가제를 주장했고, 최소한 4킬로미터는 되어야 한다고 했어요. 그런데 그때 상황을 보고 있으니까 대형 유통 재벌을 규제하는 법이 통과하는 것 자체가 굉장히 중요한 일이었던 거예요. 왜냐면 대형 유통 재벌을 규제한다는 자체는 이후에 재벌들을 규제할 수 있는 징검다리를 놓는 것이기 때문에. 그런데 만약에 킬로미터 범위 때문에 무산되어버리면 아예 못 될 수가 있다고 판단했던 거죠. 일단은 첫 징검다리를 놓으면 그다음 징검다리를 놓을 수 있으니까요. 실효성도 중요하지만 명분에 있어서 합법성을 쟁취하는 거였어요. 법체계 속

〈표 22〉 지경위 대안 초안과 최종 합의된 지경위 대안 비교

당초의 위원회 대안(안)	합의된 위원회 대안
1. 등록 범위 확대 및 등록 요건 보완 가. 준대규모 점포(신설) 및 등록 확대	1. 등록 범위 확대 가. 준대규모 점포(신설) 및 등록 확대 (단 전통 상업 보존 구역에 한정)
2. 전통 상업 보존 구역 지정 가. 전통 시장, 상권 활성화 구역, 상점가 500미터 이상 1,000미터 이내 3. 대규모 점포 등의 영업 행위 조정 가. 영업시간, 휴업일수 제한	2. 전통 상업 보존 구역 지정 전통 시장, 전통 상점가(39개 한정)에서 500미터 이내 3. (미반영)
4. 일몰조항(없음)	4. 일몰조항(3년)

— 자료: 국회 지식경제위원회 전문위원 문병철, 〈유통(소매)업 개방과 국내 규제 도입: 전통 상업 보존 구역 도입 경과〉, 2011, 20쪽.

에서 대형 마트 규제하는 것이 진짜로 존재하게 되면 그다음에도 싸울 수 있는 거예요. …… 그래서 아쉽지만 '적'들이 정신 못 차릴 때 교두보를 확보해놔야지 저들도 좀 있다 정신 들면 아마 절대 통과 안 시키려고 할 거다 싶었죠." (전 인천대책위 위원장 인태연)

전문위원 대안보다도 후퇴된 안에 대해 진보정당 의원들은 비판을 하기도 했다. 진보신당 조승수 의원은 지식경제위원회 전체회의에서 허가제 원안보다 훨씬 후퇴된 내용에 대해 비판을 제기했으나 소수 의견으로 처리되었다.[32] 민주노동당 이정희 의원은 지식경제위원회를 통과한 유통법·상생법의 미흡한 내용을 비판하면서도 규제법을 도입하게 한 상인운동의 성과와 다음 입법 운동을 위한 '교두보 전략', 상인 조직화 강화 전략에 동의하여 법안 통과 환영 입장을 당 대변인을 통해 발표했다.

그런데 지식경제위원회에서 극적으로 타결된 유통법·상생법이 4월 27일 법사위에서 또다시 제동이 걸린다. 외교통상부 김종훈 통상교섭본부장이 법사위원장에게 직접 출석을 허가받고 참석해 WTO 규범 위배라는 논리로 대형 마트·SSM 규제법을 반대했다. 그리고 유통법과 상생법의 분리 처리를 주장하기 시작했다. 이때부터 유통법·상생법의 쟁점은 '동시 처리 대 분리 처리'로 전개된다. 이와 같은 김종훈 본부장의 행보는 이례적인 것이었다. 일반적으로 국회에서 담당 관료를 호출하는 데 반해 관료 본인이 입법에 대한 자신의 입장을 주장하기 위해 법사위원장에게 직접 출석 요청을 해서 참석한 것이다. 그리고 관료가 직접 입법 틀을 제공하며 한나라당 의원들을 추동해나간 것이다. 이것은 역으로 대형 마트·SSM 규제 반대를 한나라당이 주도하지 못할 만큼 내부 균열이 심화되었다는 것을 보여주는 것이기도 했다.

> "지식경제위에서 우리가 이렇게 전통 상업 보존 구역 개념으로 대안을 만들어서 그 당시에 통상교섭본부 과장하고 서기관을 불렀어요. 그 두 명을 불러서 '우리가 이 정도 안을 만들려고 하는데 괜찮으냐'고 물어보니 자기들이 봐도 이 정도면 괜찮다고 했어요. 처음에는 그 실무자들은 오케이를 했죠. 그런데 그 뒤에 간부들이 나타나가지고 야단법석이 난 거죠. 누가 오케이 해주었냐고 하면서. …… 김종훈 그 사람은 통상법 전공자가 아니에요. 그 사람은 통상법 공부를 한 사람이 아니고 외교관 출신입니다. …… 그러다 어쩌다가 통상교섭본부장을 한 거죠. 자리로서 통상교섭본부장을 맡은 겁니다. ……

다시, 진보정당

김종훈 본부장이 분리 처리를 주장한 건 전략적으로 그랬을 거예요. 통과 안 시켜주려고요. …… 그런데 우리 지식경제위원회에서 통과시킨 거잖습니까. 그러니까 한나라당 일부 의원들도 그 법들을 받아들인 거죠, 해도 되겠구나 하면서. 그런데 김종훈 본부장이 반대하고 떠들고 그러니까 한나라당 의원들 입장이 좀 그랬죠." (전 지식경제위원회 전문위원 문병철)

이에 대해 민주당인 유선호 법사위 위원장은 전체회의에서 계속 논의를 진행하며, 법안소위로 회부하여 지연시키려는 한나라당의 전략을 일단 저지하지만 중재자의 역할은 하지 못했다. 결국 유통법·상생법의 쟁점을 주도하는 김종훈 본부장과 그를 적극적으로 옹호하는 한나라당 의원들로 인해 대형 마트·SSM 규제법의 4월 임시국회 처리는 무산되었다. 국가 관료가 전면에 나서 '헤게모니'를 조직화하며 국회의 입법권을 무력화한 것이었다.

이상과 같이 대형 마트·SSM 규제를 주장하는 행위자들은 상생법의 1차 무산 시기를 거쳐 이 시기까지 전국네트워크를 중심으로 지역을 넘어 국회를 압박하기 위한 다양한 운동을 전개했다. 지역과 중앙이 같이하는 전국 동시다발 집회, 단식 농성, 청계광장 촛불 집회까지 이전에는 볼 수 없었던 상인들의 다양한 집합 행동들이 전개되었다. 그리고 6·2지방선거를 앞두고 상인유권자연합을 구성하여 한나라당에 대해서는 적대 전략을 통한 압박을, 민주당에 대해서는 '야당'의 정체성을 강화하도록 유도해냈다. 이와 같은 상인들의 운동에 참여연대, 경실련, 한국진보연대와 지역 시민운동 단체, 그리고 민주노동당과 국회의원 모임 의원들이 적극적으로 연대해나갔다.

이 시기에도 전국유통상인연합회와 민주노동당 간의 입법 목표와 입법 전략의 일치성, 공동 행동을 위한 협력 관계는 유기적으로 잘 이루어졌다. 지식경제위원회에서 원안보다 후퇴한 안이 통과되었을 때 입법 결과에 대한 결정을 신속하게 내릴 수 있었던 것은 전국유통상인연합회 스스로 명확한 입법 전략을 가지고 있었고 그동안 민주노동당과의 신뢰가 형성되었기 때문이었다.

이전 상생법이 무산되었던 시기에는 규제 반대를 옹호하는 세력의 응집력이 여전히 강했던 반면 이 시기는 지식경제부와 중소기업청 간, 지식경제부와 외교통상부 간, 그리고 한나라당 내 의원들의 균열이 심화되는 시기였다. 민주당에서도 변화가 생겼다. 이전 시기에서 지식경제위원회 위원들 중심으로 규제 도입을 옹호했다면 이 시기에는 법사위 위원들도 규제 도입을 위해 노력했다. 이것은 민주당의 당론이 만들어지도록 유인해낸 상인 단체들, 사회운동 단체 그리고 이들의 연대체인 전국네트워크와 국회의원 모임에 소속된 의원들의 활동의 결과라고 할 수 있다.

하지만 규제 도입 찬성 세력과 반대 세력의 관계는 여전히 대립적이고 갈등적이었다. 한나라당 의원들 내 균열이 발생했지만 김종훈 본부장이 정면으로 나서 규제법을 저지하기 시작하면서 한나라당은 김종훈 본부장을 적극적으로 옹호하고 있었기 때문이다.

6·2지방선거의 정치적 기회와 '강제'된 중재

2010년 4월 임시국회에서 유통법·상생법 처리가 무산되자 전국네트워크와 이정희 의원을 비롯한 국회의원 모임 의원들은 김종훈 본부장과 그를 옹호하는 한나라당에 대한 집중적 비판을 전개하고 '반한나라당' 전선을 구축해나갔다. 특히 6·2지방선거를 앞둔 이 시기 상인 단체들은 적극적으로 선거에 대응하기 시작했다. 전국네트워크, 전국연석회의, 각 지역마다 결성되어 있는 대형 마트·SSM 대책위, 전국유통상인연합회, 전국소매상인연합회 준비모임, 한국산업용재공구상협회 등의 중소 상인 단체들은 5월 19일 세종문화회관 앞에서 '상인유권자연합'(중소 상인 살리기 유권자연합) 발족식과 함께 기자회견을 열어 '한나라당 낙선운동'을 선포했다. 이날 기자회견에는 전국상인연합회 회장도 참석해 상인유권자연합 출범을 지지하여 광범위한 상인 단체들의 목소리를 표출했다. 상인유권자연합의 한나라당 낙선운동은 서울, 인천, 청주, 대전, 부산, 경남, 울산 지역으로 확대되었다.[33]

그동안 형성된 민주노동당과 전국유통상인연합회의 협력 관계 결실은 지방선거에서 두드러지게 나타났다. 상인 단체들은 민주노동당 후보들과 긴밀하게 연대하면서 민주당을 견인해내는 방식으로 야당들과 SSM 규제 정책 협약을 전개했다. 6·2지방선거에서 민주노동당은 선거 전술로 민주당과 선거 연합을 추진했기 때문에 이 작업은 순조롭게 이루어질 수 있었다. 각 지역별로 상인유권자연합과 야권 단일 후보들의 정책 협약을 통한 한나라당 낙선운동은 한 측면에서는 한나라당에 대한 적대 전략이었고, 또 다른 측면에서는 야권 단일 후보를 정책적으로 유인하는 이중적 선거 전략이었다. 특히 후자는 민주당에 대한 성격이 강했다. 한편 한나라당은 지방선거를 앞두고 상인 단체들의 공식적인 한나라당 낙선운동에 대해 긴장을 할 수 밖에 없었다.

"이정희 의원이 중소 상인 문제를 잘 풀고 다니면서 이정희 의원이 지역에 갈 때마다 상인들이 붙었어요. …… 진보정당 쪽에도 상인 세력이 붙는다, 이것을 아마 민주당에서도 인지했을 거예요. 정책 협약 할 때도 같이하고 그랬으니까. 그때 내가 들었던 게, 민주당의 어떤 비례대표 의원이 차기 대통령에 여성 대통령으로 이정희 의원이 나오면 자기가 밀어주겠다고 했어요. 실제로 시장에서도 우리끼리 '저런 사람은 진짜 나중에 여성 대통령 한번 해볼 만하다'고 했었어요. 그 정도로 호응이 좋았다니까. …… 그렇게 신망을 얻었죠. …… 민주노동당에 대해서는 상인들이 이정희를 좋아하면서 당에 대한 부정적인 것들이 없어졌다고 할 수 있죠. …… 그때 우리는 이정희 의원이 지경위 위원이다 아니다, 이런 개념은 없었어요. 이정희 의원 활동 자체가 상인들한테 힘을 불어넣어주었거든요. 상인들한테 힘을 주니까 상인들이 대형 마트 규제를 위한 싸움을 할 때 어떤 정치적 에너지가 들어온 거죠. …… 그때 민주노동당 강기갑 대표도 현장 다니면서 우리랑 같이 싸워주었어요. …… 법안이 되고 안 되고도 중요하지만 '저 사람들이 우리 말을 제대로 알아들어주고 자기가 할 수 있는 한 최대한 우리를 위해서 싸우고 있다', 이런 걸 느끼게 되면 굉장히 큰 힘이 되었던 것 같아요. 소수이든 아니든 말이에요. 그 역할을 그때 이정희 의원이 했던 거죠." (전 인천대책위 위원장 인태연)

6·2지방선거에서 한나라당의 선거 패배와 진보적 야권이 승리한[34] 이후 상인 단체들과 민주노동당 이정희 의원은 한나라당과 김종훈 본부장에 대한 집중적인 비판과 공론화 활동을 전개했다. 먼저 이정희 의원은 7월 20일 한나라당 안상수 대표를 만나 유통법·상생법 동시 처리를 요구하고, 8월에는 중소기업청의 사업 조정 권고 1년 동안의 시행 결과를 발표하며 실효성이 없음을 폭로하고 상생법 개정의 필요성을 주장했다.

대형 마트·SSM 규제 입법의 지연으로 인한 상인들의 피해는 심각한 상황이었다. 급기야 9월 7일 서울 염창동의 한 상인이 자신의 차량에 불을 지르며 SSM으로 인해 벼랑 끝에 내몰린 중소 상인들의 절박함을 표출하기도 했다. 그리고 9월에 언론을 통해 서울, 인천, 청주 세 지역에서 대형 마트와 SSM 입점 이후 그 주변 동네 가게들의 매출이 3분의 1이나 줄어들었다는 피해의 심각성이 보도되기도 했다.[35] 전국네트워크를 비롯한 상인 단체와 시민운동 단체들은 9일 서울시청 앞에서 기자회견을 열고, 서울시를 비롯한 각 지자체가 가맹점 SSM에 대해 즉시 사업 일시 정지를 권고하라고 촉구했다. 그리고 각 정당의 원내대표들에게도 입법 촉구를 한 결과 여야 원내수석부대표들로부터 10월 25일 국회 본회의에서 SSM 법률안 통과를 위해 노력하겠다는 답변을 받아내기도 했다. 그러나 25일에도 두 법은 통과되지 않았다. 김종훈 본부장이 "상생법이 WTO에 위배되고 한-EU 자유무역협정[FTA]에 부정적인 영향을 미칠 것"이라며 한-EU FTA를 이유로 상생법 통과를 반대했기 때문이다.[36] 이에 10월 22일 국회 지식경제위원회 국정감사에서 여야 의원 대부분은 한목소리로 한-EU FTA 협상 결과에 대해 문제 제기를 했다. 이 같은 논란은 프랑스 등 일부 유럽연합 회원국이 자국 중소 상인을 보호하기 위해 FTA 협상에서 제도적 장치(경제적 수요 심사)를 관철시킨 것과는 달리 우리 정부는 상대적으로 중소 상인 보호에 소홀한 것 아니냐는 '불공평' 문제에서 비롯됐다.[37]

이정희 의원은 10월 25일 김종훈 본부장과 한나라당을 겨냥하여 본회의 5분 발언을 통해 유통법·상생법 분리 처리 반대를 주장하고, 10월 28일에는 '김종훈 본부장의 끝없는 거짓말 행진 – 한-EU FTA와 상생법'이라는 이름의 통상법 및 상생법 전문가 토론회를 통해 김종훈 본부장의 허위 주장에 대해 공론화했다. 그리고 이 토론회를 계기로 이정희 의원은 김종훈 본부장의 해임을 주장하기 시작했다. 이어 11월 8일 민주당, 민주노동당, 창조한국당, 진보신당 국회의원들과 상인 단체들, 시민운동 단체들이 공동 기자회견을 개최하여 "SSM 법안, 오늘이라도 동시 처리 안 할 이유 없다"고 주장하며 김종훈 본부장의 해임을 촉구하고 한나라당의 결단을 요구했다. 그리고 10일 국회의사당 앞에서 김종훈 통상교섭본부장의 즉각 해임과 상생법·유통법 동시 처리 촉구를 위한 집회를 전개했다. 한편 이 시기 김종훈 본부장은 야당으로부터 재협상을 앞둔 한-미 FTA와 10월 6일 체결한 한-EU FTA의 '밀실 협상' 주범으로 몰렸다. 그러면서 한나라당이 더 이상 김종훈 본부장을 옹호하기 어려운 상황이 되었다. 결국 김종훈 본부장은 한-미 FTA와 한-EU FTA의 '밀실 협상', '졸속 협상'의 책임자로 규정되면서 유통법·상생법에 대한 김종훈 본부장의 발언권은 더 이상 효력을 갖지 못하게 되었다.

유통법과 상생법은 한나라당과 야당의 대립 속에서 교착 상태에 놓이게 된다. 그리고 지방선거 이후 선출된 박희태 국회의장 주재로 11월 9일 여야 6당 원내대표 모임에서 유통법·상생법 처리를 합의하게 된다. 민주노동당 권영길 대표의 반대에도 불구하고 동시 처리가 아니라 유통법을 먼저 처리하고 그다음에 상생법을 처리하도록 한 것이다. 이것은 그동안 두 법의 분리 처리를 주장해온 한나라당의 명분을 위한 것이었다. 다음 날(10일)에 열린 법사위에서는 한나라당 김무성 원내대표가 직접 참석하여 분리 처리 상황을 확인하고, 민주당 우윤근 위원장은 재차 25일 법사위에서 상생법 처리를 확인하면서 10일 법사위에서 유통법이 통과된다. 그리고 같은 날 본회의에서 유통법이 통과하고, 상생법은 24일 법사위에서, 25일 본회의에서 통과되었다.

이상에서 보면 지식경제위원회에서 유통법·상생법이 통과된 후 법제사법위원회의 심의를 거치는 입법 과정에서는 중재자가 나타나지 않는다. 강력한 국가 관료인 외교통상부 김종훈 본부장의 등장과 이를 옹호하는 한나라당으로 인해 민주당 소속인 법제사법위원회 위원장은 법안을 법안소위에 상정하지 않고 전체회의에서 계류시키는 소극적인 지연 전략을 동원하는 것에 머물렀다. 민주당은 야당이라는 구조적 조건에서도 상인 단체의 이해뿐만 아니라 재계의 이해 또한 인식하고 있었기 때문이다.

"제가 지식경제위에서 대안을 발표하고 나서 대기업이든지 로펌이든지 어디든지 오면, '그럼 이렇게 하자, 대안을 받아라'라고 하니까 이게 논리가 통했어요. 지식경제부도 꼼짝을 안 하다가 한발씩 뒤로 물러났죠. 민주당 정장선 위원장도 처음에는 안 될 줄 알았다가 조금씩 밀려가니까, 그렇게 된 거죠. …… 민주당은 무조건 하자는 입장이긴 했어요. 야당이니까요. 17대 때는 한나라당이 하자고 했었어요. 그때는 한나라당이 야당이었으니까요. 여야가 바뀌면서 상인들이 죽겠다고 하니까 야당이 규제법 만들자고 하는 거죠. …… 정장선 위원장은 전폭적으로 나를 지지해줬어요. 위원장도 처음엔 흔들렸어요. 전부 다 안 된다고 하니까 '하면 안 되는가 보다'라고 생각한 거죠. 내가 대안을 만들어 드렸는데, 이렇게 해도 되나 싶어 처음엔 갸우뚱하다가, 어쩌다보니까 정부가 약간 물러나거든요. '어, 이래도 되는가 보다'라고 이렇게 된 거에요."
(전 지식경제위원회 전문위원 문병철)

최종적 중재자는 6·2지방선거 이후 나타났다. 이명박 정부에 대한 중간 평가 성격을 가졌던 지방선거에서 정부·여당은 패배했다. 6·2지방선거의 패배로 인해 한나라당은 약 1년여 남은 다음 총선을 의식하게 된다. 지역 상인들의 반응을 의식하게 만든 결과였다. 특히 관변 단체인 전국상인연합회 대표도 상인유권자연합을 지지했던 만큼 한나라당 의원들은 다음 총선에 대비하여 지역 선거를 거치며 상인들을 의식하게 되었다. 그리고 6·2지방선거 이후에도 전국유통상인연합회, 전국네트워크와 함께 유통법·상생법 통과를 강력히 주장한 이정희 의원과 규제 도입을 옹호하는 국회의원들의 범위가 확대되자 한나라당은 노골적으로 정부와 김종훈 본부장을 옹호하지 않게 된다. 결국 야당과의 교착 상태에 빠지자 국회의장과 여야 원내대표 모임의 정치적 타협을 통해 두 법의 처리를 결정하게 된다. 분리 처리하되 둘 다 통과시키는 것으로 결정한 것이다. 한나라당 낙선운동을 전개했던 전국적인 상인유권자연합 활동과 지방 선거에서 야당의 승리, 여당의 패배 결과는 한나라당의 대응 전략에 영향을 미친 주요한 요인이었다. 그리고 유통법·상생법의 처리를 결정한 박희태 국회의장과 여야 원내대표 모임은 정치 세력 간의 교착 상태를 타개할 방법으로 등장한 '강제'된 중재였다.

대형 마트와 SSM을 규제하는 유통법과 상생법은 첫 번째 유통법 개정안이 발의된 이후 2년 5개월 만에 통과되었다. 시행일은 공포한 날부터이며 SSM 규제에 대한 사항은 시행일로부터 3년간 효력을 가지게 했다. 입법 결과까지 핵심 내용들의 변화를 구체적으로 기술하면 〈표 23〉과 같다. 통과된 유통법은 등록 범위를 대형 마트 외에 SSM과 프랜차이즈까지도 확대했다. 대형 유통업체의 무분별한 SSM 진출에 따른 중소 상인들의 저항에 따른 결과였다. 구체적인 규제 방법은 전통 시장이나 전통 상점가를 "전통 상업 보존 구역"으로 지정하여 이 구역의 경계로부터 500미터 이내에는 대형 마트 등이 제한되도록 했다. 이는 지식경제위원회 전문위원의 대안에서 대폭 후퇴한 것이지만 일부 구역에 한해 허가제 성격의 제도를 도입한 것이었다. 상생법에서는 사업 조정 제도의 범위를 대기업의 직영점형 체인 사업, 프랜차이즈형 체인 사업, 대기업이 실질적으로 지배하는 중소 기업까지 확대했다.

유통법의 경우 원안보다 미흡하지만 법적으로 상인 보호의 발판을 마련했다는 점에서 큰 의미가 있다. 그리고 입법 활동 과정에서 진보정당과 새로운 상인 단체, 시민운동 단체들이 가졌던 연대 경험은 이후 입법 운동의 동력으로 작용할 수 있다. 특히 민주노동당과 새로운 상인 단체인 전국유통상인연합회의 신뢰 관계는 입법

〈표 23〉 주요 행위자별 대형 마트 · SSM 규제법 핵심 내용과 변화 과정

구분		개정 이전	이정희 의원 시민 단체 상인 단체	지경위 전문위원	정부	재계	국회 통과
유통법	등록 범위	규정 없음	대형 마트, SSM 포함	대형 마트, SSM 포함	반대 ('09.4 수용) 대형 마트 · SSM 포함	반대	대형 마트, SSM 포함
	개설 방식	규정 없음	허가제	전통 시장, 상권 활성화 구역, 상점가 500 미터~1킬 로미터 이내, 영업시간 · 휴업일 수 제한	반대 ('09.4 수용) 전통 시 장, 전통 상점가 500미터 이내	반대	전통 시장, 전통 상점가 500미터 이내
상생법	사업 조정 제도 적용 범위	규정 없음	대형 마트, SSM 포함		반대	반대	대형 마트, SSM 포함

활동을 통해 강해졌다. 그렇다면 이들의 관계는 이후 어떻게 되었을
까? 이것은 결론의 다음 장에서 다루기로 한다.

6부

진보정당의 가능성을 묻다

1. 진보정당을 위한 국회는 없다

　연구 과정에서 만났던 민주노동당 국회의원들과 보좌진들은 국회 활동에서 가장 힘들었던 점으로 한결같이 '무시'되는 정당 관계를 꼽았다. 진보정당 정책이 아무리 좋아도 거대 정당들로부터 무시되면 그만이었다. 이것은 앞에서 분석한 두 가지 입법 활동 사례에서도 마찬가지였다. 민주당, 한나라당 모두 정당 성격과 상관없이 새로운 정책 대안을 반영한 민주노동당 법률안에 대해 무시 전략으로 대응했다. 무시 전략은 거대 정당들에게 효율성 높은 선택이다. 진보정당이 제기한 이슈를 무시하는 그 자체로 무기력하게 만들 수 있고 진보정당에 호응하는 지지자들을 최소화할 수 있기 때문이다.

　그러나 다른 힘이 작용하면 거대 정당들은 더 이상 무시 전략으로 대응하지 못한다. 진보정당과 함께 당사자 운동과 사회운동이 전개되고 이들을 지지하는 사회 여론이 강화되면 거대 정당들은 그 정책을 수용 또는 적대시하면서 적극성을 나타낸다. 바로 메커드가 틈새 정당 이론에서 주장한 수용 전략과 적대 전략이 그러하다. 거대 정당들이 동원하는 이 전략 차이는 소수 정당 정책과 이념적 거리에 따라 달라진다. 소수 정당 정책과 이념적 유사성이 있는 거대 정당은 수용 전략으로 대응하며 정책의 소유권을 가지려 하고, 이념적으로 반대편에 있는 거대 정당은 적대 전략을 선택하며 소수 정당을 고립화하려 한다. 즉 민주당은 민주노동당에 대해 수용 전략을, 한나라당은 적대 전략을 동원하는 것이다.

진보정당의 정책과 이념적 거리에 따라 거대 정당들의 대응 전략이 달라지는 것은 시민사회 내 정당들의 자원적 기반과 연결된다. 진보정당과 이념적으로 반대편에 있는 거대 정당과의 지지 기반은 유사성보다 차이성이 크다. 반면 이념적 유사성이 있는 거대 정당과의 지지 기반에는 유사성이 존재한다. 이에 따라 반대편에 있는 거대 정당은 적대 전략을 통해 자신의 지지 기반 결집력을 강화하고, 그보다 이념적 유사성이 있는 거대 정당은 진보정당의 지지 기반과 중첩되는 대중의 지지를 강화하기 위해 수용 전략을 취하는 것이다.

거대 정당들의 대응 전략은 진보정당 정책과 이념적 근접성뿐만 아니라 여·야당의 당파성에 따라서도 달라진다. 거대 정당이 여당일 경우 정부를 옹호하는 정치적 입장이 반영되어, 정부를 비판하는 진보정당에 대해 무시하거나 배타적인 입장을 가진다. 반면 야당일 경우 야당인 진보정당을 활용하여 자신의 정치적 입지를 강화하려 한다. '여당' 민주당과 '야당' 민주당, '여당' 한나라당과 '야당' 한나라당에 따라 이들에게 도전하는 진보정당에 대한 대응 전략이 달라지는 것이다. 여·야당이라는 당파성에 따라 거대 정당의 대응 전략이 달라지는 것은 한국의 강력한 대통령제하의 정당 체제 성격을 보여주는 것이라 할 수 있다. 이와 같은 거대 정당 대응 전략은 두 사례 분석을 통해 확연히 드러난다.

비정규직법 사례에서 민주노동당에 대해 여당인 열린우리당은 '배타적' 수용 전략을 동원했다. 민주노동당 법률안을 반대하는 정부 입장을 따르면서도 노동계 입장을 무시하지 못해 일부 내용만 선택하여 수용하려 접근한 것이다. 야당인 한나라당은 내부로는 적대 전략이지만 '야당'의 외피로 위장한 채 열린우리당과 민주노동당 간의 갈등 관계를 정치적 기회로 활용하여 '자본'의 이익을 충실히 대변했다. 여당과 야당의 위치가 달라지는 대형 마트·SSM규제법 사례에서는 완전히 달라진다. 민주노동당 법률안에 대해 여당인 한나라당은 명확한 적대 전략으로, 야당인 민주당은 적극적인 수용 전략으로 대응했다.

정부와 여당을 중심으로 진보정당에 대한 균열 전략도 나타난다. 이는 민주노동당과 연계된 당사자 운동과 사회운동 세력의 연대를 파괴하고 민주노동당을 무력화해 '실질적' 소수 정당으로 전락시키기 위한 목적에서다. 이들이 균열 전략을 동원하는 과정에서 나타나는 주요 특징은 민주노동당에 대한 직접적 공격보다 '간접적' 공격 중심으로 나타난다. 민주노동당과 연대하는 사회운동 세력의 관계망에 존재하는 갈등·균열 요소를 자극하여 내적 이질성을 강화시키고 분열을 조장하는 것이다.

민주노동당이 추진했던 주요한 입법 활동 중 내적 갈등 요소가 많았던 대표적인 경우가 바로 17대 국회 때 비정규직법 사례이다. 비정규직 당사자들의 연대 단체인 전비연 내에는 다양한 업종 간의 비정규 노동 조건과 대안의 차이를 가지고 있었다. 이뿐만이 아니라

〈표 24〉 도전 세력 내 행위자별 갈등·균열 요소와 정부, 여당, 사측의 균열 전략

구분	행위자별	갈등·균열 요소	균열 전략
비정규직법 사례	전비연 내	-비정규 노동자 조직화 어려움 -업종별 노동 조건 차이 및 정책 대안 단일화 어려움	해고, 노조 와해, 손배· 가압류(사측) 구속, 수배, 손배· 가압류(정부)
	전비연과 민주노총	-비정규직 대 정규직 -비정규직 노조의 대표 체계 부실	'정규직 이기주의' 공세 (정부) 국회 노사정 모임 (열린우리당)
	민주노총 내	-전략의 차이 (사회적 교섭)	국회 노사정 모임 (열린우리당)
	민주노총 지도부와 단병호 의원	-전략의 차이 (사회적 교섭)	국회 노사정 모임 (열린우리당)
	민주노총과 한국노총	-전략의 차이	배타적 수용 전략 (열린우리당)
	노동계와 시민운동계	-전략의 차이	구속, 수배, 손배· 가압류(정부) 배타적 수용 전략 (열린우리당)
	시민운동계 내	-노무현 정부 연계성 에 따른 선택의 딜레마	배타적 수용 전략 (정부) 배타적 수용 전략 (열린우리당)
대형 마트· SSM 규제법 사례	상인 단체 내	-상인운동 조직화 어려움	기습적 SSM 입점 (사측) 고소·고발, 손해배상 청구(사측)
	진보적 상인 단체· 사회운동 단체와 보수적 상인 단체	-정부와의 관계에 관한 이질성	보수적 상인 단체 위협·통제(정부)

전비연과 민주노총, 민주노총 내, 민주노총과 민주노동당, 민주노총과 한국노총, 노동계와 시민운동계 관계에서도 다양한 갈등·균열 요소가 존재했다. 이 요소들이 부각되고 분화될수록 지배 세력의 균열 전략 동원은 용이할 수 있었다. 대표적으로 노무현 정부의 '정규

직 이기주의' 이데올로기 공세는 비정규직 문제를 '정규직 대 비정규직' 간의 문제 틀로 전환시켜 노동자들 내의 계급 균열을 강화시켰다. 그리고 이것은 점차 전비연과 민주노총, 민주노총과 민주노동당의 갈등으로 이어졌다.

반면 대형 마트·SSM 규제법 사례 경우 진보적인 상인 단체, 관변 단체인 상인 단체, 참여연대·경실련·한국진보연대 등 다양한 사회운동 단체 간의 관계망에 존재하는 균열 요소는 관변 단체인 상인 단체와 그 외의 단체들과의 이질성 외에 크게 나타나지 않았다. 이 것은 이명박 정부가 관변 단체인 전국상인연합회를 위협하여 상인 집회를 중단하게 하고 시민운동 단체들과의 연대를 단절시키려 했던 것에서 확인할 수 있다.

정부와 여당의 균열 전략은 대항 세력의 갈등·균열 요소의 내적 통합력과 응집력의 정도에 따라 동원의 성패가 달라진다. 민주노동당에 대한 열린우리당·민주당과 한나라당의 대응 전략이 정당 간의 이념적 근접성, 시민사회 내의 자원성, 당파성, 그리고 당사자 운동을 포함한 사회운동과의 응집력과 통합성의 정도에 있다는 측면으로 볼 때, 시민사회가 거대 정당의 수동적 자원으로 머무르지 않고 민주노동당의 정책에 적극적인 반응과 지지를 드러내게 하는 것이 거대 정당과 민주노동당의 경쟁이 가능하게 하는 요인임을 말해준다. 그것은 민주노동당과 당사자 운동, 사회운동의 긴밀한 연대와 사회적 힘을 강화할 수 있는 활동에 따라 가능할 것이다.

2. 대항 세력과 어떻게 결합할 것인가

진보정당이 경쟁력 있는 존재가 되려면

진보정당은 기존의 정치 체제 질서에 도전하는 성격을 가진다. 기존 거대 정당들은 당연히 자신을 중심으로 한 경쟁 체제를 유지하기 위해 자신들에게 도전하는 진보정당을 무력화하려 한다. 결국 진보정당에게 거대 정당들의 대응 전략은 '상수'로 작용하기 마련이다. 그렇다면 진보정당이 제도 정치 공간에서 무기력한 존재가 아니라 경쟁력 있는 존재가 되려면 어떻게 해야 할까?

진보정당이 주장하는 주요 정책이 '동굴 속의 외침'으로 끝나지 않고 제도 정치 지형 변화를 만들어내려면 그 정책과 관련된 '사회적 힘'을 발동시켜야 한다. 주요하게 진보정당과 당사자 운동 그리고 사회운동 간 연대를 들 수 있다. 정책에 관한 이데올로기적 결합, 상호 관계와 정치 지형에 대한 전략의 결합, 조직적 결합에 의해 이루어진 진보정당, 당사자 운동, 사회운동 결합의 내구성이 강할수록 연대의 힘은 외부의 자극에 쉽게 무너지지 않는다. 이것을 기준으로 두 사례에서 행위자들의 관계를 살펴보면 응집력과 통합성에서 큰 차이를 가진다.

비성과적인 입법 결과를 가진 비정규직법 사례의 경우 민주노동당-국회의원-민주노총-전비연-비정규공대위 관계가 입법 활동 초기에는 협력 관계였다가 점차 갈등 관계로 변해 비정규공대위가 해산되는 결과를 낳는다. 반면 성과적인 입법 결과를 가진 대형 마트·SSM 규제법 사례의 경우 민주노동당-국회의원-전국유통상인연합회-전국네트워크 관계는 협력 관계로 구성된 후 점차 '공동체'적인 협력 관계를 가진다. 이와 같은 극명한 차이를 가지는 원인은 무엇일까? 물론 두 사례를 단순하게 비교하기 힘들다. 민주노동당과 운동 단체 관계가 형성된 역사 및 입법 활동의 구조적 조건과 행위자들 간의 관계 또한 다르기 때문이다. 하지만 입법 활동에서 주도적인 행위자들의 관계와 상호작용을 분석하는 데 초점을 맞추면 다음과 같은 차이를 알 수 있다.

비정규직법 사례, 협력 관계에서 갈등 관계로 변질

비정규직법 사례에서 민주노동당-민주노총-전비연-비정규공대위 관계를 살펴보면, 민주노동당은 민주노총을 기반으로 만들어진 정당으로 비정규직 입법 내용 또한 민주노총이 주도성을 가지고 있었다. 민주노총과 전비연의 관계는 비정규직 당사자 문제를 민주노총 지도부가 국회 대상으로 '대리 교섭'하는 관계로, 비정규공대위는 비정규직 문제를 해결하기 위해 전비연과 민주노총 입법 활동을 지원·옹호하는 관계로서 형성되었다. 즉 이 입법 활동의 핵심 주체는 바로 민주노동당, 민주노총, 전비연이었으며 이들의 응집력과 통합성 여부는 비정규공대위에 주요한 영향을 미치게 된다. 특히 입법 활동 초기 전비연이 선도 투쟁으로 비정규직 문제를 알려내고, 이 투쟁을 계기로 민주노동당, 민주노총, 한국노총, 비정규공대위의 연대망이 형성되었기 때문에 비정규직 당사자 연대 단체인 전비연의 주체 역량과 입법 전략에 따라 비정규운동의 확장성이 달라질 수 있었다. 그러나 전비연은 비정규직 조직화에 대한 조직적 전망과 목표를, 비정규직 정책 대안과 입법 전략을 가지지 못했다.[1]

> "여러 고용 형태별 노조들의 현안 중 사내하청의 노조들만 보더라도 '불법 파견 정규직화' 투쟁 요구는 자기 사업장에서 사용자와의 교섭(혹은 정규직 노조 설득)을 위해 유리한 지점을 마련하려는 것일지는 몰라도, 간접고용 철폐나 파견법 철폐를 가지고 싸우겠다는 수준은 아니었다. '불법 파견 정규직화'를 가지고 싸우는 노조가 여러 군데였지만 이들의 요구를 묶어서 전국적인 공동 투쟁을 만들려는 노력은 대체로 성공하지 못했다." (전 전국불안정노동철폐연대 정책국장 윤애림)[2]

게다가 전비연은 '국회 노사정 모임'에서 민주노총 지도부가 전비연의 대리 교섭을 하는 구조적 제한 조건을 가지고 있었다. 전비연과 민주노총 지도부의 이런 관계는 노동 현장의 정규직과 비정규직의 내부 균열 요소와 결합하면서 갈등적 관계로 변화한다. 그리고 이 과정에서 노무현 정부의 '정규직 이기주의' 이데올로기 공세는 제대로 관통하여 입법 활동의 주요 행위자인 전비연과 민주노총 관계의 내부 균열은 심화된다.

민주노동당-국회의원-민주노총 관계에서도 갈등이 지속적으로 발생한다. 민주노동당과 의원은 '당 중심성'을 강조하는 당 지도부·중앙당과 의원단 간의 이원화된 지도 체계 속에서 통합적인 입법 전략을 마련하지 못한다.

"기획은 정책위에서 하고, 집행은 비정규운동본부, 의원실에서 하는 식. …… 하고 싶은 대로 하는 상황. …… 정부 법안의 문제점 폭로, 저지에 당의 역할이 있다. 대중운동의 관계에서 대중운동에 당이 키잡이를 하고, 전초기지 역할 한 것 아닌가. 아쉬운 것은 우리 요구를 정확히 알고 정식화하지 못했다는 것이다. 우리 선전을 공세적이고 집요하게 하지 못했다." (전 단병호 국회의원실 정책 보좌진 강문대)

"쟁점화는 성공했으나, 정치적 편 가르기까지 나아가지 못했다. …… (입법 투쟁에서) 교훈은 전략적 목표와 단계적 목표에 대한 설정의 중요성을 절실히 깨달았다는 것이다. 애초에 세밀하게 고민하지 못했다. 조직화된 비정규, 민주노총의 요구에 맞추어 최대치 요구(입법안)를 던져놓고, 이후 조율하지 못했다. 시작부터 여론조사, 당사자 면담, 당의 종합적 토론을 통해서 목표를 잘 정하는 게 중요하겠다." (전 민주노동당 노동담당 정책연구원 윤성봉)[3]

이 시기 민주노동당·의원과 민주노총의 관계는 당을 구성한 이후 당과 운동의 이념적·조직적 통합을 이루지 못한 단계였다. 이런 상황은 다양한 이해와 갈등이 존재하는 비정규직법 입법 활동에서 극명하게 드러났다. 민주노동당과 의원은 민주노총 지도부의 논쟁적인 '사회적 교섭' 전략에 대한 당 입장을 마련하지 못하고, 당의 입법 전략이 부재한 조건 속에서 국회 노사정 모임의 교섭 당사자인 민주노총 지도부와 '거리두기'로 일관한다. 민주노총 지도부는 능동적으로 사회적 교섭 전략을 제시했으나 민주노총 집행부 내의 다양한 입장 차이, 민주노총 내 반대파의 폭력 대응, 국회 상임위의 주요 행위자인 민주노동당 의원과 당사자 운동 주체인 전비연과 합의되지 않은 한계 속에서 주도적인 교섭을 전개하지 못한다.

민주노동당-의원-민주노총-전비연-비정규공대위 관계에서도 갈등이 발생한다. 비정규직 문제에 대응했던 2000년 때부터 존재했던 시민운동계와 노동운동계 내 '비정규직 철폐 대 비정규직 차별철폐'의 이해의 차이가 2004년 비정규공대위에서도 반복되어 나타났고, 이것은 노무현 정부와 여당인 열린우리당의 집권 세력에 대한 접근 차이로 갈등이 더 심해진다. 비정규공대위의 시민운동계 측은 열린우리당과의 대화와 협상을 통한 입법 전략을 중시한 반면 민주노동당과의 관계를 통한 압박 전략은 고려하지 않았다.

"초기에 민주노동당 들어오는 걸 반대한 단체들은, 여·야당을 넘나드는 단체도 있었고. …… 반대한 단체들은 순결주의 내지 '모든 정당은 똑같으니 거리를 둬야 한다'는 식으로 정당을 객체화한 것도 있었죠. …… 17대 때 민주노동당이 입법화할 수 있을 거라 생각 안 했어요. 힘이 안 되니까요. 실제적으로 열린우리당이 해야 하는 거라고 생각했어요. …… 17대 때 민주노동당하고 우호적인 관계였지만 파트너십은 아니었어요. 민주노동당은 우리 편이지만 민주노동당하고 도모하기에는, 실용적인 면에서, 입법을 하려면 …… 열린우리당하고 직접 얘기할 수 있는 관계라서 열린우리당 국회의원하고 직접 사업하는 상황이었어요." (전 비정규공대위 운영위원장 박석운)

이것은 1987년 민주화 운동 이후 계속 유지되어온 재야 세력으로서 정치 체제를 압박하는 전술과 노무현 정부와 열린우리당의 개혁 정책에 협조·지원해온 시민운동계 관계의 결합으로 나타난 것이라고 할 수 있다. 그리고 열린우리당과 대화를 중시한 시민운동계의 전략은 노무현 정부와 열린우리당의 배타적 수용 전략을 통해 더 강화될 수 있었다. 하지만 비정규 노동운동에 대한 노무현 정부의 탄압, 김대환 노동부 장관의 비타협적 대응과 열린우리당의 배타적 수용 전략의 불일치로 시민운동계는 선택의 딜레마를 가지게 된다. 반면 전비연은 노동운동에 대한 노무현 정부의 탄압으로 노무현 정부와 여당인 열린우리당에 대해 적대적 관계와 강경 투쟁 전략을 선택하여 대응하게 되었다. 그리고 열린우리당과 연계된 시민운동계에 대해서도 '개량주의'라는 틀을 적용하여 배타적으로 대하며 상호 간 갈등적 관계로 변한다. 민주노동당과 의원의 경우 이러한 시민운동계, 노동계 내에 존재하는 이해의 차이, 전략의 차이를 통합하기 위한 정치 활동은 전개되지 않았다.

"(2004년 비정규 투쟁에 대해) 민주노동당 한계로 '민주노총이 파업이라는 이슈를 만들었다면 당은 시민사회 단체나 시민들을 폭넓게 설득할 수 있는 의제를 만들어내지 못한 점 ……' 비정규공대위' 활동에서는 (당이) 주도적으로 나서지 못했다. '비정규공대위' 회의에 참여하는 정도였다. 게다가 공대위 활동에 있어 초기에는 일부 시민사회 단체에서는 당이 참여하는 것조차 난색을 표해 주도적으로 대응하지 못했다." (전 민주노동당 대외협력실 국장 진장호)[4]

이러한 갈등 관계는 2005년 4월 정부법안을 비판한 국가인권위 발표와 국회 노사정 모임 전개에 관해 전비연, 민주노동당·의원, 민주노총 지도부, 시민운동계들의 입장과 전략의 차이가 커지면서 결국 9월 비정규공대위는 해산한다. 전비연을 비롯한 노동계와 시민운동계의 이해와 전략의 차이, 민주노동당의 정치 활동 부재가 결합하여 시민운동계에 대한 열린우리당의 배타적 수용 전략, 노동운동계에 대한 노무현 정부의 적대 전략과 상호작용한 결과라고 할 수 있다.

대형 마트·SSM 규제법 사례, 상호 의존성이 강한 관계

대형 마트·SSM 규제법 사례에서 민주노동당·의원과 새로운 상인 단체인 전국유통상인연합회는 민주노동당 의원의 주도적인 입법 활동을 통해 연대가 이루어진다. 전국네트워크는 대형 마트·SSM 문제를 해결하기 위해 자발적인 당사자 운동인 상인 단체를 지원·옹호하는 관계로 형성되었다. 이와 같은 경우 의원을 중심으로 한 민주노동당과 전국유통상인연합회의 협력 관계와 당사자 운동인 상인 단체의 주체 역량과 입법 전략에 따라 전국네트워크와의 관계에 주요한 영향을 미치고 상인운동의 확장성이 달라질 수 있었다.

이 사례에서 민주노동당과 의원의 관계에서는 의원을 중심으로 당 정책연구원, 당 민생본부, 당 지역위원회의 조직적 체계가 구성되었다. 의원 주도 속에서 법률안 제출, 입법 전략 수립, 상인 단체 및 사회운동과의 연대 활동이 전개된 것이다. 이전과 다르게 의원의 주도성이 높을 수 있었던 것은 민주노동당의 제도 변화가 주요하게 작용했다. 2008년 분당 이후 당직·공직 겸직 금지 제도의 일부 개정이 이루어져 당 대표와 정책위원장을 의원이 겸직할 수 있도록 했고 입법 운동 당시 이정희 의원이 당 정책위 의장을 겸직하고 있었기 때문에 조직적으로 의원 주도성이 더 강화될 수 있었다. 그리고 이정희 의원은 소수 정당이라는 조건과 대형 마트·SSM 규제법을 심의하는 지식경제위원회 위원이 아니라는 구조적 제약을 상인들의 이해 대변과 연대의 힘으로 돌파하겠다는 입법 전략을 가지고 있었다. 그리고 그 전략에 따라 대형 마트·SSM 문제와 정책 대안을 알리기 위해 지역 상인, 당 지역위원회를 대상으로 정책 간담회, 강의, 토론회를 전개하고, 논평, 보도자료, 언론 인터뷰 등 공론화를 위한 다양한 정치 활동을 전개한다. 대표적으로 2009년 3월 18일 민주노동당 이정희 의원 주도로 이루어진 '상공인의 날' 행사를 들 수 있다. 주요 관변 단체인 상인 단체들 및 인천대책위와 '공동 주최' 사업을 성사시켜 관변 단체인 상인 단체와 인천대책위 그리고 민주노동당의 관계망을 형성한 것이다. 그리고 이 행사를 기점으로 이정희 의원은 새로운 상인운동 주체인 인천대책위와 연계되어 그들의 상인 조직화 운동을 적극적으로 지지·지원하며 정치적으로 옹호하는 활동을 전개했다. 의원실뿐만 아니라 당 지역위원회까지 능동적으로 지역별 상인운동 주체와 연대하면서 전국적으로 상인 조직화 운동은 더 활발하게 전개된다.

기존의 관변 단체인 상인 단체와 성격이 다른 자발적 상인운동 주체의 등장과 적극적인 상인 조직화 운동은 입법 활동이 활성화되는 데 주요한 요인이 되었다. 인천대책위 위원장을 중심으로 한 새로운 상인운동 주체는 이권을 둘러싼 노점상과 상인의 갈등을 극복하고 연대를 이루었던 1996년 인천 부평 재래시장 살리기 운동, 업종별로 다양한 자영업자의 연대를 만들어낸 2006년 신용카드 수수료 인하 운동, 상인운동 및 시민운동 단체들과 연대 속에서 2007년 부평 대형 마트 저지 운동을 거치며 자영업자와 관련한 한국 사회의 구조적 모순에 대한 문제의식이 강화되었다. 그리고 이 문제를 해결하기 위한 접근으로 상인들의 주체화와 조직화 운동, '진보적' 사회운동 단체들, 진보정당과의 사회적 연대를 중요시했다. 인천대책위 위원장은 인천대책위의 운동 경험을 바탕으로 관변 단체인 전국상인연합회 내에 구성된 '대형 마트 규제를 위한 전국대책위원회'의 부위원장을 맡아 그 조직 내에서 대정부 투쟁에 대한 의견을 지속적으로 개진하고 상인운동 주체화에 대한 고민과 실천을 전개하고 있었다. 그리고 인천 지역에서 민주노동당 지역위원회, 시민운동 단체와의 연대를 통해 연대망의 확대에 대한 고민과 실천을 준비하고 있었다. 이와 같은 당사자 운동 주체의 역량과 운동은 민주노동당과의 연계를 통해 그 확장성이 달라진다.

민주노동당-의원-새로운 상인운동 주체의 협력 관계는 새로운 상인운동이 성장하는 데 당과 의원이 주도적으로 정치력을 발휘하면서 당·의원과 당사자 운동의 '상호 의존성'이 강한 관계를 가지게 된다. 이런 관계를 통해 입법 운동 과정에서 당사자 운동 주체와 당·의원의 소통 체계와 연대 관계는 긴밀하게 이루어졌으며, 그 결과 당사자 운동 구성원들의 당에 대한 '정당 일체감'이 강화되는 결과를 낳았다.

민주노동당 의원과 새로운 상인 단체의 연대는 전국네트워크와의 협력 관계 강화에 영향을 주었으며 상호 간의 연대 전략을 통해 응집력과 통합력은 강해졌다. 이와 같은 유기적인 협력 관계에 18대 국회가 보수정당 독점이라는 정치적 환경 변수가 작용했으나 이는 매개변수로서, 그 환경에 대한 진보정당, 상인 단체, 사회운동 단체들 간의 능동적이고 주동적인 대항 전략으로 돌파 가능한 것이었다.

전국네트워크는 중앙과 지역의 상인 단체와 사회운동 단체들의 연결망을 가진 연대체로 구성원들의 범위도 다양하다. 중앙에서는 참여연대, 경실련, 한국진보연대, 민변과 같은 사회운동 단체, 전문가 단체, 주요 상인 단체가 네트워크를 구성하고, 지역에서는 지역별 상인 단체, 참여자치지역운동연대, 지역경실련협의회, 여성 단체, 교육 단체, 소비자 단체 등 시민운동 단체들의 연결망이 구성되어 중앙과 지역의 연계가 이루어졌다. 이정희 의원실은 비공식적으로 전국네트워크 회의에 참석하여 국회의 상황을 공유하고 함께 입법 전략을 구상하고 추진하는 협력 관계를 맺는다. 새로운 상인운동 주체 또한 사회적 연대 전략, 즉 사회운동 세력과의 연대를 통한 제도 정치 압박 전략을 가지고 있었고, 이정희 의원의 전략 또한 이와 일치했다. 전국네트워크는 입법 활동의 주요 전략을 논의하고 결정하는 연대체 역할을 했다. 전국네트워크에 참여하는 행위자들은 개방적인 관계 속에서 정보 공유와 논의를 전개했으며 정부와 거대 정당 내의 균열 지점을 포착하고 다양한 활동과 능동적인 대항 전략을 전개해나갔다.

그러나 2010년 대형 마트·SSM규제법인 유통법·상생법이 처리된 이후 이정희 의원은 2012년 국회의원 선거 준비로 의원실 의제를 정비하면서 전국유통상인연합회와 논의 없이 중앙당으로 상인의제를 넘겨버린다. 그리고 이후 당과 의원 모두 전국유통상인연합회와 연계가 단절된다.

당시 전국유통상인연합회 내부에서는 상인들의 정치 세력화에 대한 고민과 민주노동당을 통한 정치 세력화 고민도 병행되고 있었지만 상인 단체만의 고민으로 끝나버린다.

"우리는 사회적인 연대라든가 사회구조를 바꿔서 중소 자영업자들의 생존권과 삶의 터전을 보호하는 운동을 해요. …… 우리가 연대를 많이 하는 단체는 노동자라든가 시민사회 단체라든가 소비자라든가 이런 사회적인 연대를 중시하죠. …… 내가 이정희 의원한테도 그랬고 이전부터 민주노동당에 중소자영업자위원회 같은 걸 만들라고 했었어요. 그래서 노동 문제, 농민 문제, 통일 문제를 다루듯이 큰 부문 운동으로 다루어서 이후에 생길 중소 자영업의 문제를 봐야 한다고 했었어요. 그런데 그것을 수긍하는 사람이 없는 것 같더라고. …… 상인들은 동질이 아니에요. 가난한 상인이 있고 잘사는 상인도 있어요. …… '장사꾼'이라는 계층의 속성이라는 것도 있겠지만 더 본질적인 거는 자기 생존에 따라 움직이는 거예요. …… 자기 계층에 맞게 재편되어야 한다, 이 사람들이 받아들일 수 있는 정책·환경을 만들어줘야 하는 것 아니냐, 이들이 노동자나 농민 편에서 볼 수 있도록 내용을 심어줘야 한다고. 그래서 당내에 중소자영업자위원회를 만들어서 정치 세력화를 할 수 있는 당내 조직을 만들어야 한다고 주장했었는데. …… 기자회견 할 때 급하게 왔다가 간다거나 토론회 몇 번 하고 법안 하나 만들려고 하는 거는 의원한테 성과는 갈 수 있어도 당의 전체 사업으로 남지 못해요. …… 그런데 이정희 의원이 당 대표가 되고 나서 어느 날 갑자기 중소자영업자 문제가 딱 단절이 되어버렸어요. 만나기도 어려워지고. 대표가 되기 전에는 수시로 만나서 깊숙한 얘기도 하고 그랬는데 어느 날 갑자기 만나지지가 않는 거예요. …… 법안이 통과되고 나서 그다음에 민주노동당 중앙당 쪽에서는 이 문제에 대해서 사실상 손을 놔버렸고." (전 인천대책위 위원장 인태연)

이와 같이 이정희 의원이 법률안 통과 후 상인 의제를 정리하고 상인운동과의 관계도 중단한 것은 입법 의제에 필요한 자원의 동원화를 넘어 대중정당으로서 정당 전략과 전망의 부재라는 한계를 보여준다. 민주노동당도 마찬가지였다. 민주노동당은 강령에서 '중소

상공인'을 주요 사회적 약자로 규정하고 당의 대중 기반으로 삼고 있었지만, 그들에 대한 당의 전략 없이 의원실을 보조하는 식으로 접근했던 결과였다.

민주노동당 시절 입법 활동에서만 사회운동과 협력 관계를 맺고 이후 관계가 소원해지거나 단절된 경우는 이 사례로 끝나지 않는다. 앞서 3부에서 살펴본 바와 같이 민주노동당이 성과적인 입법 결과를 가진 경우 의원과 운동 단체, 의원과 당 그리고 운동 단체가 상호 협력 속에서 주도적으로 입법 활동을 전개한 특성을 가지고 있었다. 그렇다면 민주노동당 의원들이 입법 활동에서 대표했던 사회적 약자 집단, 즉 노동자 단체, 농민 단체, 상인 단체, 임차인 단체, 장애인 단체, 파산자 단체, 학생 단체 등과 입법 활동 이후에도 당과 긴밀한 협력 관계를 맺었을 경우 민주노동당은 어떻게 변화했을까? 안타깝게도 이 질문에 대한 답은 상상으로만 가능하다. 민주노동당은 매번 짧은 정치적 실험의 연속으로 국회 활동을 전개했다. 그리고 그 이후 실험의 결과로 대중정당의 가능성을 관찰할 수 있는 기회는 1차 2008년 민주노동당 분당, 2차 2011년 민주노동당 소멸과 2012년 통합진보당 분당으로 잃어버리고 말았다.

3. 새로운 정치 지형을 만들어야 한다

진보정당은 정말 구조를 바꿀 수 있는가

민주노동당의 국회 진출 이전에 많은 이들이 '진보정당 국회의원이 한 명이라도 있으면 많은 걸 바꿀 텐데'라고 말할 때가 있었다. 간절한 바람이었던 것은 분명하지만 어쩌면 분단체제에서 고착화된 보수적인 정치 구조를 쉽게 본 것일 수 있다. 과연 변화를 만들기 위해 무엇을 준비해야 하는지에 대해 충분히 고민했을까? 또 어느 누구는 말하기도 한다. 구조는 바꿀 수 없다고, 거대 정당 중심의 정치 구조에서 소수 정당은 살아남을 수 없다고 말이다. 정말 그러한가? 그렇다면 10명, 5명의 민주노동당 국회의원들과 함께 만들어냈던 변화는 무엇이었을까. 구조에 행위자가 작동하는 힘을 보지 못하면 역사의 변화를 추동해내는 사회적 힘 또한 볼 수 없게 된다.

우리가 흔히 말하는 거대 정당들이 속한 '정치 구조'는 국가권력을 획득하고 행사하기 위해 경쟁하는 사람들의 정치 활동이 이루어지는 일정한 사회관계의 틀이라고 할 수 있다. 그런데 한국의 정치 구조는 거대 정당에 유리한 선거제도를 비롯해 다수당 중심의 국회 운영 제도를 가지고 있어 소수 정당인 진보정당에 절대적으로 불리한 조건들을 갖추고 있다. 게다가 진보정당이 제기하는 이슈에 대해 '색깔론'을 덧씌울 수 있는 분단체제의 반공 이데올로기가 구조적으로 받쳐주고 있다. 한마디로 '기울어진 운동장'인 셈이다. 이런 공간에서 진보정당은 정부와 거대 정당들로부터 소외된 사회적 요구와 이슈들을 쟁점화하고 변화를 만들어야 한다. 진보정당을 무력화하려는 거대 정당들을 대상으로 의제의 변화, 즉 정치 지형 자체를 변화시켜야 하는 것이다. 이것은 정치 구조에서 경쟁하는 거대 정당들과 의원들의 관계에 존재하는 경계를 교란하고 해체하면서 새로운 지형을 만들어내는 것을 의미한다.

대의민주주의에서 정당과 의원은 사회 여론을 의식할 수밖에 없다. 또한 자신을 지지하는 유권자를 확대하기 위해 경쟁한다. 경쟁은 다른 정당뿐만 아니라 동일 정당 내에서도 이루어진다. 그 때문에 정당과 정당, 정당과 의원, 의원과 의원 간의 경계를 뒤흔들 수 있는 전략과 그들에게 실질적인 압력으로 작용할 수 있는 사회적 힘을 위한 대항 전략이 필요하다. 진보정당의 정책과 이념적 거리에 따라 거대 정당들의 대응 전략이 달라지는 것처럼 진보정당 또한 거대 정당과 의원의 성격에 따른 미시적 접근을 통해 대항 전략을 동원해야 하는 것이다.

그럼 신자유주의 경제 정책을 옹호했던 지배 세력에 도전했던 대형 마트·SSM 규제법 사례에서는 어떻게 지형 변화를 만들었는지 살펴보자. 우선 국가권력에 통제받지 않는 상인운동 전개는 거대 정당들과 정부를 긴장하게 만들었다. 한나라당과 민주당의 입장과 다르게 대형 마트·SSM 규제를 옹호하는 국회의원들의 '제3지대' 지형 형성은 정당 입장과 다르게 작용할 수 있는 의원들의 행위 동기들에 대한 포착과 압박 활동을 통해 가능했다. 대표적으로 지역구 의원들의 재선에 대한 요구와 의원 개인의 정치 이념 그리고 정부와 여당을 견제하는 민주당의 '야당'으로서의 당파성을 들 수 있다. 그리고 이들의 변화는 상인 단체들의 지역 운동과 지역구 의원들에 대한 압박, 그리고 사회운동 단체들의 활동을 통해 가능했다. 시민사회와 지역사회 여론의 지형 변화가 제도 정치에 대한 압력의 힘으로 작용한 것이다.

제도 정치 지형 변화는 상인들의 이해를 대표하고 거대 정당 의원들과 경쟁할 능력을 가진 진보정당 의원이 있었기에 가능했다. 18대 국회의 정당 체제는 민주당이 '야당'의 정치적 지위를 독점할 수 있는 조건이었다. 그럼에도 민주당이 대형 마트·SSM규제법의 소유권을 갖지 못한 것은 상인 단체, 사회운동 단체들과 직접적으로 연계하면서 당 차원에서 입법 활동을 전개하는 진보정당 의원이 경쟁자로 존재했기 때문에 가능했다.

도전 세력은 정부 기관 내의 갈등 요소를 포착한 압박 활동도 전개했다. 지식경제부와 중소기업청 간의 갈등 요소 포착, 지식경제부와 외교통상부에 대해서는 자본을 옹호하는 정부에 대한 폭로, 그리고 입법의 정책적 대안과 정부의 공공적 역할에 관한 비판적 담론과 공론화를 통한 대응 전략과 활동을 들 수 있다. '소비자 이익'과 '시장 자율 강화' 같은 정부와 한나라당, 보수 세력의 담론에 대해서는 비판적인 담론 생산과 공론화로 시민사회와 지역사회 내 규제 도입의 필요성과 정당성을 확보해나갔다. 그리하여 〈표 25〉와 같은 각축 속에서 대형 마트·SSM 규제 도입을 주장했던 행위자들은 정부와 거대 정당들의 다층적 권력관계에 균열을 내어 이탈자를 만들어내고 응집력을 약하게 만들어냈다. 지배 세력 내의 권력관계와 그 속의 갈등 요소를 포착하여 유인 전략과 균열 전략을 동원해 정치 체제 내의 관계 변화, 즉 '왼쪽으로의 지형 변화'를 만든 것이다. 그리고 이 과정 속에서 대형 마트·SSM 규제를 주장하는 도전 세력에 대한 정부의 균열 전략, 민주당의 적극적인 수용 전략은 정책 과정에서 형성된 민주노동당 의원과 새로운 상인 단체 간의 '공동체'적 협력 관계와 강한 응집력으로 모두 실패한다. 이것은 전국네트워크를 중심으로 행위자들의 개방된 관계에서 정보의 소통과 교류, 이해의 차이와 전략, 입법 운동 방법을 협력적으로 조율하며 집단적인 정치력을 발휘한 결과였다. 그리고 시민사회 내 사회적 의제화를 위한 상인운동과 사회운동 단체의 연대와 정치 체제 내 구성원이자 도전자인 진보정당과의 유기적 협력 관계를 통한 전략의 일치성과 실천 활동으로 이루어진 결과였다.

다층적인 권력관계 구도를 보지 못했다

반면 비정규직법 사례에서는 정부와 거대 정당들에 대한 대항 전략 동원과 압박 활동이 이루어지지 못했다. 비정규직법 입법 활동을 추진하는 세력 내 존재하는 이해의 차이, 전략의 차이로 인해 열린우리당과 열린우리당 의원들 내에 존재하는 갈등 요소들을 포착하지 못했다.

<표 25> 대형 마트 · SSM 규제법의 규제 도입과 반대 세력 간 각축 흐름

동원 (→) 이탈 (←)	규제 도입 주장 세력	흐름	규제 반대 세력	(←) 동원 (→) 이탈
초기 세력	민주노동당 이정희 의원/ 상인운동 주체/사회운동 단체(개별적 대응)		이명박 내통령, 한나 라당, 지식경제부, 외교통상부, 재계	
	이정희 의원과 다수 의원 법안 발의	⇨	무시	
보수적 상인 단체→	상공인의 날 기자회견	⇨	상정 후 계류(무시)	
중앙·지역별 상인운동 단체, 소비자 단체 등 사회운동 단체→	중앙, 지역별 상인 단체와 사회운동 단체들의 연대망 구성(전국네트워크) 및 활 동 전개	⇨		
		←	사업 조정제 정책 발표	
	사업 조정제 한계 및 상생법 개정 요구, 중소기업청 압박	⇨	중소기업청 대 지식경제부 갈등	→ 중소기업청
		←	지식경제부 용역 결과 발표	
	'친자본' 지식경제부 공론화	⇨		→ 지식경제부
국회의원 모임→ 국회 결의안 61명→ 민주당→	상인들의 지역 운동, 국회의원 모임 구성과 활동, 6·2지방선거 운동	⇨	한나라당 내 지역구 의원들 균열	→ 지역구 의원들
		←	외교통상부 김종훈 본부장 강경 반대	
	한-미 FTA, 한-EU FTA 밀실 협정 주범, 김종훈 본 부장 해임 촉구	⇨		→ 김종훈 본부장
후기 세력	민주노동당, 진보신당, 국회의원 모임, 민주당, 전국유통상인연합회, '보수적' 상인 단체, 참여연대·경실련· 한국진보연대 등 중앙·지역별 사회운동 단체		한나라당 (지역구 의원 제외), 재계	

⇓ ⇓ ⇓   ⇓   ⇓ ⇓ ⇓

국회의장과 각 정당 원내대표 모임에서
유통법 · 상생법 통과 결정

사회적 교섭 공간을 '계급투쟁의 장'으로 인식했던 민주노총 집행부 내 일부를 제외하고 전비연을 비롯한 노동계, 민주노동당 내 일부에서는 노무현 정부, 열린우리당, 한나라당을 단일한 성격으로서 자본 세력의 '대리자'로 접근했다. 그 결과 열린우리당 내에 존재하는 다층적인 권력관계 구도를 보지 못했다. 대표적으로 '비정규 개악법'으로 정부의 비정규직법을 비난했던 전비연·민주노총·한국노총·비정규공대위의 저항과 사회 여론을 의식했던 열린우리당 의원들을 인식하지 못했다. 노무현 정부의 비정규직 법안에 대한 균열 요소는 정부 법안에 대해 공식적인 비판을 제기했던 국가인권위 발표에서 드러나기도 했다. 그러나 기존의 정치 세력에 대한 '일차원'적인 접근으로 인해 그 내의 균열 지점을 포착하지 못한 채 아무런 지형 변화도 만들지 못했다. 이와 같은 기존 정치 세력에 대한 접근의 제한성으로 인해 대항 전략은 구상되지 못하고 다만 민주노총의 대규모 집회, 총파업 전술에 의지한 압박 운동이 전개되었다. 하지만 민주노총의 사회적 교섭에 관한 민주노총, 전비연, 민주노동당의 갈등·내홍과 국회 노사정 모임에 교섭 당사자로 참석한 민주노총 지도부에 대한 견제와 불신, 그리고 민주노동당의 '거리두기' 속에서, 아래로부터 노동자 대중의 '분노'가 조직화되지 않은 집회는 국회와 정부에 압력으로 행사되지 않았다.

유인과 균열 전략을 동원해야 한다

진보정당의 입법 활동을 통한 국가 정책 변화는 '지역사회와 시민사회의 왼쪽으로의 지형 변화'와 '제도 정치 내에서 왼쪽으로의 지형 변화'의 병행 전략 속에서 가능하다. 이것은 개방적 관계에서 형성된 도전 세력의 응집된 힘과 대항 전략 속에서 정부와 거대 정당들 내의 갈등 요소를 포착하고 적극적으로 유인과 균열 전략을 동원했을 때 가능하다. 특히 비정규직법 사례처럼 노동 의제의 경우 기존 주류 정당들은 보수성을 가지기 때문에 '자본 대 노동'과 같은 일차원적인 대립 구도와 강경·전투 노선으로 접근하면 정치적·사회적으로 고립될 가능성이 크다. 강경·전투 노선은 사업장 단위에서 노동자들의 연대 의식 형성에 기여할 수 있으나, 자본과 보수 세력의 공격에 따라 노동자들에게 불리한 여론이 조성되면 지역 내 또는 전국 단위의 노동자 간 연대를 어렵게 하거나 시민사회 단체나 사회 운동 단체들과 공동 행동을 할 수 있는 가능성을 축소시킬 수 있기 때문이다.

입법 활동 과정에서 기존 정치 세력 내부의 지형 변화는 거시적 정치 체제 구도와 미시적 구도의 종합적 분석과 접근, 그리고 도전 세력의 응집력을 통해 가능하다. 이것은 입법 활동에만 그치지 않을 것이다. 제도 정치 공간에 진출한 진보정당은 도전 세력의 내구성을 기반으로 제도 정치 공간의 구성원이자 경쟁자로서 '정치적 헤게모니적 능력political hegemonic capacity'[5]을 갖추었을 때 소수 정당이라는 구조적 제약을 넘어설 수 있을 것이다.

4. 어떤 진보정당이 필요한가

새로운 사회를 꿈꾸는 진보정치가 필요한 때

2012년 국회의원 선거를 계기로 이념적으로 이질적인 민주노동당, 국민참여당, 진보신당 탈당파는 통합진보당을 창당했지만, 총선 이후 내홍을 겪으며 창당한 지 9개월 만에 해체되고 말았다. 이 과정에서 진보정치 세력들은 철저히 파편화되었다. 서로에 대한 경멸과 적대가 심해지고, 진보정치를 기대했던 많은 이들은 냉소와 허무감에 빠졌다. 2014년 박근혜 정권의 헌법재판소에 의한 통합진보당 강제 해산 때에도 동의와 침묵으로 진보정치 세력들의 케케묵은 감정들이 확인될 정도였다. 증오로 인한 '적대 정치'만이 존재할 뿐이었다.

이렇게 진보정치 세력들이 '내부 세계'에 갇혀 있는 동안 한국 사회 변화를 외치는 대중들의 열망은 커지고 있었다. 2016년에서 2017년에 걸친 촛불 운동 대중의 분노는 '박근혜'로 상징되는 보수 우익 정치 세력에 대한 분노를 넘어선 것이었다. 촛불 대중은 국회를 비롯한 다양한 분야의 엘리트에 대한 불신을 드러냈다. 그것은 그들의 자발성과 주체성이 강화되었다는 것을 방증하는 것이기도 했다. 대의되지 않는 대의 체제에 대한 분노는 바로 '진정한 주권'과 새로운 시대로의 전환을 요구하는 징후였다.

하지만 현실은 어떠한가. 여전히 대의되지 않는 대의 체제로서 정치 체제의 한계를 여전히 가지고 있다. 그리고 사회 차별과 불평등, 사회 양극화로 민중의 삶은 여전히 고달프다. 자본의 노동 착취로 노동자의 죽음은 계속되고 있고, 중소영세 상인의 위기는 심각해지고 있다. 한국 사회 곳곳에서 벌어지는 사회적 약자에 대한 차별과 불평등을 개인이 고스란히 감당하고 있다. 정의당, 민중당, 녹색당 등 진보정당들은 군소 정당으로서 고군분투하고 있지만 거대 정당들의 무시와 배제 속에서 어려움을 겪고 있다.

국가권력에 대한 설계가 필요한 때다. 기존의 문법과는 다른 새로운 대안 정치의 상이 필요한 때다. 누가 할 것인가? 어떤 강력한 지도자가 나타나서 대안을 제시할 것을 기다리는 것은 헛된 일이다. 어쩌면 지금이야말로 과거 진보정당들이 '생존'하기 위해서 겪었던 오류들을 신중히 평가하고 앞으로 나아가기 위한 방향을 모색할 기회일 수 있다. 그리고 새로운 사회를 꿈꾸는 이들이 모여 의견을 개진하고 상상력을 발휘할 수 있는 공간을 만들어내는 진보정치가 필요한 때다.

기존 정치 체제의 한계가 명확히 드러난 시점에서 촛불 운동은 또 다른 과제도 남겼다. 과연 어떤 정당이 필요한가? 우선 기존 거대 양당 체제를 보장하고 있는 선거법은 정당 체제의 진입 장벽을 허물기 위해 필수적으로 바뀌어야 할 부분이다. 그렇다면 다당제가 이루어지는 것만으로 '국회의 정상화'가 가능할까? 1인 2표 정당 명부 제도가 도입되고 난 후 2004년 국회의원 선거에서 민주노동당이 제3당으로, 2016년 선거에서 국민의당이 제3당이 되었다. 이것은 선거제도 변화만으로 정당 체제의 '질적 변화'가 이루어지는 것이 아니라는 것을 보여준다. 바로 대중들에게 정당의 필요성과 존재감을 인정받아야 하는 것이다. 선거 기간 동안 언론 매체의 이미지를 보고 판단하는 수동적인 '청중'이 아니라 '주권자'인 유권자로부터 그 존재감을 인정받는 정당 말이다.

> "여당은 정부 입장에 따라 주춤거리고 야당은 말로는 하자고 하지만 다른 쪽에서 뭔가 문제가 있다고 하면 주춤거립니다. 그럴 때마다 진보정당 의원들이 논리를 가지고 계속 문제삼고 주장해주면 응원이 됩니다. …… 국회에서 입법을 할 때 '강자'는 자기 의견을 관철하는데 '약자'는 그게 안 됩니다. 조직화가 안 되어 있으니까요. 약자들이 조직화만 된다면 자기들 입장을 관철할 수 있습니다. '표' 행사가 가능하니까요. 실력 행사를 해야지 관철됩니다. 이들이 조직화가 되고 전국에서 어떤 움직임이 만들어지면 의원들은 움직일 수밖에 없습니다." (전 지식경제위원회 전문위원 문병철)

진보정당의 역할과 조직화된 대중의 힘을 강조하는, 수년 동안 국회 상임위에서 입법 심의 과정을 지켜봤던 전문위원의 말은 지나칠 수 없다. 그의 말을 종합해보면 제도 정치 공간에서 진보정당 의원들이 존재해도 이들이 대표하는 '사회적 약자'들의 조직화와 사회운동이 전개되지 않으면 효력을 발휘하기 힘들고, 운동이 전개된다하더라도 제도 정치 공간에서 그들과 연계된 진보정당 의원들이 없다면 거대 정당들에 의해 무력화될 수 있다는 것을 알 수 있다. 즉 정당과 조직화된 대중, 그리고 사회운동의 유기적인 협력 관계 형성은 정치사회 변화를 만들기 위한 필수적인 조건인 것이다. 바로 사회적힘을 조직하고 이를 통해서 구조적인 변화를 이끌어내는 핵심에 진보정당이 있는 것이다.

여기엔 진보정당만이 아니라 사회 변혁을 추구하는 사회운동의 역할도 병행된다. 대표적으로 민주노총을 살펴보면, 과거 민주노총은 민주노동당 창당에 주요한 역할을 했으나 정치 세력화를 위한명확한 전략이 있는 것은 아니었다. 이 책의 2부에서 살펴본 바와 같이 민주노총 조합원 대비 조합원 당원 수는 극소수였고, 당과 민주노총 그리고 조합원의 관계에서 이념적 통합성은 이루어지지 않았다. 그리고 입법이나 정책에서 노동조합 자신의 '실리적 추구'를 위해 당을 도구적으로 접근하는 경우도 많았다. 민주노총은 2012년 통합진보당에 대한 지지를 철회한 이후 '정치 세력화'에 대한 심도 있는 논의를 진행하지 못하고 있다. 파편화된 진보정치 세력 현실과맞물려 있기 때문이다. 마치 안개로 뒤덮인 바다에서 방향 잃은 나침판을 가지고 나아가고 있는 셈이다. 하지만 이런 현실은 단순히진보정당 분열 탓으로만 돌릴 수 없다. 과거 경험에 대해 다양한 접근으로 분석하지 못하고 이성적인 토론이 이루어지지 못한 결과이기 때문이다.

사회운동을 기반으로 한 진보정당이 필요하다

이 책은 그동안 관심을 받지 못했던 민주노동당의 입법 활동 분석을 통해 진보정당의 가능성을 제시한다. 진보정당의 좌절도, 소수 정당으로 무시되는 것도 '숙명'은 아니다. 대중의 힘을 발휘하는 정당의 존재감을 드러낼 때 지지자들을 확대하고 거대 정당들이 두려움을 갖게 할 수 있다. 거대 정당들과의 경쟁력은 바로 진보정당과 사회운동의 이념적·전략적·조직적 응집력과 내구성에서 나오는 것이다.

사회 기층 세력에 뿌리를 두고 있는 대중정당 강화는 운동 세력과의 형식적 협력 관계만으로는 이루어지지 않는다. 정당과 사회운동의 유기적 협력 관계는 '정치'를 제도 정치 영역의 몫으로 이해하던 것에서 벗어나야만 가능하다. 정당정치와 운동정치의 상호작용을 통해 시민사회와 지역사회 그리고 제도 정치 지형을 재구성하고 개입력을 확장할 수 있기 때문이다. 이렇게 정당정치와 운동정치의 병행 접근이 가능할 때 과거 진보정당 경험에 대해 제도 정치를 강조하는 측에서는 운동의 탓으로, 운동을 강조하는 측에서는 제도 정치의 우경화 탓으로 돌리는 문제를 재평가할 수 있다.

한국의 분단체제, 신자유주의 체제, 권위주의 체제의 구조적 모순에 도전하고 저항하는 사회운동과 그 이해와 요구를 대변하는 진보정당의 필요성은 중요한 과제로 제시된다. 이것은 정치 체제 내에서 체제를 변화시키기 위한 도전이다. 거대 정당들은 당연히 자신들의 경쟁 관계와 지배 질서를 유지하고자 새로운 정당을 무력화하려 한다. 이념적으로 제한된 '헌법'의 틀 속에 갇힐 것을 강요하고, 진보정당은 그것을 수용하는 순간 자신의 권력 자원인 대중 및 사회운동과의 괴리를 피할 수 없다. 그렇다면 기존 정치 세력의 대응 전략에 종속되지 않고 체제의 변화를 만드는 것이 가능한가? 이를 위해 정당과 사회운동의 유기적 협력 관계와 진보정당의 대항 전략을 강조한 이 책의 접근은 중요하다. 사회운동을 기반으로 한 진보정당은 거대 정당들의 보수성을 견제할 수 있는 요인으로도 작용할 수 있다. 기성 정당 내 '진보성'을 가진 의원들의 발언권과 세력을 강화하는 '자극제'로서 그들의 시민사회에 대한 호응성과 책임성을 강화할 수 있는 요인으로 작용할 수 있다. 진보정당이 존재함으로써 변화하는 이런 정당 경쟁 관계는 기성 정당의 개혁 동기를 유발하여 양당제로부터 발생하는 정당 체제의 보수성과 폐쇄성을 견제할 수 있을 것이다.

이 책에서 다루는 민주노동당 정치 활동은 입법 활동에 국한되어 있다. 이 책에서 충분히 다루지 못한 구조적 한계, 언론과 이익 단체 등 다른 요인은 반드시 연구되어야 할 부분이다. 이외에도 민주노동당 활동은 다양하다. 특히 민주노동당 지방자치단체장과 지방의원들의 정치 활동도 다양하게 이루어졌지만 이들에 대한 연구는 진보정당 국회 활동만큼이나 부족하다. 지역 정치를 통해 어떻게 지역사회를 변화시키는지, 그리고 지역사회 변화를 위한 진보정당과 사회운동의 관계와 역할이 무엇인지 심도 있는 연구가 필요하다. 여기에 지역 사례 간 비교 연구와 지역 정치와 중앙 정치의 연계, 상호작용에 관한 연구까지 함께 이루어질 경우 진보정당의 가능성과 한국 사회 변화에 미치는 중요한 요인에 대한 종합적인 연구로 확대될 수 있을 것이다.

1부

1   정치 체제political regime란 "국가권력의 행사를 위한 경쟁의 진행 과정과 규칙을 규정하
    는 공식적이고 묵시적인 제도와 절차"를 의미한다. 정치 체제는 결국 행위자이자 권능
    으로서의 '정치권력'이 그 능력을 행사할 수 있는 규율과 절차의 제도적 공간이라고 표
    현할 수 있다.이에 대해서는 순서대로 다음을 참조. William Case, *Politics in Southeast
    Asia: Democracy and Less,* Richmond: Cruzon Press, 2002, p.5.; 이동윤, 〈인도네시아
    의 정치 권력과 정치 체제 변동: 정통성과 효율성을 중심으로〉, 《국제정치논총》 43호,
    2003, 481쪽.

2   Walter Korpi, *The Democratic Class Struggle,* Routledge and Kegan Paul, 1983.

3   '거대한 소수 전략'은 의원들의 원내 활동을 가능하게 하는 동력으로서 원내 전략이자
    원외 전략의 의미를 동시에 가지는 것이었다.

4   민주노동당은 민주노총·전농과 같은 사회운동 조직을 기반으로 의회 외부에서 만들어
    진 외생 정당이며, 노동자·농민·빈민과 같은 핵심 지지층과 기성 정당정치에서 배제되
    고 소외된 대중들의 이해와 요구를 대변한다는 뚜렷한 목표를 가지고 있는 대중정당이
    다. 따라서 초기 민주노동당은 당이 목표로 하는 정책적 내용의 관철을 '의회주의'에 의
    존하는 방식이 아니라 "운동에 대한 중심성이 확보된 가운데 제도 정치 영역으로 그 범
    위를 확장"하는 운동 정당의 성격을 가지고 있었다. 운동 정당에 대해서는 다음을 참조.
    손우정, 〈한국 진보정치 운동의 궤적(1987~2014): 제도화 전략의 성공과 실패를 중심
    으로〉, 성공회대학교 대학원 박사 학위 논문, 2014, 3쪽.

5   Samuel P. Huntington, *Political Order in Changing Societies,* Yale University Press,
    1968, p.12.

6   J. Craig Jenkins and Bert Klandermans, *The Politics of Social Protest,* University of

Minnesota Press, 1995, p.15.

7 조희연, 《투 트랙 민주주의 1권: 제도 정치와 운동정치의 병행 접근》, 서강대학교출판부, 2016, 93쪽.

8 '정치의 국가화'와 '정치의 사회화'의 개념은 조희연의 《투 트랙 민주주》에서 가져왔다.

9 같은 책, 103~106쪽.

10 같은 책, 108쪽.

11 이현출, 〈17대 국회 의원입법안 분석: 발의, 내용, 심의 결과〉, 《한국정당학회보》 8호, 2009, 257쪽.

12 틈새 정당은 기존 정당 체제에서 포괄하지 않은 특정 이슈에 집중해 유권자를 동원하려는 신생 정당의 일종이다. 모든 틈새 정당이 진보정당이라고 할 수는 없지만, 한국 정당 체제의 보수적 속성상 진보정당을 틈새 정당의 일종으로 분류할 수 있다. 틈새 정당 개념에 대해서는 다음을 참조. 정재관·김인원·정은아, 〈틈새 정당의 전략과 제도화: 민주노동당의 성공과 실패에 대한 연구〉, 《한국정치학회보》 50호, 2016, 132쪽.

13 정재관·김인원·정은아는 같은 책에서 'accommodative strategy'를 '순응 전략'이라고 번역했다. 한국어 사전에서 '순응'은 "상황의 변화나 주위 환경에 잘 맞추어 부드럽게 대응한다"는 뜻이다. 이 의미에 따르면 소수 정당 정책의 소유권을 가져가는 주류 정당의 성격이 드러나지 않는다. 그 점에서 필자는 "받아들여서 자기 것으로 삼다"는 뜻의 '수용'으로 대체하여 쓰고자 한다.

14 Bonnie M. Meguid, *Party Competition between Unequals: Strategies and Electoral Fortunes in Western Europe*, Cambridge University Press, 2007.

15 정재관·김인원·정은아, 〈틈새 정당의 전략과 제도화: 민주노동당의 성공과 실패에 대한 연구〉, 앞의 책, 133쪽.

16 중화 전략은 소수 정당을 무력화하려는 주류 정당의 수용 전략에 대한 소수 정당의 대항 전략이다. 이 전략이 소수 정당이 제기하는 이슈와 이념적 위치상 근접한 주류 정당에 대한 것이라면, 유인 전략은 이념적 위치상 반대편에 있는 주류 정당에 대한 대항 전략이다. 주류 정당이 소수 정당에 대해 적대 전략을 더 강화하도록 유인하는 것이다. 중화 전략과 유인 전략 개념은 정재관·김인원·정은아가 제안한 것으로 다음을 참조. 같은 책, 135쪽.

17 의원들의 표결 행위 동기에 대해, 메이휴는 재선 동기를 중요시했고 페노는 의원이 가진 세 가지 목표(재선, 권력, 좋은 정책)와 경력에 따라 추구하는 목표가 달라진다고 했다. 한국에서는 16대 국회 경험 분석을 통해 이현우가 소속 정당의 입장, 의원 개인의 정치 이념, 지역구 이해로서 심의 사안에 따라 이 세 가지 요인들의 충돌이 발생하고 중요시하는 요소가 달라진다고 했다. 이갑윤·이현우는 17대 국회 경험 분석을 통해 정당별로 극도의 갈등이 심했던 법안은 정당 입장에 따른 투표 경향이 강했으나 법률안에 따라 소속 정당 입장과 관계없이 표결을 한 것으로 나타나 표결에 대한 의원들의 동기는 정당 요인 외에 다른 요인들이 작용한다고 했다. 이들에 대해서는 다음을 참조. David R. Mayhew, *Congress: The Electoral Connection*, Yale University, 1974.; Richard Fenno, *Home Style: House Members in Their Districts*, Little Brown, 1978.; 이현우, 〈국회의원의 표결 요인 분석: 정당, 이념 그리고 지역구〉, 《한국과 국제정치》 50호, 2005, 187~218

쪽.; 이갑윤·이현우, 〈국회의원 표결과 정당 영향력: 17대 국회를 대상으로〉, 《한국정치연구》 20집 2호, 2011, 1~27쪽.

18　민주노동당 입법 활동에서 당, 의원, 사회운동 단체 가운데 주도성은 세 주체 중 누가 법률안을 제안했으며, 법률안의 핵심 문구를 작성했는지를 중심으로 살펴보았다. 이는 실제 법률안을 담당했던 국회의원 보좌진들의 심층 면접과 법률안 조사를 통해 파악했다.

19　현재호, 〈선거 강령 분석을 통한 한국 정당 간 경쟁 연구: 1952~2000〉, 고려대학교 정치학 박사 논문, 2002.

20　현재호, 〈한국 사회의 이데올로기 갈등: 정치적 대표 체제로서의 정당을 중심으로〉, 《한국정치학회보》 42호, 2008, 213~241쪽.

21　정당의 정치 활동 요인과 사회운동의 발생 또는 성공 요인에 대한 기존 주류 시각은 정치 체제 개방성과 폐쇄성, 선거제도, 국가의 억압과 같은 구조적 조건의 '정치적 기회 구조'틀 속에서 찾고 있다. 일반적으로 정치적 기회 구조는 "성공이나 실패에 영향을 미침으로써 집합 행동에 대한 유인을 제공하는 정치적 환경의 차원"을 의미한다. 사회운동의 발생과 성공에 대한 설명력을 높이는 개념으로 '사회적 기회 구조'가 있다. 이것은 사회운동 지형의 구조와 변동이 사회운동에 미치는 영향에 주목한다. 문제는 정치적 기회 구조와 사회적 기회 구조에서 적용하는 변수들이 '기회'인지 '구조'인지 확실하지 않다는 것이다. 따라서 이 책에서는 정치적 기회 구조와 사회적 기회 구조를 입법 활동 과정에서 진보정당과 사회운동의 관계 형성과 공동 행동에 대한 유인을 제공하는 '정치적 환경'과 '사회적 환경'으로 접근하고자 한다. 정치적 기회 구조와 사회적 기회 구조의 개념 그리고 그에 대한 비판에 대해서는 다음을 참조. Aldon Morris, "Reflections on Social Movement Theory", *Rethinking Social Movements*, Rowman & Littlefield Publishers, INC, 2004.; 홍일표, 《기로에 선 시민입법》, 후마니타스, 2007, 39쪽.; 정경윤, 〈진보적 소수 정당의 가능성과 한계: 민주노동당의 입법 활동을 중심으로〉, 성공회대학교 사회학 박사 논문, 2017, 31~33쪽.

22　2010년 전교조와 민주노동당의 관계 조사에 대한 검찰의 압수수색으로 인해 당시 당에서 서버 데이터(당원, 후원 당원 등의 명부 자료)를 삭제하면서 당 홈페이지도 삭제되었다. 이로 인해 현재 민주노동당의 공식 자료는 당 기관지인 《진보정치》가 유일하다. 이 때문에 당 공식 회의 자료로 《진보정치》에 기록된 기사를 활용했다.

23　필자는 이정희 국회의원의 정책 보좌진으로 민주노동당의 대형 마트·SSM 규제법을 담당했다. 필자는 본 연구자의 경험적 주관성에 빠지지 않기 위해서 사례 연구에 필요한 1, 2차 문헌 자료와 심층 면접, 그리고 언론 보도자료 등을 중심으로 연구의 객관성을 갖추고자 했다.

2부

1　최장집, 《민주주의의 민주화: 한국 민주주의 변형과 헤게모니》, 후마니타스, 2006, 40쪽.

2　Angelo Panebianco, *Political Parties: Organization and Power*, Cambridge University Press, 1988.

3   Panebianco, 앞의 책, p.49.; 이영제, 〈한국 정당과 사회·시민운동의 관계〉, 동국대학교 대학원 박사 학위 논문, 2005, 15쪽.

4   이영제, 〈한국 정당과 사회·시민운동의 관계〉, 같은 책.

5   '정당 체제의 중요성'은 정치 과정에서 정당 체제가 실제적으로 수행하는 역할뿐만 아니라 유권자들의 평가를 포함하는 개념이다. 정당 체제의 역할이나 중요성에 대한 유권자들의 부정적 평가는 정당 체제가 실제로 수행하는 역할에도 불구하고 정당성의 위기를 불러일으킬 수 있다. 대안적 기제가 존재할 경우 대안적 기제를 통한 정치가 활성화될 수 있으며, 대안적 기제가 존재하지 않을 경우 정당 체제의 재편을 요구하게 된다. '정당 체제의 역동성'은 새로운 정당의 출현이나 현존하는 정당의 소멸, 정당 세력 관계의 재배열, 즉 정당 사이의 역관계가 변화됨으로써 위기 국면에서 벗어날 수 있는 것을 의미한다. 만일 정당 체제의 역동성이 낮을 경우에는 정당 체제의 중요성이 감소하거나 또는 현행 정당 체제에 대한 탄핵과 다른 정당 체제의 형성으로 귀결될 수 있다. 하지만 민주화된 체제에서 새로운 정당 체제의 형성은 선거에 의해 가능한 것이라는 점에서 한계를 지닐 수밖에 없다. 이에 대해서는 다음을 참조. 같은 책, 17~18쪽.

6   김만흠, 〈전환기의 한국 정치와 정당정치의 과제〉, 《한국사회과학》 19권 3호, 1997, 105~143쪽.

7   같은 책.

8   E. E 샤츠슈나이더, 《민주주의의 정치적 기초》, 이철희 옮김, 페이퍼로드, 2010, 58쪽.

9   김민전, 〈정당과 국회〉, 심지연 편저, 《현대 정당정치의 이해》, 백산서당, 2004.; 손우정, 〈한국 진보정치 운동의 궤적(1987~2014): 제도화 전략의 성공과 실패를 중심으로〉, 앞의 책.

10   임현진, 《한국의 사회운동과 진보정당》, 한울, 2009, 209쪽.

11   1997년 노동법 개정은 노동3권 보장에서 한계가 있었다. 대표적으로 공무원과 교원, 방위산업체의 쟁의 행위 금지, 공익사업의 파업권 부인을 꼽을 수 있다. 그리고 해고자의 경우 조합원 금지, 제3자 개입 금지, 정치 활동 금지 등 노동조합의 조직·활동 및 운영에 대한 규제가 여전히 존치되었다. 반면 정리해고제의 인정과 노동시간 제도의 탄력화가 이루어진다. "요컨대 개정 노동법은 집단적 노사 관계에 있어서의 단결의 권리나 결사의 자유의 보장을 매우 미흡한 채로 남겨두면서 고용과 노동력 이용의 측면에서의 탄력화를 꾀하는 정책 수단을 체현하고 있는 입법 체계로서의 특징을 갖고 있다고 평가할 수 있다." 이에 대해서는 다음을 참조. 김삼수, 〈한국의 1997년 노동법 개정: 그 경과와 주요 내용〉, 《서울산업대학교 논문집》 제46호, 1997, 340쪽.

12   최기영, 《나의 사랑 민주노동당: 민주노동당 10년의 기록》, 통합진보당, 2009, 22쪽.

13   같은 책, 61쪽.

14   NL은 전통적으로 한국 사회를 식민지 반자본주의 사회로 보고 민족 해방 운동의 선차성을 강조한다. 제국주의 침략 세력과 민족 자주 세력 간의 치열한 대결로 규정하는데, 여기서 제국주의 침략 세력과 이들의 안내자, 집행자의 역할을 하고 있는 국내의 사대 매국 세력은 타격 목표로 규정하고, 민족의 자주성을 옹호하는 데 이해관계를 가지는 모든 계급 대중은 민족 자주 세력으로 민족 해방 운동의 동력이 될 수 있다고 본다. PD는 분단의 원인에 있어 제국주의의 역할은 인정하지만 자본주의 발전과 더불어 계급 문제

등이 부과되면서 분단의 성격이 변화해왔다고 인식한다. 따라서 이들은 NL 세력이 집중하고 있는 통일운동의 위상과 성격은 독자적인 특성을 갖지 않으며, 이남 사회의 변혁을 통해 민족 문제와 계급 문제를 동시에 해결해야 한다고 본다. 이러한 의미에서 통일 과정에서 이남 사회 변혁의 선차성을 주장하고 있으며 이북 정권에 대해 내재적으로 부정적 판단을 함축하고 있다. PD 세력은 NL 세력에 비해 매우 다양한 스펙트럼을 갖는데, 크게 볼 때 1980년대 말부터 합법 정당을 통한 점진적 변혁을 주장한 세력이 등장하면서 기존의 변혁 노선을 고수하는 세력과 대립하고 있다. NL에 대해서는 다음을 참조. 손우정, 〈한국 사회운동과 연합 전선의 형성: 국민운동본부에서 민주노동당까지〉, 동국대학교 대학원 사회학과 석사 학위 논문, 2005, 21~22쪽.

15 임헌진, 《한국의 사회운동과 진보정당》, 215쪽.

16 1991년 12월 1일에 결성된 전국연합은 1989년 1월에 결성된 전민련(전국민족민주운동연합)이 반합법 전선체 결성과 합법 정당 노선 간의 내부 논쟁과 정권의 탄압으로 약화되자 여러 운동 세력들이 재결집해 만든 범NL 계열 상설 연대체이다. 전국연합은 민주노총 전신인 전노협(전국노동조합협의회), 전국농민회총연맹, 한총련의 전신인 전대협(전국대학생대표자협의회) 등 부문 운동의 상설 연대체로 그 조직적 규모만 수십만 명에 이른 것으로 보인다. 전국연합의 정치 세력화 논의에 대한 연구는 크게 두 방향으로 나뉜다. 우선 조현연은 전국연합의 민주 연합론에 비판적 관점을 견지하면서 범PD 계열 중심의 민주노동당 역사를 설명하고 있다. 다른 방향으로 손우정은 1987년 민주화이후 NL 내 운동 진영들의 변혁 노선들의 변화 흐름을 파악하여 전국연합 내 '민중운동 세력' 중심의 소수파의 민주노동당 결합과 한총련, 전농, 범민련 등의 민중 단체들이 어떤 요인으로 민주노동당에 결합하게 되었는지를 설명한다. 이에 대해서는 다음을 참조. 조현연, 《한국 진보정당 운동사: 진보당에서 민주노동당 분당까지》, 후마니타스, 2009.; 손우정, 앞의 책, 2005, 2014.

17 손우정은 민주노동당에 전농, 범민련, 한총련이 결합한 주요 요인으로 '야당을 포함한 민주 연합 전선' 선거 전술로 지지했던 김대중 정부와 노무현 정부의 보수화, 민중 세력에 대한 탄압을 꼽고 있다. 전농의 결합은 민주노동당이 전국 정당으로 자리매김할 수 있는 중요한 요인이라고 보고 있다. 이에 대해서는 다음을 참조. 손우정, 〈한국 사회운동과 연합 전선의 형성: 국민운동본부에서 민주노동당까지〉, 앞의 책.

18 '반창연대'는 2002년 제16대 대통령 선거에서 한나라당 이회창 후보와 새천년민주당 노무현 후보 간의 선거 구도에서 노무현 후보를 당선시키기 위해 전개된 '반한나라당' 선거 전략을 의미한다.

19 《진보정치》가 한길리서치에 의뢰해 실시한 이 조사는 만 20세 이상 남녀 700명을 대상으로 6~7일 동안 이루어진 전화 여론조사 결과이다. 이 조사를 통해 국민 과반수(50.7%)가 현재의 정당 구조에 불만을 가지고 있다고 했으나 새로운 정당의 필요성에 대해서는 52.2%가 부정적인 것으로 나타났으며, 민주노동당에 대한 인지도가 55.7%로 비교적 높게 나타났으나 호감도를 묻는 질문에는 60.9%가 호감을 갖고 있지 않은 것으로 나타났다. 민주노동당에 대한 인지도는 55.7%, 호감도는 27.2%로 나타나, 창당 이후 신생 정치 세력으로서 '국민'에게 인식은 되고 있었으나 주류 정당에 대한 '대안 정당'으로 정착할 과제를 가지고 있는 것으로 나타났다. 이에 대해서는 다음을 참조. 《진보정

치》31호 주간, 2001.01.12.~2001.01.25.

20 조현연, 《한국 진보정당 운동사: 진보당에서 민주노동당 분당까지》, 212쪽.

21 최장집, 《민주화 이후의 민주주의》, 후마니타스, 2010, 203쪽.

22 유광진, 〈서구 사회주의 발전과 제조류〉, 《안보연구》 16호, 동국대학교 안보연구소, 1986, 295~296쪽.

23 이 책에서 대중정당 개념은 "특정 계급이나 사회 집단 내에서의 정체성만을 가지고 있던 대중들을 정당이라는 하나의 공동체로 통합하고 나아가서는 고유한 이데올로기에 따라 그들을 정치화"한 정당을 기준으로 한다. 가장 대표적인 예가 사회주의에 기초한 노동자계급 중심 정당을 들 수 있다. 이에 대해서는 다음을 참조. 김윤철, 《정당》, 책세상, 2009, 73쪽.

24 Richard S. Katz and Peter Mair, *How Parties Organize: Change and Adaptation in Party Organizations in Western Democracies*, Sage, 1994.

25 현재호, 〈한국 사회의 이데올로기 갈등: 정치적 대표 체제로서의 정당을 중심으로〉, 앞의 책, 157쪽.

26 〈여야 모두 진성 당원제 도입, 정당 민주화 가속〉, 《노컷뉴스》, 2005.1.21.

27 조돈문, 〈노동계급 정치 세력화와 민주노동당의 과제〉, 《산업노동연구》 vol.10 No.2, 2004, 1~35쪽.

28 김동춘, 〈부동산 위기 속에 대안 제시 못한 민주노동당: 민주노동당은 과연 대안 정당이 될 수 있나?〉, 진보정치연구소, 2005.

29 정재관·김인원·정은아, 〈틈새 정당의 전략과 제도화: 민주노동당의 성공과 실패에 대한 연구〉, 앞의 책, 136쪽.

30 현재호, 〈한국 사회의 이데올로기 갈등: 정치적 대표 체제로서의 정당을 중심으로〉, 앞의 책.

31 같은 책, 157쪽.

32 김영수, 〈민주노총의 정치 활동과 조합원〉, 《한국정치연구》 16집 2호, 2007, 87쪽.

33 같은 책, 89쪽.

34 강원택, 〈제17대 총선에서 민주노동당 지지에 대한 분석〉, 《제17대 국회의원 총선거 분석》, 푸른길, 2005.

35 임현진, 《한국의 사회운동과 진보정당》, 242쪽.

36 2015년 말 기준, 노동조합 조직 대상 노동자 수는 1,902만 7,000명인데 조직된 전체 조합원 수는 193만 9,000명으로 전체의 10.2%를 차지한다. 이 중 상급 단체별 조직 현황은 한국노총 조합원이 전체의 43.5%, 민주노총 조합원이 32.8%, 미가맹이 23.0% 순서로 나타났다. 전년 대비 한국노총과 민주노총은 다소 하락, 미가맹 노동조합은 다소 증가하여 역대 최고인 것으로 나타났다.
우리나라 노동조합 조직률은 1989년 19.8%를 정점으로 하락하는 추세를 보여 2010년 최초로 한 자릿수(9.8%)까지 떨어졌으나, 2011년 복수노조 허용 등의 영향으로 10%대를 회복한 이후 계속 10%대를 유지하고 있다. 이에 대해서는 다음을 참조. 〈고용부, 「2015년 전국 노동조합 조직 현황」 발표〉, 《고용노동부》, 2016.10.27.

37 Adam Przeworski, *Capitalism and Social Democracy*, Cambridge University Press,

1985, 24쪽.; 남궁현, 〈한국 노동계급의 정치 세력화 과정과 유형 연구: 노조·정당 관계를 중심으로〉, 고려대학교 대학원 정치외교학과 석사 학위 논문, 2006, 70쪽.

38 포괄 정당catch-all party은 계급적 기반을 토대로 삼았던 유럽 정당들이 제2차 세계대전 이후 선거에서 승리하기 위해 모든 계층의 유권자들을 지지층으로 삼은 새로운 경향의 정당이다. 키르하이머Kirchheimer가 제시한 이 개념에 의하면 정당들은 이념적 선명성과 계급적 성격을 탈각하게 된다. 이에 대해서는 다음을 참조. 남궁현, 〈한국 노동계급의 정치 세력화 과정과 유형 연구: 노조·정당 관계를 중심으로〉, 앞의 책, 67쪽.

39 김윤철, 《정당》, 76쪽.

40 2004년 원내 진출 이후 민주노동당에서 내부 민주주의 제도를 둘러싸고 크게 쟁점이 되었던 것은 2004년 최고위원회 선출 과정에서 도입된 1인 7표제, 2006년 2기 최고위원회 선출 과정에서 변경된 1인 2표제 정도였으며, 이는 모두 통치 과정에서 당원의 권한을 강화하는 것이 아니라 선출 과정의 민주성을 보완하기 위한 조치들이다. 이에 대해서는 다음을 참조. 손우정, 〈한국 진보정당 내부 민주주의 제도 연구: 민주노동당, 노동당, 녹색당, 정의당, 통합진보당 사례를 중심으로〉, 앞의 책, 268~269쪽.

41 김윤철, 〈민주노동당의 '집권 전략 논쟁'〉, 《역사비평》 68호, 2004.

42 손우정, 〈한국 사회운동과 연합전선의 형성: 국민운동본부에서 민주노동당까지〉, 앞의 책.; 임현진, 《한국의 사회운동과 진보정당》.

43 손우정, 같은 책, 113쪽.

44 《진보정치》 203호 주간, 2004.12.06.~2004.12.12. 주대환 정책위원장은 자율과연대의 대표적 인물이다.

45 주인석, 〈정당의 분열과 통합: 기원적 특징과 조직 변화〉, 《21세기 정치학회보》 22집 1호, 2012, 146쪽.

46 최장집, 《민주화 이후의 민주주의》, 80쪽.

47 김동춘, 《전쟁정치》, 도서출판 길, 2013.

3부

1 모리스 뒤베르제, 《정치란 무엇인가》, 배영동 옮김, 나남, 1997, 112쪽.

2 손우정, 〈한국 진보정치 운동의 궤적(1987~2014): 제도화 전략의 성공과 실패를 중심으로〉, 앞의 책, 198쪽.

3 민주노동당 집권전략위원회, 《2005년 1차~4차 집권전략위원회 자료집》, 2005, 16~17쪽.

4 〈논란 안고 출범한 진보 진영 최대의 '싱크탱크'〉, 《매일노동뉴스》, 2005.9.1.

5 민주노동당과 민주노총의 관계에 대해 전 민주노총 정치위원장 이근원은 "정치 운동은 당에서 알아서 하고, 노동조합은 당원 충원에만 집중하는 방식은 실패할 수밖에 없는 한계"라고 평가하고, 전 민주노총 위원장 김영훈은 "노동 부문 할당제와 당연직 최고위원 제도와 같은 상호 개입 공간은 제도화됐지만 제도를 보완해나갈 대중적 논의는 이루어지지 않았다", "노동 부문 최고위원제나 각급 의결 단위의 할당제도 노동조합 상층 간부들의 '정파적' 이해에 따라 충당됨으로써 오히려 정당 내의 정파 갈등이 노동조합 내의

정파 갈등과 서로 상승 작용되는 결과를 초래했다"고 분석하고 있다. 이에 대해서는 다음을 참조. 이근원, 〈민주노총 정치 활동 20년, 무엇을 반성할 것인가〉, 민주노총 노동 정치 연속 토론회 발표문, 2014.; 김영훈, 〈한국 진보정치 재구성에 관한 연구: 선거제도 개혁을 통한 양당제 극복 가능성을 중심으로〉, 성공회대학교 NGO대학원 석사 학위 논문, 2015, 24쪽.

6 　전국모임(자주와 민주, 통일을 지향하는 전국모임)은 민주노동당 내의 NL 계열에 속하는 정파로서 당내 NL 계열의 주요 인사들의 모임이라 할 수 있다. 전국모임은 2008년 분당 이후 2월 18일 "다수파이자 당권파로서 당의 대선 패배에 대한 정치적·도의적 책임감을 통감하며 작금의 당 분열 상황을 막지 못한 통렬한 반성의 일환으로 2월 9일 운영위원회에서 해산을 결의했다"고 밝히며 전격 해산했다.

7 　'일심회 사건'은 '386 운동권' 출신 5명이 이북 공작원에게 남한 내부 동향을 보고했다는 이유로 간첩죄(국가보안법상의 국가 기밀 탐지·누설·전달 등의 혐의)가 적용되어 구속된 것으로 국정원이 '간첩단'으로 몰아간 사건이다. 2007년 대법원은 5명에게 유죄를 선고했으나 이적단체는 아니라고 판결했다. 5명 중에는 민주노동당 전·현직 간부 2명이 포함되어 있어 당시 당내에 파문이 일었고, 분당파는 '종북주의'로 탈당의 명분을 강화했다.

8 　김윤철, 〈민주노동당의 분당: 연대 유인의 '다층적' 약화와 '대안'으로서의 분당〉, 《한국정당학회보》 10권 1호, 2011, 131~132쪽.

9 　2008년 분당 이후 당의 주요한 과제는 당의 '생존'이었다고 할 수 있다. 분당으로 인한 대내외적 충격, 17대 10명의 국회의원에서 18대 5명으로 축소된 상황, 분당 이후 탈당하여 새로 만들어진 진보신당과의 경쟁 관계 등에서 당 자체의 체계를 세우고 당내의 리더십을 구축하는 게 우선 과제였기 때문이다. 이 갈등은 이후 2011년 다수파가 민주노동당 성격과 이질성을 가지는 국민참여당과의 통합을 추진하는 것이 드러나면서 증폭된다.

10 　국회 상임위원회는 국회법 37조에 상임위 종류가 규정되어 있고, 상임위마다 담당하는 정부 부처와 소관 기관들이 배치되어 있다. 예를 들어 20대 국회의 정무위원회 소관 기관은 국무조정실, 국무총리 비서실, 국가보훈처, 공정거래위원회, 금융위원회, 국민권익위원회이며 이 기관들의 소관 법률들과 관련된 정부 정책과 이슈들을 담당하여 심의·심사한다.

　국회의원들의 상임위 인기도는 예산이 많이 배치되는 정도에 따라 달라진다. 지역구 이해와 같은 국회의원의 이해가 걸린 예산과 관련되는 상임위일수록 의원들의 인기도가 높아진다. 예를 들어 20대 국회 기준 상임위 명칭으로 국토교통위원회, 산업통상자원위원회, 교육문화체육관광위원회, 미래창조과학방송통신위원회들이 인기도가 높은 상임위로 꼽히고 대표적인 비인기 상임위로는 법제사법위원회, 환경노동위원회, 안전행정위원회, 여성가족위원회가 꼽힌다.

11 　최기영, 《나의 사랑 민주노동당: 민주노동당 10년의 기록》, 324쪽.

12 　현재호, 〈한국 사회의 이데올로기 갈등: 정치적 대표 체제로서의 정당을 중심으로〉, 앞의 책, 236쪽.

13 　〈'6세 이하 예방접종 무료화' 무산 초읽기〉, 《뉴시스》, 2007.1.11.

14 　이지현·이강준, 《진보적 의정 활동의 방향과 과제》, 진보정치연구소, 2006, 77쪽.

15 민주노동당 집권전략위원회의 《인터뷰 자료집》에 실린 〈민주노동당 2년 의정 활동 평가와 과제〉를 주제로 한 좌담회 내용 중 당시 민주노동당 심상정 의원실 보좌진의 발언 중 일부 발췌. 이에 대해서는 다음을 참조. 민주노동당 집권전략위원회, 〈민주노동당 2년 의정 활동 평가와 과제〉, 《인터뷰 자료집》, 2005.

16 같은 책, 〈민주노동당 2년 의정 활동 평가와 과제〉를 주제로 한 좌담회 내용 중 당시 민주노동당 의정기획실장의 발언 중 일부 발췌.

17 《진보정치》 438호 주간, 2009.09.14.~2009.09.20.

18 민주노동당, 〈창당 선언문〉, 《사랑해요! 민주노동당 신입당원을 위한 길라잡이》, 민주노동당, 2006.

19 Kenneth M. Roberts, "Party-Society Linkage and Democratic Representation in Latin America", *Canadian Journal of Latin American and Caribbean Studies* 27(53), 2002, p.6~7.

20 민원성 법안들의 내용은 당의 강령에 맞는 내용들이다. 의원실을 통한 민원성 법률안이 늘어났다고 해도 당 정책을 중심으로 법안 내용들이 마련되었음을 알 수 있다.

21 〈표 16〉의 민주노동당의 성과 입법 55건 중 심층 면접이 진행되지 못한 천영세 국회의원의 '방송법'을 제외한 54건이다.

4부

1 노무현대통령직인수위원회, 《인수위 백서》, 2003, 265~266쪽.

2 김순양, 〈정책 과정 및 정책 네트워크의 동태성 분석: 의약분업 논쟁 사례의 적용〉, 《지방정부연구》 11권 3호, 2007, 251쪽.

3 김동춘, 〈노무현 정권의 사회 정책과 비정규직〉, 《비정규노동》 43호, 2005, 11쪽.

4 조돈문, 《비정규직 주체 형성과 전략적 선택》, 《매일노동뉴스》, 2012, 4~5쪽.

5 파견철폐공대위는 파견제 비정규직을 중심으로 '비정규직 철폐'의 틀을 강조하고, 기본권공대위는 기간제 비정규직을 중심으로 '비정규직 차별 철폐', 즉 법적 보호망 확대를 강조하는 차이가 있다. 공대위별 구성 단체는 다음과 같다.
-파견철폐공대위(이완제 집행위원장)
노동자의 힘, 노동조합기업경영연구소, 민주노동당, 민주노총 미조직특별위원회, 민주사회를위한변호사모임, 민주주의법학연구회, 민주사회를 위한 전국교수협의회, 민중의료연합, 비정규직노동자전국모임, 비정규직노동자지원연대, 사회진보연대, 서울지역사무전문서비스노동조합, 서울지역여성노동조합, 영등포산업선교회, 인권운동사랑방, 전국노동단체연합, 전국학생연대회의, 한국노동이론정책연구소
-기본권공대위(박석운 운영위원장)
경제정의실천시민연합, 기독교윤리실천운동, 노동인권회관, 목회자정의평화실천협의회, 문화개혁시민연대, 민주사회를위한변호사모임, 민주화를위한전국교수협의회, 사회진보를위한민주연대, 산재추방운동연합, 서울YMCA, 인권실천시민연대, 전국노동단체연합, 전국민주노동조합총연맹, 전국실업극복단체연대회의, 전국여성노동조합, 참여연

대, 천주교대안경제연대, 한국노동사회연구소, 한국노동조합총연맹, 한국민족예술인총연합, 한국비정규노동센터, 한국여성노동자회협의회, 한국여성단체연합, 한국여성단체협의회, 한국여성민우회, NCC 선거위원회.

6   대통령자문정책기획위원회, 《참여정부 정책 보고서: 비정규직 보호》, 노무현사료관, 2008, 12쪽.

7   조돈문, 《비정규직 주체 형성과 전략적 선택》, 202쪽.

8   같은 책, 227쪽.

9   2004년 2월 24일 민주노총 대의원대회에서 선출된 제4기 민주노총 이수호 위원장은 기존의 노사정위원회는 반대하면서, 그동안 민주노총의 투쟁이 지역적인 임·단투에 치우쳤으며 효과적으로 운동하지 못했다는 반성과 함께 "그동안의 사업 방식은 저지와 투쟁으로 일관돼 사회의 변화에 발맞추는 운동을 전개하지 못했다", "올바른 사회적 교섭 기구를 만들어 민주노총의 주요한 요구를 관철하기 위한 교섭의 장으로 활용해야 한다"는 입장을 중요시했다. 이는 2004년 국회의원 선거에서 민주노동당의 국회 진출이 성공하면서 이전과 다른 환경 변화에 따른 전략이기도 했다. 이는 당시 민주노총 이용식 정치위원장(민주노동당 노동 부문 최고위원)의 "일상적으로 노동 현장의 문제를 민노당과 협의할 수 있는 정례 협의회가 열리고 있다", "이를 통해 일상적으로 법안을 국회에 제출하고 관철하려 시도하는 등 과거의 운동 방법과는 달라진 점이 많아졌다"는 인터뷰 발언을 통해서도 확인된다. 이에 대해서는 다음을 참조. 〈[스페셜리포트] 노동운동 변했다〉, 《이코노믹리뷰》, 2004.9.8.

10   일반적으로 국회 상임위의 소위원회는 법안소위, 예·결산소위, 청원소위로 구성되어 있다. 이 중 법안과 관련한 심의는 법안소위에서 모두 이루어진다. 교섭단체 간사들의 결정에 따라 소위원회는 회의록에 남지 않고 비공개로 처리되는 경우도 있어, 소위원회 위원이 아닌 국회의원의 경우 정보를 접근하는 데 한계가 있다.

11   전국여성노동조합은 1999년 6월에 출범한, 민주노총과 별개의 여성노조이다. 전비연의 경우 15개 비정규 노조 대표자들이 2003년 9월에 전비연 결성 추진을 결의하고 2005년 10월 전비연을 출범했다. 전비연은 전국여성노동조합과 달리 민주노총과 연대 관계를 맺고 있었다. 이 책에서는 2004년에서 2007년까지 시기 구분 없이 '전비연'이라 칭한다.

12   김선수, 〈비정규 근로자 보호를 위한 법 개정안〉, 《비정규 노동자 권리 보장을 위한 법 개정안 공청회》, 비정규 노동자 기본권 보장과 차별 철폐를 위한 공동대책위, 2000, 5쪽.

13   국회 환경노동위원회 전문위원, 〈기간제 및 단시간 근로자 보호 등에 관한 법률안 검토보고서(정부 제출)〉, 2004, 5쪽.

14   같은 책, 6쪽.

15   국회사무처, 〈환경노동위원회 회의록〉 제250회 국회(정기회) 제12호, 7쪽. 단병호 의원의 제안 설명서 발표 중 일부 내용이다.

16   2000년 6년 1일 '(가) 비정규 노동자 기본권 보장을 위한 공대위' 발족을 위한 준비소위 협의 내용 중 일부. 2000년 당시 파견철폐공대위와 기본권공대위 사이에 쟁점이 되었던 내용들을 다루고 있다. "법제도 개선의 내용과 원칙"의 안건에 대해 구체적으로 ▷파견법 및 파견 근로자 현안에 대한 대응 입장 ▷비정규 노동자 기본권 보장을 위한 제도 개선 방향을 다루고 있다. 이와 같이 2000년에 있었던 정책 대안에 대한 이해의 차이는

2004년 이후 17대 국회에서도 단일한 정책 대안과 목표를 마련하지 못하고 갈등이 반복되는 것으로 이어졌다.

17 조돈문,《비정규직 주체 형성과 전략적 선택》, 264쪽.

18 정규직의 개념은 "무기계약 근로이면서, 전일제로 근무하며, 상용직으로서 고용주와 사용자가 일치하는 직접고용 관계를 맺고 있으며, 고용주가 지시하는 사업장에서 근무하되, 사업장 내에서 기업특수훈련과 승진 보장, 기업의 법정 복지와 비법정 복지를 포함한 각종 부가급여의 적용 대상이 되는 노동 형태"이다. 이에 대해서는 다음을 참조. 한국노동 중앙연수원,《한국의 비정규직 노동자》, 2002, 5쪽.

19 노무현 정부는 대통령직인수위원회 당시 특수고용 문제를 핵심적 정책 과제로 추진키로 했으나, 노사의 견해차가 극심하고 전문가 사이에서도 법리가 확정되지 않은 점을 고려하여 노사정위원회에서 보호 방안을 논의토록 했다. 이에 대해서는 다음을 참조. 대통령자문정책기획위원회,《참여정부 정책 보고서: 비정규직 보호》, 67쪽.

20 2004년 8월 당시, 경제활동인구조사 부가조사자료 분석 결과 비정규직은 전체 고용 형태 중 55.7%를 차지하고, 이 중 임시고용 67.1%, 단시간 노동 8.9%, 간접고용 13.3%, 특수고용 10.7%로 나타났다. 이에 대해서는 다음을 참조. 조돈문,《비정규직 주체 형성과 전략적 선택》, 22쪽.

21 은수미, 〈비정규직 정책, 안일한 인식과 무력한 대응〉,《노무현 시대의 좌절》, 창비, 2008, 147~148쪽.

22 노동 기본권 실현 국회의원 연구 모임
— 정회원(12명): 단병호(대표의원), 심상정(책임연구의원), 유기홍(열린우리당), 박계동·배일도(한나라당), 권영길·노회찬·이영순·천영세·최순영·현애자(민주노동당)
— 준회원(7명): 임종석(열린우리당), 김영주·제종길(민주당), 김문수·안영근·엄호성·이경재(한나라당)
이에 대해서는 다음을 참조. 단병호, 〈노동이 아름다운 세상을 위하여〉,《국회보》474호, 2006, 54쪽.

23 〈비정규직, 열린우리당 시·도당 점거 농성 돌입〉,《오마이뉴스》, 2004.9.21.

24 〈이부영 의장 면담…자진 해산, 이 의장 "노동계 의견 충분히 수렴" 약속…양 노총 위원장 방문 투쟁 격려〉,《매일노동뉴스》, 2004.9.16.

25 2004년 12월 7일 비정규직법 국회 환경노동위원회 공청회에 참석한 진술인 6인은 다음과 같다. 정이환 교수(서울산업대), 어수봉 교수(한국기술교육대), 이상윤 교수(연세대), 이동응 상무(한국경총), 이석행 사무총장(민주노총), 권오만 사무총장(한국노총). 이에 대해서는 다음을 참조. 〈환경노동위원회 회의록〉, 제250회 국회(정기회) 제15차.

26 4대 개혁 입법은 노무현 정부에서 주요 개혁 과제로 추진했던 국가보안법과 사립학교법 문제, 과거사 진상 규명법, 언론 관계법을 가리킨다.

27 전노투는 민주노총의 주요 3개 정파(국민파, 중앙파, 현장파) 중 현장파로 비타협적 투쟁을 주장하며 노사정 대화는 자본에 투항하는 것이라고 비판한다. 노동자계급 정당을 중요시하는 현장파는 민주노동당에 대해서도 비판적이었다. 민주노총 이수호 위원장은 국민파로 분류되며, 민주노총 위원장 출신인 민주노동당 단병호 의원은 중앙파로 분류된다.

민주노총의 주요 정파 중 '국민파'는 권영길 민주노동당 의원이 민주노총 초대 위원장 시절 "국민과 함께하는 노동운동"을 주창하면서 붙은 이름이다. 과거 학생운동 식으로 분류하면 NL 계열에 속한다. 국민파와 NL 계열은 민주노총과 민주노동당 등에서 '범자민통' 진영 또는 '자주파'로 불리기도 한다. 국민파는 교섭을 하나의 투쟁 전술로 보고 있으며 그 내부에 노사정위원회에 대한 여러 접근 방식을 가지고 있다. 그리고 통일운동이나 반미 투쟁에도 적극적이고 민주노동당을 통한 정치 세력화에도 적극적이다.

'중앙파'는 주로 민주노총 중앙에서 활동했다고 해서 붙여진 이름이다. 중앙파는 PD 계열로 민주노총이나 민주노동당 안에서 '좌파' 또는 '평등파'라고 불리기도 한다. 중앙파는 사회적 대화보다는 총파업 등 투쟁을 강조하지만 사회적 대화 자체를 전면 부정하지는 않는다. 그리고 국민파와 달리 이북 정권에 대해 비판적이다. 민주노동당을 통한 정치 세력화에는 적극적이다. 이에 대해서는 다음을 참조.〈[사회] 국민파·중앙파·현장파 민노총 선거 3파전〉,《주간경향》, 2007.1.18.

28 《진보정치》 212호 주간, 2005.02.21.~2005.02.27.

29 《진보정치》 211호 주간, 2005.02.14.~2005.02.20.

30 이는 "1년에 비정규직 노동자 100만 명씩을 정규직으로 전환한 것을 목표로 19~26조 원의 국채를 발행해 재원을 마련하고 이 국채를 정부, 기업, 금융 기관과 노조에서 약정 구매하고 이를 중소기업에 대출해 비정규직을 정규직화하도록 유도하자는 내용이었다". 이에 대해서는 다음을 참조. 최기영,《나의 사랑 민주노동당: 민주노동당 10년의 기록》, 370~371쪽.

31 《진보정치》 209호 주간, 2005.01.24.~2005.01.30.

32 《진보정치》 208호 주간, 2005.01.17.~2005.01.23.

33 《진보정치》 211호 주간, 2005.02.14.~2005.02.20.

34 《진보정치》 220호 주간, 2005.04.18.~2005.04.24.

35 《진보정치》 221호 주간, 2005.04.25.~2005.05.01.

36 〈노사정 교섭, 최종안 있었나. 노동계 공세와 여론에 밀린 사용자, '사유 제한' 도입 쪽으로 기울다〉,《매일노동뉴스》, 2006.5.22.

37 〈저지냐 쟁취냐, 그것이 문제로다〉,《매일노동뉴스》, 2006.5.17.

38 《진보정치》 223호 주간, 2005.05.09.~2005.05.15.

39 〈노사정 교섭, 최종안 있었나. 노동계 공세와 여론에 밀린 사용자, '사유 제한' 도입 쪽으로 기울다〉,《매일노동뉴스》.

40 2005년 5월 검찰은 한국노총 권오만 사무총장이 전택노련(전국택시노동조합연맹) 위원장 재직 시절 전택노련 복지협회에서 관리하는 근로자복지기금 40억 원을 한 건설업체에 빌려주고 리베이트로 5억 원을 받은 혐의가 있다고 발표한다. 권오만 사무총장뿐만이 아니라 전택노련 사무처장과 한국노총 경남본부 의장 등도 건설업체로부터 1억 원과 수천만 원을 받은 혐의가 밝혀져 큰 충격을 주었다. 이에 대해서는 다음을 참조.〈권오만 사무총장 비리 폭풍, 한국노총 강타〉,《오마이뉴스》, 2005.5.9.

41 조돈문,《비정규직 주체 형성과 전략적 선택》, 207~208쪽.

42 오민규,〈비정규 노동자들의 권리 쟁취를 위해: 정부의 '보호법안' 강행에 맞선 전비연 활동 평가〉,《비정규 노동》 40호, 2005, 30쪽.

43 비정규직 노조 운동의 특징은 정규직 노조 등의 외부 연대에 대한 의존도가 높다는 데 있다. "사측의 강도 높은 탄압 속에서 사업장 내 전체 비정규직 노동자들을 동원하거나 정규직 연대를 확보하기 쉽지 않기 때문"이다. 이에 대해서는 다음을 참조. 조돈문, 《비정규직 주체 형성과 전략적 선택》, 234쪽.

44 '비정규직 관련 국가인권위원회 의견 수용 촉구 결의안' 공동 발의: 김재윤, 이낙연, 유선호(이상 열린우리당), 고진화, 김문수, 박계동, 배일도, 안명옥, 이성권, 이재오, 전재희(이상 한나라당), 김종인, 손봉숙(이상 통합민주당), 그 외 민주노동당 10인.

45 이혜삼, 〈2006년 민주노동당 비정규 사업의 한계와 2006년의 사업 과제〉, 《비정규노동》 49호, 2006, 30쪽.

46 조돈문, 《비정규직 주체 형성과 전략적 선택》, 208쪽.

47 2005년 6월 최전방 GP 총기 난사 사건을 계기로 한나라당은 "진정한 군 개혁은 강군을 만드는 것인데, '노무현 군대'는 강군이라고 할 수 없다"며 윤광웅 국방부 장관의 해임 건의안을 제출했다. 민주노동당 역시 평택에 군대를 동원해 폭력적으로 진압한 윤광웅 국방부 장관 해임을 촉구했다. 그러나 당시 여소야대 정국에서 윤광웅 장관 해임 건은 한나라당과 열린우리당의 이해가 완전히 갈려 민주노동당이 처음 가진 캐스팅보트 기회였다. 민주노동당은 당시 국회 환경노동위원회의 비정규직법 처리 저지 농성을 전개하던 상황에서 캐스팅보트 기회를 이용해 비정규직법 통과를 지연시키고, GP 총기 난사 사건을 권위주의 시대 군기 강화 문제로 인식하는 한나라당의 '냉전 시대의 안보관'에 반대하며 2005년 6월 30일 열린우리당과 함께 윤광웅 장관 해임 건의안을 부결시켰다.

48 17대 총선 울산 북구에서 당선된 민주노동당 조승수 의원은 2004년 4월 음식물 자원화 시설 건립에 반대하는 서명 등을 했다는 이유로 사전 선거운동 혐의로 기소되어 대법원에서 벌금 150만 원을 선고받아 의원직이 박탈됐다. 그로 인해 이루어진 재보궐 선거는 '진보정치 1번지' 북구의 정치적 명예 회복과 민주노동당 후보 당선이 요구되는 선거였으나 결국 낙선하고 한나라당 후보가 당선됐다.

49 대통령자문정책기획위원회, 《참여정부 정책 보고서: 비정규직 보호》, 47쪽.

50 12월 18일 당 중앙위에서는 단병호 의원 수정안의 철회를 요구하는 결의안까지 올라왔다. 〈단병호 의원의 수정안〉(*수정안은 2, 3, 6, 7, 8, 9항을 새로 추가한 것이다)
제4조(기간제 근로자의 사용) ①근로 계약은 기간의 정함이 없는 것으로 한다. 다만, 다음 각 호의 경우에는 예외로 한다.
1. 출산·육아 또는 질병·부상 등으로 인하여 발생한 결원을 대체할 경우
2. 휴직·파견 등으로 결원이 발생하여 당해 근로자가 복귀할 때까지 그 업무를 대신할 필요가 있는 경우
3. 근로자가 학업, 직업훈련 등을 이수함에 따라 그 이수에 필요한 기간을 정한 경우
4. 계절적 사업의 경우
5. 사업의 완료 또는 특정한 업무의 완성에 필요한 기간을 정한 경우
6. 전문적 지식·기술의 활용이 필요한 경우와 정부의 복지 정책, 실업 대책 등에 의하여 일자리를 제공하는 경우로서 대통령령이 정하는 경우
7. 수출 주문의 예외적 급증이 발생한 경우
8. 기업의 일시적 업무량이 증가한 경우

9. 안전 조치를 위한 긴급한 작업을 위하여 필요한 경우

10. 그 밖에 일시적·임시적 고용의 필요성이 객관적으로 인정되는 경우

51 '진보정치연구소 2005 송년 심포지엄'에서 장상환 소장은 한국 사회 10대 위기 주범의 하나로 '대기업 노조'를 지목해 당과 민주노총 내에 큰 파장을 불러일으켰다. 장상환 소 장은 10대 위기 주범으로 "노무현 대통령〉열린우리당〉한나라당〉삼성 이건희 회장〉조 선일보〉사법부〉기획 부동산 업자〉국제 투기자본〉대학 사회 주류〉재벌 대기업 노조 운 동 진영"을 지목했다. 재벌 대기업 노조 운동 진영에 대해 장 소장은 "다수 보통 사람들 의 사회경제적 권리 신장을 위한 실질적 민주주의에 전혀 기여를 하지 못하고 각종 비 리, 부정부패 사건과 정파 갈등으로 점철돼 노조 운동의 중요성을 훼손시키고 사회적 기 반을 부식시켰다"고 주장했다. 이에 민주노총이 12월 17일 개최된 중앙집행위원회를 통 해 "민주노총의 공식 입장을 결정해 당에 항의 공문을 보내"기도 하는 등 당과 민주노총 간의 갈등과 논쟁이 확산되었다. 이에 대해서는 다음을 참조. 《진보정치》 254호 주간, 2005.12.19.~2005.12.25.; 《진보정치》 255호 주간, 2005.12.26.~2006.01.01.

52 2005년 11월 9일 '당 쇄신 방향 긴급 토론회'에서 당시 민주노동당 대변인이자 강북위원 장이었던 박용진은 "초기 당을 만들던 상황과 달라졌다. 문제가 있는데도 선거 때 배타 적 지지를 해야 하니까 딴소리하지 말라고 하는 게 옳은 것인가", "노동 할당제, 농민 할 당제 변화가 필요"하다고 주장했다. 이에 대해서는 다음을 참조. 《진보정치》 250호 주 간, 2005.11.21.~2005.11.27.

53 민주노동당은 우원식 의원의 제안에 대해 긴급하게 의원단 회의를 시작으로 의원단-최 고위원회 연석회의와 전비연과의 간담회까지 진행하지만 노조들의 '원칙론'을 재확인 하며 수용 불가를 결정한다.

54 조성혜, 〈제정 취지에 비추어본 비정규직법의 평가와 개선 과제〉, 《노동법학》 46호, 2013, 282~284쪽.

55 같은 책, 284쪽.

5부

1 조희연, 《투 트랙 민주주의 2권: 제도 정치와 운동정치의 병행 접근》, 361쪽.

2 이명박 대통령은 대통령 선거에서 10대 정책을 공약으로 내걸었다. 그중 민생 경제 분야 에서 "중소기업의 국제 경쟁력을 높이고 생계형 자영업자를 살리겠습니다"라고 하며 핵 심 내용으로 "소상공인, 재래시장의 안정적 경영 기반 확충"을 하겠다고 했으며, 그 상세 내용으로 "사회보험료 절반 경감, 부가가치세 경감, 카드 수수료 인하 등 각종 세제 혜택, 재래시장 현대화, 대형 마트의 중소도시 입점 합리적 규제"를 하겠다고 공약했다. 이에 대해서는 다음을 참조. 중앙선거관리위원회, 〈제17대 대통령 선거 10대 정책〉, 2007.

3 2010년 5월 19일 전국유통상인연합회 창립 선언문 내용에서 발췌했다. 이 단체의 대표 적인 대외 활동으로 2016년 '박근혜 대통령 퇴진' 촛불 국면에서 중소상인시국회의를 결 성한 것, 노동자들과 함께하는 '재벌구속특별위원회'의 공동 위원장을 맡은 것, 민주노 총과 최저임금 인상 지지 협약을 맺은 것 등을 꼽을 수 있다.

4   정세희·정진경, 〈옹호연합모형^{ACF}을 통해 본 기업형 슈퍼마켓^{SSM} 규제 정책 변동 분석〉,《한국공공관리학보》26권 1호, 34쪽.

5   같은 책, 38쪽.

6   한나라당 이명규 의원은 지식경제위원회 법안소위 한나라당 간사로서 이 사안에서 국가 정책을 가장 적극적으로 옹호하는 역할을 했다. 대형 마트·SSM 규제법을 저지하기 위해 지속적으로 반대 담론을 생산하는 역할을 하기도 했다. 대표적으로 '소비자 이익' 담론을 들 수 있다. "SSM이니 대형 마트 구분 없이 완전 마녀사냥 식으로 다 가고 있어요. 여기에 우리 WTO 체제 얘기하지만 그러면 보다 많은 우리 소비자, 우리 국민의 이익은 어떡합니까?"(이명규 의원) 이에 대해서는 다음을 참조. 〈국회 지식경제위 법안소위원회 회의록〉, 2009.9.24, 23쪽.

7   국회법 제59조(법률안의 상정 시기) 위원회는 발의 또는 제출된 법률안이 그 위원회에 회부된 후 일부개정법률안의 경우에는 15일, 제정법률안 및 전부개정법률안의 경우에는 20일(법제사법위원회의 체계·자구 심사의 경우에는 5일)을 경과하지 아니한 때에는 이를 의사일정으로 상정할 수 없다. 다만, 긴급하고 불가피한 사유로 위원회의 의결이 있는 경우에는 그러하지 아니하다.

8   이정희 의원은 보도자료를 통해 "대형 마트 규제를 위한 법률은 이정희 의원의 유통산업발전법 일부개정법률안을 포함해 7개가 발의되어 있다. 하지만 정부의 반대에 부딪혀 국회 상임위에 상정조차 되지 못하고 있다. 정부의 논리는 1995년에 출범한 세계무역기구^{WTO}의 GATS(General Agreements on Trade in Services) 협정과 충돌한다는 것이다. 그러나 이는 사실과 다르다. 현재의 WTO 체제 아래서도 합리성, 객관성, 공평성을 갖춘 제도적 틀을 갖추면 대형마트 입점부터 영업(심야)시간까지 충분히 규제할 수 있다"고 주장했다. 이에 대해서는 다음을 참조. 〈이정희 의원, 2월 임시국회가 놓친 것— 대형마트 규제법, 하루빨리 상정해야〉,《연합뉴스》, 2009.2.26.

9   당시 이정희 의원은 정무위 위원이었으나 당에서 서민 경제 의제를 담당하는 의원으로서 적극적인 활동을 전개했다. 민주노동당은 5명의 국회의원이 선출되자 주요 당론적 정책 의제들을 5명 의원들의 상임위 특성에 맞게 부여했고, 의원들은 그에 맞게 법률안들을 발의하거나 정책 내용들을 구체화하며 활동을 전개했다.

10 전국경제인연합회는 2008년 12월 규제 개혁 시리즈 자료(제목은 〈대규모 유통 시설의 건축·운영 관련 규제 실태와 개선 방안〉)를 통해 "복잡한 인허가 절차로 인한 사업의 지연과 부작용만 초래하거나 새로운 유통업태를 반영 못하는 불합리한 법령"이 대규모 유통 시설 건축·운영의 주요 애로 요인이라고 밝히고 있다. 이에 대해서는 다음을 참조. 전경련, 〈대규모 유통 시설의 건축·운영 관련 규제 실태와 개선 방안〉, 2008.

11 이정희 의원은 각 상인 단체 대표들, 전문가들, 지식경제부 관료로 구성된 '지역 상권 몰락 위기, 지역 경제와 유통산업 균형 발전을 위한 토론회'를 개최하고 전국상인연합회 중앙·지역 대표들, 한국슈퍼마켓협동조합연합회 회장, 소상공인 살리기 인천대책위 위원장 등 100명 이상의 상인들과 함께 국회 본회의장 앞에서 대형 마트·SSM 규제 도입을 촉구하는 기자회견을 진행한다. 이 행사는 국회의원과 상인 단체 공동 주최로 이루어진 대규모 토론회로 18대 국회에서 처음으로 이루어진 것이었다.

12 지식경제위원회 위원 구성(2008.08.26. 기준): 정장선 위원장(민주당)

— 한나라당(14명): 강용석(서울 마포을), 김기현(울산 남구을), 김정훈(부산 남구갑), 김태환(경북 구미), 배은희(비례), 원희룡(서울 양천갑), 이달곤(비례), 이명규(대구 북구갑), 이종혁(부산진구을),이학재(인천 서구강화갑), 임동규(비례), 정태근(서울 성북갑), 허범도(경남 양산), 홍장표(안산 상록을)

— 민주당(7명): 김재균(광주 북구을), 노영민(충북 청주), 우제창(경기 용인·치인), 이강래(전북 남원·순창), 정장선(경기 평택을), 주승용(전남 여수), 최철국(경남 김해을)

— 선진과창조의모임(2명): 김용구(비례), 이영애(비례)

— 친박연대(1명): 김노식(비례)

— 무소속(1명): 최연희(강원 동해·삼척)

13 전국연합회, 슈퍼마켓연합회 상인 단체가 지역별로 모두 결합한 것은 아니다. 성향에 따라 결합하지 않은 지역들도 있었다. 인천대책위 인태연 위원장은 전국상인연합회 특위 부위원장으로 결합하고, 정부의 사업 조정제에 대응하면서 사업조정연석회의라는 조직을 만든다. 이 조직은 2010년 5월 19일에 창립한 '전국유통상인연합회'의 전신이 된다.

14 중소 상인 살리기 전국네트워크, 《중소 상인 살리기 전국네트워크 활동 백서》, 2009.

15 진보신당 조승수 의원은 2009년 4월 29일 국회의원 재보궐 선거에서 진보 진영 단일화 후보로 울산북구에서 당선되었다. 민주노동당과의 진보 진영 후보 단일화를 거쳐 한나라당 후보를 제친 결과였다. 그리고 국회 지식경제위원회 위원으로 배치되고 난 후 대형 마트·SSM 규제 정책에 대한 활동을 전개했다.

16 〈서민 행보?…MB "대형 마트 규제 안 된다"는 '거짓말'〉, 《프레시안》, 2009.6.26..

17 〈다윗 중소 상인, 골리앗 대형 마트에 한 방 먹이다! 인천 옥련동, 삼성테스코 홈플러스 첫 출점 유보〉, 《오마이뉴스》, 2009.7.21.

18 대형 유통업체의 기습적인 SSM 입점은 정부 기관도 난감해할 정도였다. 인천 부개점에서는 사업 조정을 피하기 위하여 공사 모습이 드러나지 않도록 가리고 새벽에 공사를 감행했으며, 새벽에 간판을 달고 몇몇 물품만 들여놓은 채로 개점을 주장하는 식이었다. 이에 대해서는 다음을 참조. 국회 지식경제위원회 전문위원 문병철, 〈대·중소기업 상생 협력 촉진에 관한 법률 일부개정법률안 검토 보고서〉, 2009.

19 〈SSM 규제 미루는 사이, 중소 상인 손배만 '3억'. 형사 처벌보다 가혹한 삼성테스코의 손해배상 청구〉, 《시사인천》, 2010.6.18.

20 지식경제위원회 법안심사소위원회 구성(2008년 12월 1일 기준): 소위원장 노영민(민주당)

— 한나라당(4명): 이명규, 이종혁, 이학재, 배은희

— 민주당(2명): 노영민, 주승용

— 선진과창조의모임(1명): 이영애

21 〈국회 지식경제위 법안소위원회 회의록〉, 앞의 책, 18쪽, 23쪽.

22 〈지경부 "대형 마트·슈퍼가 더 타격"…중소 상인 "조사 의도 의심돼"〉, 《오마이뉴스》, 2009.10.12.

23 정세희·정진경, 〈옹호연합모형ACF을 통해 본 기업형 슈퍼마켓SSM 규제 정책 변동 분석〉, 앞의 책, 35쪽.

24　〈국민 73% SSM 허가제 등 적극 규제 찬성〉, 《내일신문》, 2009.10.14.

25　정세희·정진경, 〈옹호연합모형^ACF을 통해 본 기업형 슈퍼마켓^SSM 규제 정책 변동 분석〉, 앞의 책, 35쪽.

　　전국네트워크는 입법 청원도 전개했다. 2009년 10월 22일, 법률 전문가 단체인 민주사회를위한변호사모임의 중소 상인 살리기 운동 법률지원단과 공동 작업으로 이미 발의된 국회의원들의 법률안들, 지경위 대안에 대한 비판적 검토 의견과 허가제 도입 내용을 담아 지식경제위원회 조승수 의원의 소개로 국회에 청원안을 제출했다.

26　〈국회 지식경제위 법안소위원회 회의록〉, 2009.11.26, 77쪽.

27　같은 회의록, 81쪽.

28　같은 회의록, 38쪽.

29　같은 회의록, 40쪽.

30　법제사법위 제2소위 위원 구성(2009년 12월 28일 기준)
　　─ 소위원장 박영선(민주당)
　　─ 한나라당(4명): 박민식(부산 북·강서갑), 이주영(경남 마산), 장윤석(경북 영주), 주광덕(경기 구리)
　　─ 민주당(2명): 박영선(서울 구로을), 이춘석(전북 익산갑)
　　─ 친박연대(1명): 노철래(비례)

31　민주노동당 이정희 의원실은 비공식적으로 참여했다. 전국네트워크에서 이정희 의원실은 원내 활동 정보 전달과 공유를 담당하고, 원내·외 전략을 함께 논의하고 실천하는 연계 활동을 전개했다.

32　〈지식경제위원회 회의록〉, 2010.4.23, 15~18쪽.

33　〈중소 상인 '한나라당 낙선운동' 선포에, 인천 발칵 뒤집혀. 진화에 분주했던 한나라당… 갈피 못 잡는 범야권〉, 《시사인천》, 2010.5.19.; 〈중소 상인, 전국 돌며 '한나라당 낙선' 불 지핀다. 중소상인살리기유권자연합, "600만 자영업자여 단결하라!"〉, 《시사인천》, 2010.5.21.

34　6·2지방선거에서 한나라당은 천안함 사건을 계기로 북풍을 선거 이슈로 활용하려 했다. 그러나 실패했고, 한나라당 참패로 평가받는 선거 결과를 낳았다. 진보적 야권의 승리에 관해 고원은 2010년 지방선거 국면에서 연합 정치가 발생하게 된 배경에는 이명박 정권의 권력 독주에 대한 공동 대응의 필요성, 지난 시기의 정치 과정에 대한 진보 개혁 세력 내부의 비판적 상호 반성, 진보 개혁 세력들의 공동 대응을 통한 선거 승리의 효능감, 2009년 4월 경기도 교육감 보궐 선거와 국회의원 재보선(울산북구 선거구)에서 야권·시민 단체들의 승리 경험, 다수파·소수파 모두 정치적 약진을 할 수 있는 이해관계 일치가 있었고, 그것을 통해 결합하는 과정을 통해 이명박 정부와 한나라당에 실망하고 반감을 가진 유권자들을 결집하는 데 상당한 효과를 발휘했다고 평가했다. 그것은 야권 세력들이 내부적으로 안고 있는 취약점을 가려줌으로써 전통적 지지층뿐만 아니라 무당파적 유권자들까지 끌어들이는 데 결정적 역할을 했다고 평한다. 이에 대해서는 다음을 참조. 고원, 〈2010년 한국의 지방선거와 연합 정치의 쟁점〉, 《동향과전망》, 2010, 45~76쪽.

35　"SSM 때문에 동네 영세 상인들의 피해가 적지 않은 가운데 그 실태가 어느 정도인지 보

고서를 통해 드러나기도 해 충격을 줬다. 한 방송사가 입수한 중소 상인 피해 현황 보고서에 따르면 중소기업청이 지난 6월 서울, 인천, 청주 세 지역의 동네 가게 452곳을 조사한 결과 2억 2,000만 원이던 가게당 연평균 매출액은 주변에 대형 마트나 SSM이 들어온 지 3년 만에 7,000만 원 즉 3분의 1이나 줄어든 것으로 드러났다. 여기에 첫해 매출 감소는 13%였지만 매년 갈수록 불어나 회복이 어려운 상태가 되고 있는 것으로 나타났다." 이에 대해서는 다음을 참조.〈동네 상권, 중소 상인-대형 유통 갈등 재점화〉,《시사포커스》, 2010.9.17.

36   "김종훈 외교통상부 통상교섭본부장은 3일 '기업형 슈퍼마켓SSM의 진입 규제를 강화하는 내용의 'SSM 쌍둥이법'이 모두 국회를 통과하게 되면 2011년 7월 1일 발효될 한-유럽연합EU 자유무역협정FTA 자체가 무산될 수 있다'고 우려했다." 이에 대해서는 다음을 참조.〈김종훈 "SSM 쌍둥이법 국회 통과 땐 한-EU FTA 무산될 수 있다"〉,《파이낸셜뉴스》, 2010.10.3.

37   〈[국감] 지경위, 한-EU FTA '중소 상인 보호' 외면 논란〉,《뉴시스》, 2010.10.22.

6부

1   민주노총 차원에서 2000년부터 비정규 노조 조직화 활동이 전개되지만 이 또한 결국 실패한 것으로 평가되었다. 조돈문은 비정규 조직화 사업의 실패 원인을 지역본부에 적절한 역할과 자원을 부여하지 않고 산별연맹 중심으로 자원을 안배한 점, 조직 활동가들의 양성 수준이 목표치에 크게 미달한 점, 배치된 조직 활동가들에게 적절한 역할을 부여하지 못한 점, 기금 모금 실적도 2007년 말 37%에 그칠 정도로 저조했다는 점을 꼽고 있다. 이에 대해서는 다음을 참조. 조돈문,《비정규직 주체 형성과 전략적 선택》.

2   윤애림,〈2000년 이후 비정규직 권리 입법 투쟁 평가〉,《진보평론》, 2007, 297쪽.

3   2006년 1월《진보정치》주최로 이루어진 '2006 민주노동당 비정규 사업 어떻게 할까'라는 제목의 신년 좌담에서 당시 당 정책위원회의 노동 의제 담당인 윤성봉 연구원과 단병호 국회의원실 강문대 정책 보좌진의 발언이다. 이에 대해서는 다음을 참조.《진보정치》256호 주간, 2006.01.02.~2006.01.08.

4   《진보정치》206호 주간, 2004.12.27.~2005.01.02.

5   여기서 진보적 소수 정당의 정치적 헤게모니적 능력의 개념은 진보적 소수 정당이 당사자 운동, 사회운동 세력의 이해를 시민사회 전체의 이해로 부각시켜 정치적 주도권을 장악하는 능력을 의미한다.

다시, 진보정당

'거대한 소수' 민주노동당 사례로 본 진보의 길

초판 1쇄 펴낸날 2018년 12월 24일

지은이   정경윤
펴낸이   박재영
편집   임세현
디자인   최진규
제작   제이오

펴낸곳   도서출판 오월의봄
주소   경기도 파주시 회동길 363-15 201호
등록   제406-2010-000111호
전화   070-7704-2131
팩스   0505-300-0518

이메일   maybook05@naver.com
트위터   @oohbom
블로그   blog.naver.com/maybook05
페이스북 facebook.com/maybook05

ISBN 979-11-87373-76-6 93340

이 도서의 국립중앙도서관 출판시도서목록(CIP)은 e-CIP홈페이지(http://nl.go.kr/ecip)와
국가자료공동목록시스템(http://www.nl.go.kr/kolisnet)에서 이용하실 수 있습니다.
(CIP 제어번호 : CIP2018039633)

• 책값은 뒤표지에 있습니다. 잘못된 책은 바꾸어 드립니다.